喜楽研の DVD つき授業シリーズ

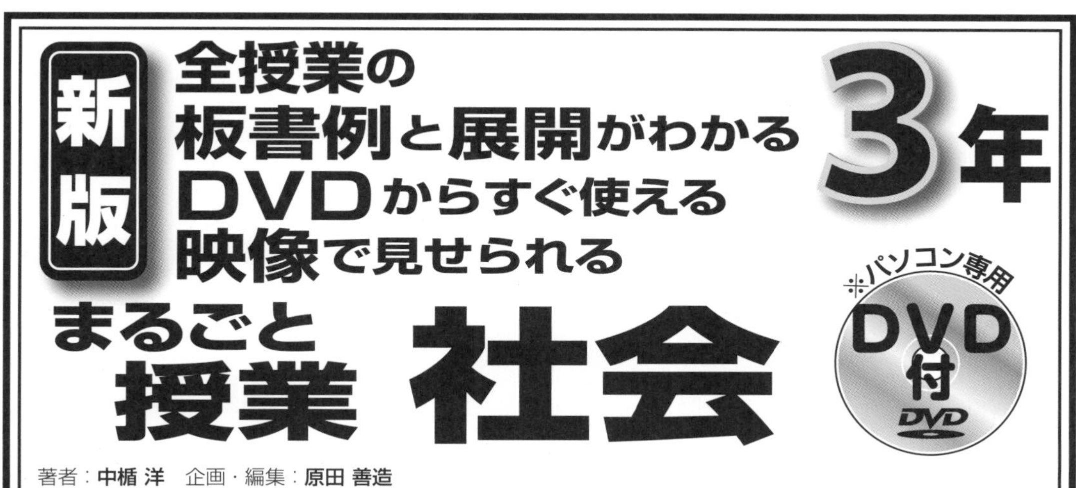
新版
全授業の
板書例と展開がわかる
DVDからすぐ使える
映像で見せられる
まるごと
授業 社会
3年
※パソコン専用
DVD付
著者：中楯 洋　企画・編集：原田 善造

JN063135

わかる喜び学ぶ楽しさを創造する教育研究所　略称 喜 楽 研

はじめに

３年生になった児童は，まず新しい教科～社会科と理科に興味を抱き，「どんなことを学ぶのだろう」という児童の目を，多くの先生方が体験されておられることでしょう。その社会科の授業を進めていくときに大切なことは，人々の生活の営みに関する事実や資料を調べて読み取ったことをもとにして，考えたり話し合ったりしながら，社会的な認識を身につけていくことだと思います。

このような社会科の授業をするためのポイントの一つは，児童の関心を引きつけ，学習目標に向かって自ら学習していけるような教材 (地域の事象) と，その教材を観察・調査していく記録を作成したり，そのための資料（ 見聞きした記録，地図，絵や画像，具体物など）を準備することです。もう一つのポイントは，記録や資料を考えたり話し合ったりして表現していく児童の活動を十分に取り入れることです。「教材」と「授業方法」は，社会科学習を進める車の両輪です。二つがかみ合った時，「楽しく＆ わかり」「主体的・対話的で深い学び」ができる授業になるのです。

本書は，先生にとっても児童にとっても「楽しくみんなで進んで学習できる授業」，誰でも実践できる「分かりやすい授業」－そんな授業づくりに少しでも役立てば，という思いで編集しました。

３年生の社会科は，入門期の社会科としてまず児童の住んでいる地域と人々の生活を教材にします。生活科で培ってきた生活を見つめる目を大事にして，身近な校区から市町村・都道府県と視点を広げていくとき，教科書や地域副教材をベースにして，どのように学習活動を展開させていくのか提示したいと思います。

また本書では，いろいろな資料や補充資料，ワークシート，画像などをＤＶＤに収録して活用していただけるようにしています。教科書によって，とりあげている教材や資料に違いがありますが，どの教科書を使っていても，本書が活用できるような展開や，資料・画像などを補足した教材も収録しています。補充教材も，いくつか挿入しています。時間に余裕があるときに取り上げたり，他の教材と入れ替えて興味のある教材を扱っていただくのもよいでしょう。

先生方が「社会科を教えるのが楽しくなってきた」，児童が「社会科が好きになってきた」と思えるような授業づくりに，本書が少しでも役立つことを願っています。

本書で楽しく・わかる授業を！

全ての単元・全ての授業の指導の流れを掲載！

学習する全単元・全授業の進め方が掲載されています。学級での日々の授業や参観日の授業，研究授業や指導計画作成等の参考にして頂ければと思います。

本書の各単元の授業案の時数は，ほぼ教科書の配当時数にしてあります。

ＤＶＤで見せる授業ができる

授業１時間ごとの写真・動画・資料・解説・イラスト・ワークシートを付属 DVD に収録しました。写真や動画はカラーでよくわかり，児童が喜ぶので是非ご活用下さい。

１時間の展開例を見開き２ページで説明

どのような発問や指示をすればよいか具体例が掲載されています。先生方の発問や指示の参考にして下さい。

板書例だけでは，細かい指導の流れがわかりにくいので，詳しく展開例を掲載しておきました。是非本書を参考に，クラスの実態にあわせて展開の仕方を工夫して下さい。

板書例をわかりやすく掲載

教室の黒板は，「たて」と「横」の比が，１：３～１：４です。本書も実際の黒板のように横長にして，見やすい工夫をしました。

各時間のねらいと授業のポイント

本書では，各時間のはじめに，その時間で特に大切にしたいことや，児童に身につけさせたい学習の力等々を，「本時の学習のめあて」と「主体的・対話的で深い学び」にまとめてあります。

目　次

3. くらしを守る

火事からくらしを守る

事故や事件からくらしを守る

4. 市のうつりかわり

市の様子と人々のくらしのうつりかわり

本書の特徴と使い方

◆板書例について

見やすく，1時間の授業内容がひと目でわかるのがよい板書です。板書例を参考にしながら，文字が多くなりすぎないように，拡大表示された図表，絵，写真，記号なども配した板書を工夫してください。特に目立たせたいところや大事なところは，赤字や赤のアンダーライン・囲みで表しています。DVDには，板書用の写真や図表なども収録していますので，活用してください。

◆教材研究のポイントについて

授業を進めるのにポイントとなる具体的な教材や留意すべき点，児童にわかりやすい視点などを取り上げています。

◆本時の学習のめあてについて

授業での到達目標を示しています。到達目標の達成が，社会生活の具体的な事象の観察力とそれに伴う思考力・判断力・表現力を育てていきます。1時間1時間の到達目標を正しく把握することで，授業がより確かなものになります。

◆準備物について

1時間の授業で使用する準備物が書いてあります。

準備物の中で，DVDに収録されているものも多くありますので，授業準備の時間が短くできます。

教師用に，参考資料・参考文献なども書いています。

第1時
学校の東西南北

授業研究のポイント　学校の周りの建物や施設を１つ１つスケッチすると時間がかかる。前時

本時の学習のめあて

学校の屋上に上がってどんなものが見えるか観察し，方角を表す方法を知り，その方法を使って表現する。

準備物

・DVD 所収資料〔屋上からスケッチ用紙プリント〕
・方位磁針
・見学ボード（バインダーのあるボード）
・色鉛筆

板書例

学校の東西南北

(北)
でん車のえき
お寺
中学校
ひまわり公園
公みん館
学校
(東)
(西)
(南)
名前（　　　）

1 見つける　学校の屋上に上がって，自分の家を探そう。

今日は，学校の屋上に上がって，紹介したところや学校の周りの様子を調べましょう。
屋上
「あっち」に森が見えるよ。
向こうの森は，いつも遊ぶ公園だと思う。

屋上に上がるときの注意を話し，記録用のプリントと見学ボード（バインダーのあるボード）を配布し，筆記用具とともにオリエンテーションで書いた「にているところ」の付箋を持参する。

ほかの準備物：方位磁針（グループごと）。

「屋上からどんなところが見えますか。」

・私の家は見えないけど，あっちの方かな？
・あっちってどっち？
・あっちだよ！あのビルの向こう。
・こっちにいつも行くスーパーがあるよ。

2 つかむ　東西南北の四方位を確かめよう。

“あっち，こっち，向こう”のかわりに，東・西・南・北を覚えましょう。東西南北を四方位といいます。
太陽が登ってくるのが東
北
西
東
南
東，西，南，北は聞いたことがある。
“お日様は東から昇り，西に沈む”って。

「よく知っていますね。太陽が昇るのが東。ですから右手の先で東を指すと左手の先は，太陽が沈む西になります。そのまま向いている方角が北で，背中の方角が南です。グループごとに方位磁針で確かめましょう。」

方位磁針をグループごとに配布して，赤い針を北に合わせて方角を確認させる。

「北の方角には何が見えますか。」

大きなビルや施設など，北の方角について共通の目印になるところを確かめる。

18

◆主体的・対話的で深い学びについて

今回の指導要領の総則で示されている「主体的・対話的で深い学び」の実現という課題を実践していくために，問題解決的な学習をさらに充実させ，様々な人たちとの対話的な活動を重視し，学習過程に振り返る場面と活動を設定することが必要です。そのために参考になる視点やポイント，留意しておくべきことを取り上げています。

◆本時付録DVDについて

（DVDの取り扱いについては，P10，P11に掲載しています。）

授業１時間ごとの写真・動画・イラスト，地図，資料，ワークシートを収録しています。写真や動画はカラーでよくわかり，児童も喜ぶでしょう。

資料やワークシートは，そのままプリントアウトして使ったり，加工修正することもできます。

オリエンテーションで書いた付箋も活用するとよい。

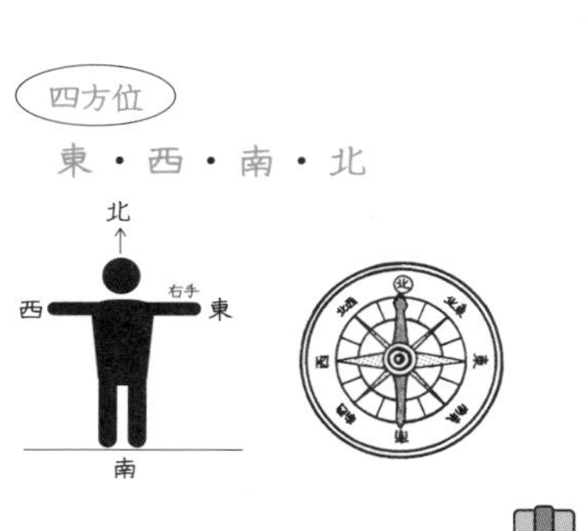

四方位
東・西・南・北
北
西
右手
東
南

主体的・対話的で深い学び

初めて地図を見るとき，まず第１に約束事として方位（方角）を知り確かめることが必要となる。学校の屋上からどんなものが見えるか観察したとき，地域にあるいろいろな場所が四方位を使うことで正確に記録できることを学ばせたい。

DVD

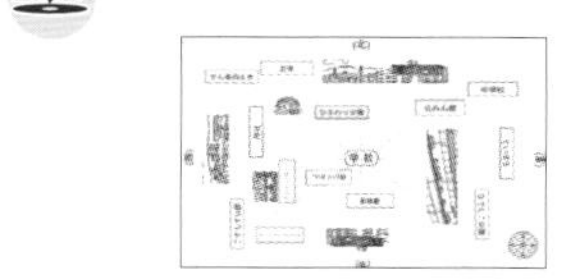

3 見つける **自分の家の方角を確かめ，周りにある目印を見つけよう。**

自分の家の方角を方位磁針で確かめましょう。見えなくても方角がわかったらプリントに記録しましょう。
ぼくの家は「北」の方にあるね。

・私の家は北の方で西よりにあります。
「方角がわかったら，まずプリントのかっこに調べた方角を書き，家のあたりに家の絵をスケッチします。」
各自，家の方角に向かってスケッチする。
「家がかけたら，周りにあるお気に入りや目印になるようなところを見つけ，「にているところ」の付箋（スーパーマーケットや鉄道など）をスケッチプリントに貼りましょう。」
・家の近くの森の中にある屋根はお寺だね。
・図書館も見えるよ。

4 記録してまとめる **学校の周りにあるものを，絵や文字で記録しよう。**

一つの方角が終わったら，違う方角を見て目印になるところを記録しましょう。
あとは「西」の方角だけだよ。
南の方角にはスーパーがあるよ。

・南は運動場が大きく見えるね。
・あの大きな看板はスーパーマーケットだ。
「付箋がないところは，スケッチや文字で表しましょう。」
・北はチョコレートの看板の工場だね！
・あの前を電車が走っているはずだよ。
・屋上からは見えないけど池や川があるはずだよ。
スケッチしながら遠くに見えるところは（遠）と印を書くようにしておく。

学校のまわり　19

◆授業過程（授業の展開）について

①1時間の授業の内容を4コマの場面に切り分け，およその授業内容をイラストで表現しています。イラストを見ると，授業の流れがよくわかります。

②本文中の教師の吹き出し表示は教師の発問で，児童の吹き出しは教師の発問に対する児童の発言や反応，予想される動きなどです。

③本文中の・表示も，教師の発問に対する児童の発言や反応，予想される動きなどです。

④「　」や・のない文は，教師や児童の活動への指示，教師が留意しておきたいことなどです。

⑤赤字は大切な言葉，キーワードになる言葉です。また赤ラインは，展開の中で特に大切な発問や児童の意見・活動，留意点を示しています。

⑥Ⓓマークのついているイラストや画像・資料は，DVDに収録されています。

3 学年の授業のポイント

（1）3 年の学習目標と内容について

社会科は，生活科と替わって児童が３年生になってはじめて出会う教科です。社会科の授業は，学習指導要領の目標にあるように，「社会的事象の見方・考え方を働かせ，学習の問題を追及・解決する活動」を通して，次の「資質・能力を育成する」ことを追求していきます。

■「地域の様子」，「地域の人々の仕事」，「安全なくらし」，「地域の移り変わり」の学習を通して，人々の生活との関連を踏まえて理解するようにし，調査活動，地図帳などの具体的資料を通して，必要な情報を調べまとめる技能を身につけるようにする。

■「地域の様子」，「地域の人々の仕事」，「安全なくらし」，「地域の移り変わり」の学習を通して，社会的事象の特色や相互の関連，意味を考える力，社会に見られる課題を把握して，その解決に向けて社会への関わり方を選択・判断する力，考えたことや選択・判断したことを表現する力を養う。

■「地域の様子」，「地域の人々の仕事」，「安全なくらし」，「地域の移り変わり」の学習を通して，社会的事象について主体的に学習の問題を解決しようとする態度や，よりよい生活を考え学習したことを社会生活に生かそうとする態度を養うとともに，思考や理解を通して，地域社会に対する誇りと愛情，地域社会の一員としての自覚を養う。

（2）授業の準備と教材

1　地域教材と副読本

３年生の社会科は地域を教材とした学習です。ですから，まず教員が教材となる地域をよく知ることが大切になります。副読本と共に，折に触れて地域に出かけることがいいでしょう。単元の流れと参考になる地域教材と見学先をあげておきます。

学校のまわり・市（地域）のようす…市役所・学校・図書館などの公共施設，
交通（鉄道・バスの駅など），商店街やスーパーマーケット，
寺社，店，田畑，工場など地域のランドマーク，
歴史民俗資料館，博物館，地域の有形無形の文化財，

市（地域）の人々の仕事…農家（作物），工場（製品）（どちらか一つを選択）
（農業の場合理科と関連して４月から作物を育てるとわかりやすい）
スーパーマーケット，商店街，コンビニエンスストアー

くらしを守る…消防署，消防団，地域防災センター，防災公園，備蓄倉庫，警察署，交番，交通標識など

市（地域）の移り変わり…市役所・学校・図書館などの公共施設
歴史民俗資料館，博物館，地域の有形無形の文化財，

授業の進め方　―主体的・対話的で深い学びを目指して

1　導入でワクワクー児童をひきつける

導入で，どんな授業展開が始まるのかワクワクさせ，児童の眼をその日の授業に引き付けましょう。見学時の画像や動画を見せる，見学時にお借りしてきた具体物を持ち込む，クイズ問題を出す，意外な資料を提示するなど，方法はいろいろとあります。本書でも，いくつかこうした導入も取り入れています。

2　観察・調査・まとめの活動を大切に

小学校中学年は，社会生活の広がりと共に地理的歴史的な能力が目立って発達する時期ですので，どの単元でも地域の具体的な事象の観察・調査を中心にしています。そのおり，自分にわかる言葉だけでなく，「四方位から八方位」「地図記号」「何年前」というような，空間や時間の広がりを表す地理的歴史的な基本的な概念を共有しながら活動を進めることがステップアップにつながっていきます。

たとえば，観察･調査活動を生活科の見学学習から一歩進めて，全体で学習問題を共有し「何を見るのか」「何を聞くのか」などを自分たちで考え計画し，いろいろな観察･調査方法 (買い物量などの調査，アンケート，カメラ撮影，録音など) を例示して活動の幅を広げ，振り返りやまとめを多角的に進められるように授業を計画することが大切になります。

またまとめるための一つの方法として，本書では，地域で観察調査活動をしてきたことを付箋などのメモ用紙に書き込んで，グループで整理集約する活動を紹介しています。見聞きしたことを何度も検証することによって，グループ活動の中で基本的な概念やキーワードを再認識していくことができます。またグループでのまとめを報告するときにも意識して使うようにさせたいと思います。

3　さまざまな発表，表現活動を行なう

学習指導要領には，「地図帳や各種の具体的資料を通して，必要な情報を調べまとめる技能を身につけるようにする。」「考えたことや選択・判断したことを表現する力を養う。」と，資質・能力を育成する目標が設定されています。表現活動は諸活動や体験を振り返り，気づいたことを意識化する役割を持っています。また表現活動を通して，相手に伝えるための力を向上させることも求められています。そこで，中学年では「調べたことを記録する」「考えたことをまとめる」といった言語を使った活動を大事にしたいと思います。

そのためにさまざまな発表・表現方法を取り入れたいと思います。まず自分の記録をカードなどでまとめると共に，グループの中でまとめの一部として発表します。さらに個々のまとめから，紙芝居や，ポスターなど時間の流れや順序性のあるものにして表現したり，クイズ，なぞなぞなどを作って発表することもできます。

表現活動は，他学年や保護者，地域の人たちに発表する場を設けることでさらに生きてきます。相手に自分の思いを伝える経験を積み重ねることによって，児童は人と関わる喜びを得ることができるでしょう。また見学時にお世話になった地域の人たちへの見学学習の成果の報告やお礼の手紙なども，児童の地域社会への関わりの活動になると思います。

付録 DVD － ROM について

◆使用上の注意

この DVD-ROM はパソコン専用となっております。DVD プレイヤーでの再生はできません。
DVD プレイヤーで再生した場合，DVD プレイヤーおよび，DVD-ROM が破損するおそれがあります。

◆ DVD-ROM の内容について

① DVD-ROM を開くと，単元ごとのフォルダがあります。
【OS：Windows】

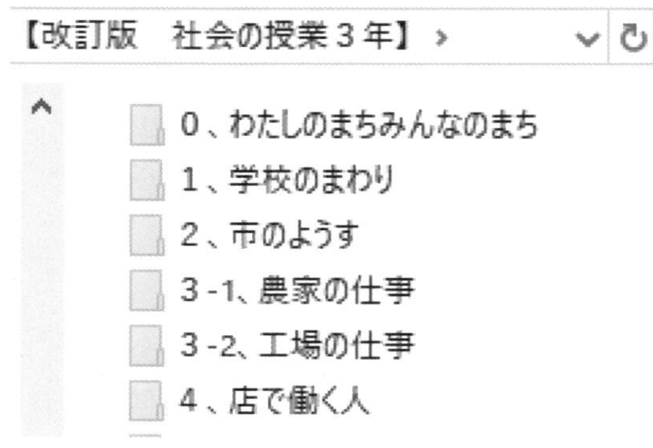

【改訂版　社会の授業３年】 ›
０、わたしのまちみんなのまち
１、学校のまわり
２、市のようす
３-1、農家の仕事
３-2、工場の仕事
４、店で働く人

② 各単元のフォルダの中に，各時のフォルダがあり，その中に各時のフォルダがあります。

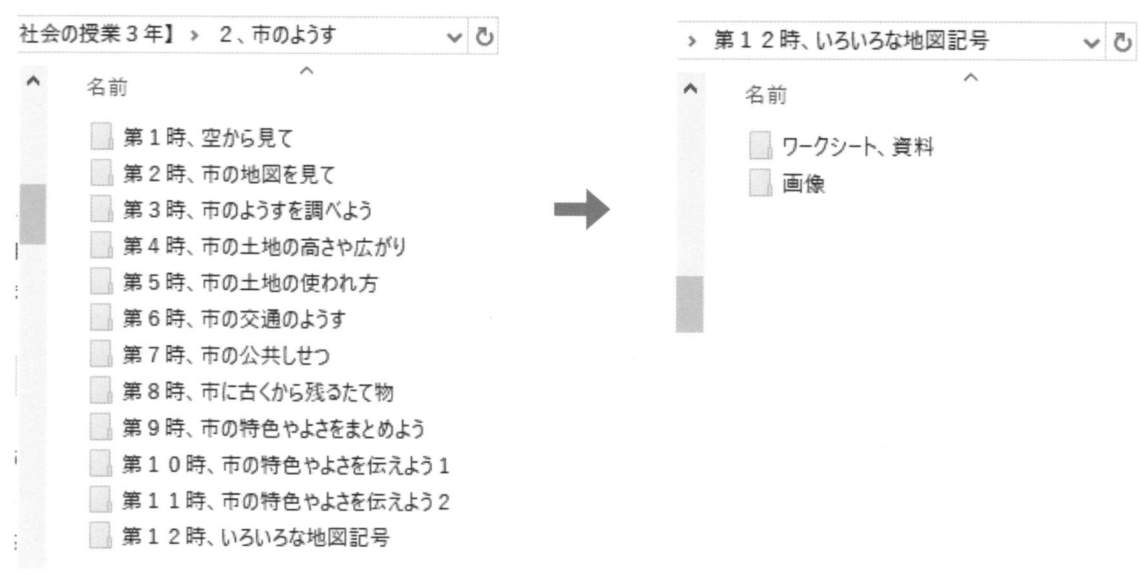

社会の授業３年】 › ２、市のようす
名前
第１時、空から見て
第２時、市の地図を見て
第３時、市のようすを調べよう
第４時、市の土地の高さや広がり
第５時、市の土地の使われ方
第６時、市の交通のようす
第７時、市の公共しせつ
第８時、市に古くから残るたて物
第９時、市の特色やよさをまとめよう
第１０時、市の特色やよさを伝えよう１
第１１時、市の特色やよさを伝えよう２
第１２時、いろいろな地図記号
› 第１２時、いろいろな地図記号
名前
ワークシート、資料
画像

③　各時のフォルダの中にファイルがある場合は，

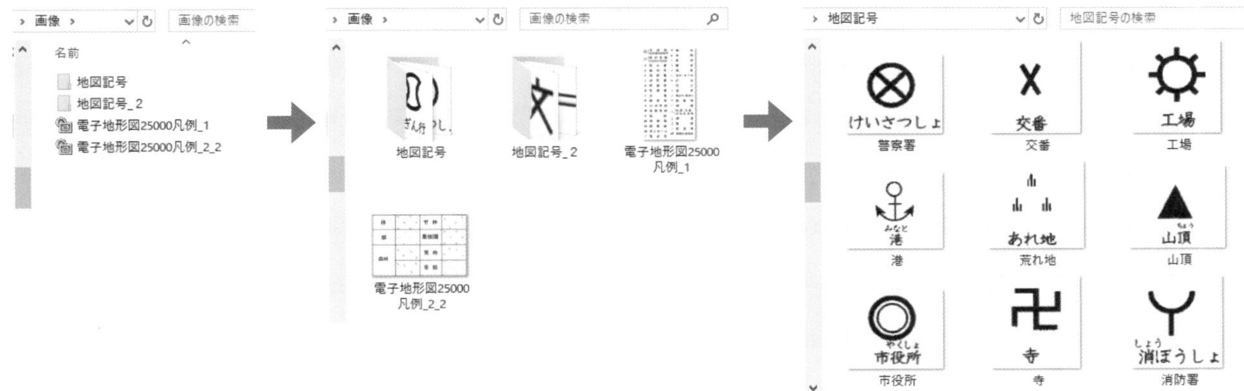

画像
画像の検索
名前
地図記号
地図記号_2
電子地形図25000凡例_1
電子地形図25000凡例_2_2
地図記号
地図記号_2
電子地形図25000凡例_1
電子地形図25000凡例_2_2
地図記号
地図記号の検索
けいさつしょ
警察署
交番
交番
工場
工場
港
港
あれ地
荒れ地
山頂
山頂
市役所
市役所
寺
寺
消ぼうしょ
消防署

ファイルが入っています。ファイルがない場合もあります。
ファイルには次の形式があります。
・PDF　・.jpeg　・.wmv　・.xls　・.png　・.word　・.mpg
※上記ファイルを再生できるアプリケーションが必要となります。
　また参考画像，参考動画，ワークシートは，各時で揃っていないものもあります。
※ wmv 等の動画ファイルは Windows Media Video 等のフリーソフトをご使用ください。

【その他】
この DVD-ROM に収録されている動画には，一部音声が含まれておりません。
プロジェクターや TV モニターで投影する場合は，各機器および使用しているパソコンの説明書を参照して下さい。

◆動作環境　Windows

【CPU】	Intel®Celeron®M プロセッサ 360J1.40GHz 以上推奨
【空メモリ】	256MB 以上（512MB 以上推奨）
【ディスプレイ】	解像度 640 × 480，256 色以上の表示が可能なこと
【OS】	Microsoft windows XP 以上
【ドライブ】	DVD-ROM ドライブ

※ファイルや画像を開く際に時間がかかる原因の多くは，コンピュータのメモリ不足が考えられます。
　詳しくは，お使いのコンピュータの取扱説明書をご覧下さい。
※動画は一度コンピュータ本体に保存後，再生するとスムースに動きやすくなります。

◆複製、転載、再販売について

◆お問い合わせについて

　本書付録 DVD-ROM 内のプログラムについてのお問い合わせは，メール，FAX でのみ受け付けております。
メール：kirakuken@yahoo.co.jp
ＦＡＸ：075-213-7706
　電話でのサポートは行っておりませんので何卒ご了承下さい。
　アプリケーションソフトの操作方法については各ソフトウェアの販売元にお問い合せ下さい。小社ではお応えいたしかねます。

【発行元】
株式会社喜楽研
（わかる喜び学ぶ楽しさを創造する教育研究所：略称）
〒 604-0827 京都市中京区高倉通二条下ル瓦町 543-1
TEL：075-213-7701　FAX：075-213-7706

学校のまわり

全授業時間４時間（導入１時間＋授業３時間）＋ひろげる３時間

◉ 学習にあたって ◉

◇何を教えるのか　－この単元の特徴－

この単元は，児童が社会科で初めて出会う小単元で，日頃目にしたりふれあっている身近な地域を素材として取り組む学習です。このうち「学校のまわり」は，位置や地形，主な公共施設の場所，古くから残る建造物などに着目して，生活科「まち探検」での絵地図学習などを発展させ，方位や地図記号などの地図学習の基礎を学びます。平面地図などの資料で調べ，身近な地域の様子を大まかに理解することがねらいです。

『学校のまわり』

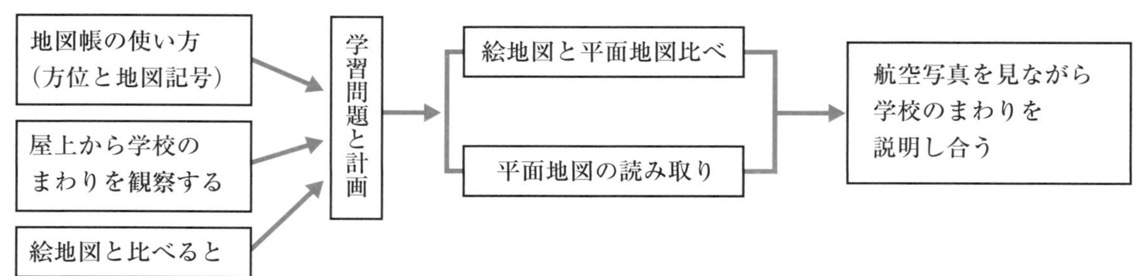
地図帳の使い方
（方位と地図記号）
屋上から学校の
まわりを観察する
絵地図と比べると
学習問題と計画
絵地図と平面地図比べ
平面地図の読み取り
航空写真を見ながら
学校のまわりを
説明し合う

◇どのように教えるのか　－主体的・対話的で深い学びのために－

新指導要領の改訂で，グループ別の町の調査学習がとれなくなるので，授業時間数の配分を工夫しながら効果的な指導を行うことが大切です。生活科での「まちたんけん」学習を生かして，学校の屋上 (校舎最上階) などの高いところから身近な地域を俯瞰して，特徴的な景観や場所，主な公共施設などを観察・調査してとらえ，３年から配布される地図帳を参照しながら方位や主な地図記号について理解するようにします。

◉ 評　価 ◉

知識および技能

・自分たちの住んでいる身近な地域の平面地図や航空写真を活用して方位を知り，特色のある地形や土地利用の様子，主な公共施設の場所と内容，古くから残る建造物などについて，理解している。
・自分たちの住んでいる身近な地域の様子について，場所によって違いがあることを理解している。

思考力，判断力，表現力等

・地域の平面地図や航空写真などの資料を活用して，地図に基本的に必要な約束＝方位記号や縮尺，凡例，地図記号などの意味と役割を知り，特徴的な地域の様子について考え，判断している。
・自分たちの住んでいる身近な地域の地形的な特色と土地利用の様子を関連づけて考え，土地利用と公共施設の分布の様子を比較したりして考え，場所によって違いがあることを適切に表現している。

学びに向かう力，人間性等

・地域の平面地図や航空写真などの資料から読み取ったことをもとに自分の意見や疑問をもち，進んで話し合いに参加しようとしている。

◉ 指導計画　　４時間（導入１時間 ＋ ３時間）＋ ひろげる３時間 ◉

◆年間指導計画では導入１時間＋授業３時間になっているので，導入を１時間にまとめてもよい。

時数	授業名	学習のめあて	学習活動
導入	わたしたちのくらすまち「わたしのまち　みんなのまち」の導入	・わたしたちの町にどんなものがあり，どんな人がいて，何をしているのかを考える。	・私たちの町とイラストにあるような地域のようすを比べ，どんなものがあり，どんな人がいて，何をしているのか考えて，見つけたことを文字に表して発表する。
ひろげる	地図帳を使ってみよう	・地図帳にどんなことが載っているのかがわかり，関心を持つことができる。	・私たちの都道府県を見つけ，どんなことが載っているのかを知り，地図帳に日本や世界の様子が載っていることを知る。
1	学校の東西南北	・学校の屋上（校舎最上階）からどんなものが見えるか観察し，方位を使って表現する。	・学校の屋上（校舎最上階）に上がって，どんなものが見えるか観察し，方位をあらわす東西南北の四方位を知り，地域にあるいろいろな場所をその方位を使って表現する。
2	くわしい地図を見てみると	・観察した学校の周りの様子を整理し，校区地図と比較してかかれている地図記号や方位，縮尺，凡例などの基本的な約束事を知る。	・よりわかりやすく見やすい地図がどのように表現されているのかを調べ，地図に基本的に必要な約束＝方位記号や縮尺，凡例，地図記号などの意味と役割を知り，これからの自分たちの地図学習で使えるように準備する。
3	空から学校のまわりを見ると	・学校のまわりの様子を，絵地図など調べたことをもとに航空写真と比べながらまとめる。	・学校のまわりの様子は場所によってどのように違うのか，航空写真と絵地図を比較しながら相違を発見し話し合い，わかったことを付け加えてまとめる。
ひろげる	絵地図からくわしい地図へ①	・観察した学校の周りの様子を整理し，地図記号の意味と役割を知り利用して地図を作成する。	・わかりやすい地図をつくるにはどうしたらよいか考え，地図に基本的に必要な約束＝地図記号の意味と役割を知り，自分たちの地図を作成できるようにする。
ひろげる	絵地図からくわしい地図へ②	・校区の様子を，方位や縮尺，土地利用の色分けなどの方法を用いて整理して作成する。	・わかりやすい地図をつくるにはどうしたらよいか考え，地図に基本的に必要な約束＝地図記号に加え，方位や縮尺，土地利用の色分けなどの方法を知り，凡例としてまとめ，自分たちの地図を作成できるようにする。

導入

わたしたちのくらすまち

本時の学習ポイント 児童の住むまちと一般的なまちを比較することで，人間社会への興味

単元の学習のめあて

わたしたちの町の様子に目を向け，どんなものがあり，どんな人がいて，何をしているのかを考える。

準備物

・DVD 所収資料（町の様子イラスト）・町探検絵地図（生活科で作成したものがあれば）・付箋メモ用紙（黄色と赤色，一人10枚ほど）
・色鉛筆

板書例

どんなまちかな

※生活科で作成した
町探検絵地図を貼る

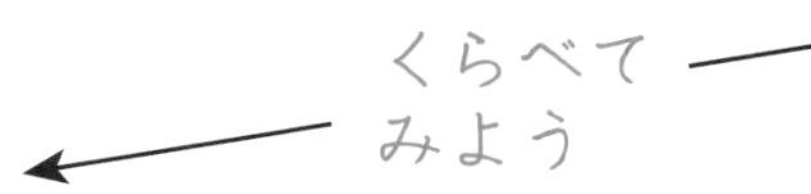
くらべて
みよう

にているところ

・学校，スーパーマーケット，家，店，たて物，
鉄道，川　など

1 つかむ　絵の中から，私たちのまちと似ているところを見つけよう。

「私たちの学校の周りや校区には，どんなところがありましたか。」（2年で作成した町探険絵地図を見せながら）

・池があり，そこから川が流れているよ。
・スーパーマーケットがあります。
・ぼくが通学する道沿いに駅があるよ。
・市立図書館もあります。

次の絵を見て，私たちのまちと似ているところと，まちの人が何をしているのか発見しましょう。

交番もあるわ。

学校があるよ。

絵は教科書（電子黒板や大型テレビで掲示する）や DVD 内のワークシートを活用して拡大掲示できるようにし，全体で共有できるようにしたい。

2 見つけて考える　絵の中で，私たちのまちと似ているところを言葉にして表してみよう。

「まず，見つけたところや人が何をしているのかを整理する方法を説明します。」

黄とピンクの付箋を配布し説明する。社会科の初めての授業なので，課題の整理の仕方を丁寧に説明するようにしたい。

① 黄色の付箋に，「私たちのまちと似ているところ」を書く。
② 絵の中の見つけた場所に，黄色の付箋を貼る。
③ ピンク色の付箋に「まちの人の様子」を書く。
④ 絵の中の見つけた場所に，ピンク色の付箋を貼る。

やり方はわかりましたか。それではまず発見したところからメモに書いて絵に貼りましょう。
「まちの様子」はピンクのふせんに書いて絵に貼るのね。
「似ている所」は黄色のふせんに書いて…

机間巡視して，ゆっくりな児童には丁寧に指導する。

関心を引き出す。

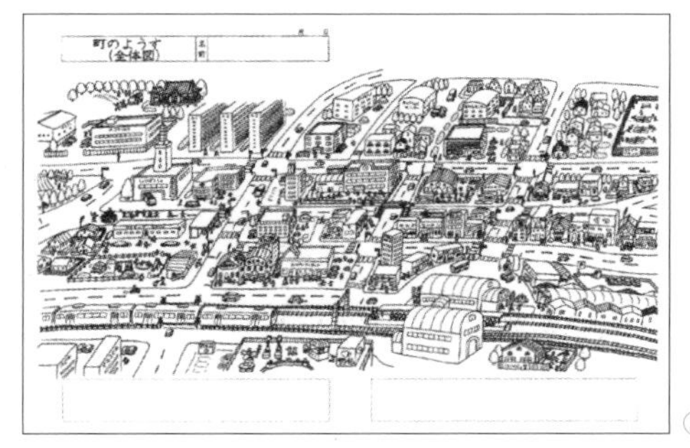

人のようす

・子どもがあそんでいる
・買い物をしている
・祭りにさんかしている
・ゆうびんや，荷物を配たつしている

主体的・対話的で深い学び

初めての社会科の授業なので，２年生までの生活科の授業で作成した絵地図を引き継ぎ，児童の生活体験を基にした導入にしている。児童の住むまちと教科書や資料にある見知らぬまちとを比較することで，人間社会への関心を持たせ，社会科への興味を引き出したい。

DVD

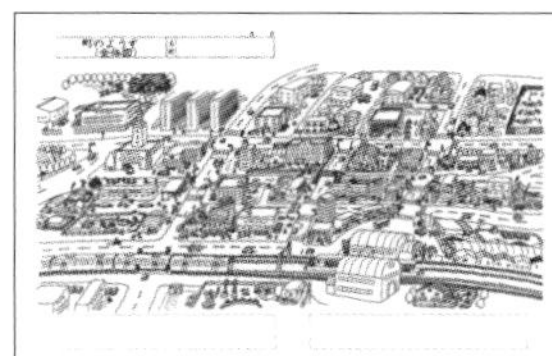

3 発表する 私たちのまちと似ているところを発表しよう。

絵に貼ったメモがたくさん書けましたね。それでは，私たちのまちと似ているところを発表していきましょう。
絵の中にも学校があるよ。
公園があります。

・絵の中にも学校があるよ！
・スーパーマーケットがあるね。
・電車が通って駅があります。
・大きな道路が通っていて，車が走っています。
・川が流れて橋がかかっています。

児童は，発表されたところと同じ付箋をはずしてノートに貼り，代わりに絵には赤鉛筆で印をつけ，未発表のところがわかりやすくなるようにさせる。

4 発表してまとめる 絵の中のまちの人の様子を発表しよう。

次に，絵の中のまちの人が何をしているのか発表しましょう。
「お祭り」の所のふせんをはずして赤マルをつけて…
お祭りをしています。
はい

・遊んでいる子どもがいるよ。
・買いものをしている人もいます。
・祭りを見物している。
・郵便や荷物を配達している。

教師は意見を板書しながら，できるだけ同じような内容をまとめていくようにする。児童は「似ているところ」と同じように，メモをはずして，絵の赤鉛筆で印をつける。

「いろいろなところや人の様子がありましたね。次の社会科の時間から，私たちのまちの様子や人の様子を調べていきましょう。」

ひろげる

地図帳を使ってみよう

本時の学習のめあて

自分たちの住んでいるところが，地図帳のどこにあるのかを探して見つけ，地図帳に日本や世界の様子が載っていることを知る。

準備物

・地図帳

板書例

地図帳を使ってみよう

※地図帳の都道府県区分図などを掲示する

都道府県の名前（大阪府）

市の名前（高槻市）

1 つかむ　私たちの住んでいる市や県はどこにあるだろう。

私たちの住んでいる市（区町村）は，何といいますか。
高槻市です。
それでは，県と国の名前はなんでしょうか。
大阪府です。
日本です。

「大阪府や高槻市はどこにあるのか，地図帳で調べましょう。まず表紙を開いて都道府県の地図から見つけてみましょう。」

・日本地図の真ん中あたりだ。

書画カメラなどで地図帳のページを写し，大型テレビなどで拡大掲示すると，情報を共有できる。

2 調べて見つける　私たちの市や県はどんな様子だろう。

大阪府や高槻市がもう少し大きく載っているページを見つけましょう。
※自由にページをめくって調べさせる。この活動で，大まかにどこにどんなことが載っているのかつかみ始める児童もいるので，地図への興味・関心を持たせたい。
このページはあんまり大きくないな。
○ページに載っています。

・日本地図の中には大阪市と堺市だけ載っている。
・市がある地図にはいろいろなことが載っている。

「大阪府の様子で気がついたことがありますか。」

・海があります。
・海の中に関西国際空港がある。
・上の方と下の方はまちの名前が少ないです。
・上の方と下の方は山が多いのかな。

●府のようす

・海がある
・海の中に関西国際空港がある
・上と下の方は山が多い
・まわりの府県
　京都府　兵庫県　奈良県　和歌山県

●市のまわりのようす

・名神高速道路
・ひらかたパーク
・万博公園　など

主体的・対話的で深い学び

３年生社会科から使用することになった地図帳のオリエンテーション。地図帳には，日本や世界の自然や人々の生活の様子が載っていることを知り，児童が自ら調査・検索する学習活動の方法を学びながら，社会科学習への関心を高めていく。

3 調べて見つける　私たちの市のまわりにはどんなものがあるだろう。

大阪府の中でも，私たちの市のまわりには，どんなものがあるでしょう。
名神高速道路が通っている。
阪急京都線も走っているよ。
遠足でいった万国博記念公園ものっているよ。
ひらかたパークがある。

「見つけたところには赤線を引いておき，グループでお互いに教え合いましょう。」

・枚方の方にブルトーザーやトラクターというのもあるね。どうして載っているのだろう。
・箕面の「サル」がある！
・絵やマークが入っているものは何だろうな。

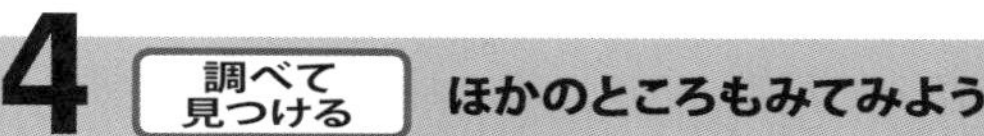

4 調べて見つける　ほかのところもみてみよう。

大阪府はまわりをいくつの県や府で囲まれているのか調べてみましょう。
京都府がある！
兵庫県もあります。

・和歌山県があります。
・奈良県も隣の県です。

「他にどの都道府県を知っていますか。」

・おばあちゃんの住んでいる県があります。
・２年生の夏休みに，○○県に行きました。

「地図帳には日本だけでなく，世界の国々も載っています。裏表紙を開けて知っている国の場所を探してみましょう。」

時間がある場合は，知っている国々に線を引いて，発表していくといろいろな関心を持つことができるだろう。

第1時

学校の東西南北

本時の学習のめあて

学校の屋上に上がってどんなものが見えるか観察し，方角を表す方法を知り，その方法を使って表現する。

準備物

・DVD 所収資料〔屋上からスケッチ用紙プリント〕
・方位磁針
・見学ボード（バインダーのあるボード）
・色鉛筆

本時のポイント　学校の周りの建物や施設を１つ１つスケッチすると時間がかかる。前時

板書例

学校の東西南北

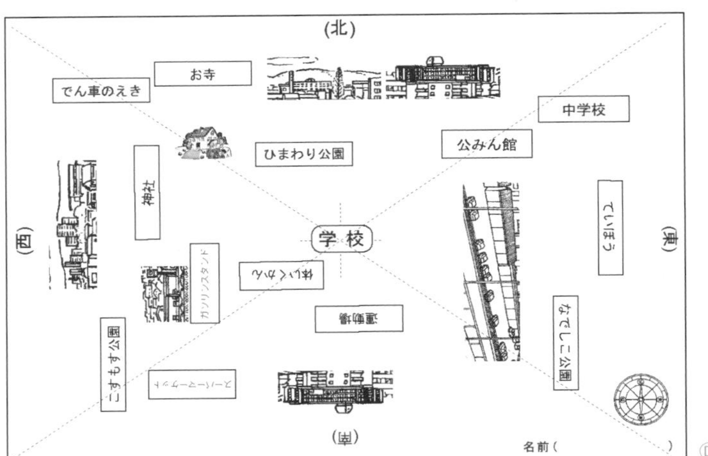

(北)
お寺
でん車のえき
中学校
ひまわり公園
公みん館
神社
ていぼう
(西)
学校
(東)
ガソリンスタンド
たいいくかん
運動場
なでしこ公園
こすもす公園
スーパーマーケット
(南)
名前（　　）

1 見つける　学校の屋上に上がって，自分の家を探そう。

今日は，学校の屋上に上がって，紹介したところや学校の周りの様子を調べましょう。
屋上
「あっち」に森が見えるよ。
向こうの森は，いつも遊ぶ公園だと思う。

屋上に上がるときの注意を話し，記録用のプリントと見学ボード（バインダーのあるボード）を配布し，筆記用具とともにオリエンテーションで書いた「にているところ」の付箋を持参する。

ほかの準備物：方位磁針（グループごと）。

「屋上からどんなところが見えますか。」

・私の家は見えないけど，あっちの方かな？
・あっちってどっち？
・あっちだよ！あのビルの向こう。
・こっちにいつも行くスーパーがあるよ。

2 つかむ　東西南北の四方位を確かめよう。

“あっち，こっち，向こう”のかわりに，東・西・南・北を覚えましょう。東西南北を四方位といいます。
北
太陽が登ってくるのが東
西
東
南
東，西，南，北は聞いたことがある。
“お日様は東から昇り，西に沈む”って。

「よく知っていますね。太陽が昇るのが東。ですから右手の先で東を指すと左手の先は，太陽が沈む西になります。そのまま向いている方角が北で，背中の方角が南です。グループごとに方位磁針で確かめましょう。」

方位磁針をグループごとに配布して，赤い針を北に合わせて方角を確認させる。

「北の方角には何が見えますか。」

大きなビルや施設など，北の方角について共通の目印になるところを確かめる。

オリエンテーションで書いた付箋も活用するとよい。

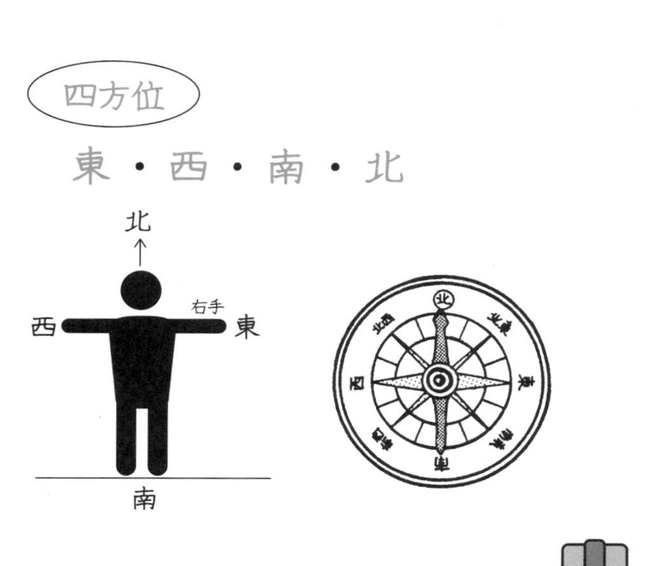
四方位
東・西・南・北
北
西
右手
東
南

主体的・対話的で深い学び

初めて地図を見るとき，まず第1に約束事として方位（方角）を知り確かめることが必要となる。学校の屋上からどんなものが見えるか観察したとき，地域にあるいろいろな場所が四方位を使うことで正確に記録できることを学ばせたい。

DVD

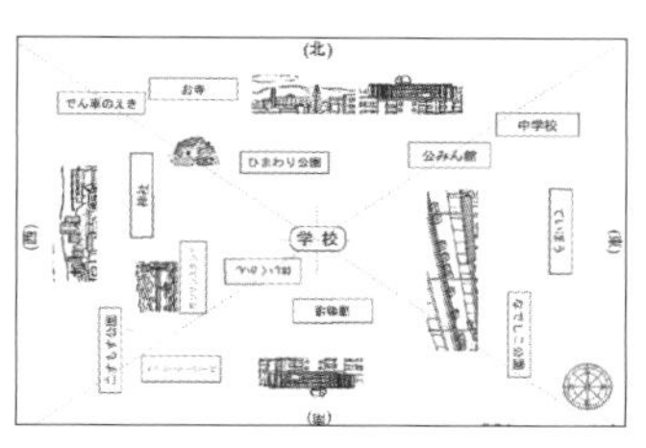

3 見つける 自分の家の方角を確かめ，周りにある目印を見つけよう。

自分の家の方角を方位磁針で確かめましょう。見えなくても方角がわかったらプリントに記録しましょう。
ぼくの家は「北」の方にあるね。

・私の家は北の方で西よりにあります。

「方角がわかったら，まずプリントのかっこに調べた方角を書き，家のあたりに家の絵をスケッチします。」

各自，家の方角に向かってスケッチする。

「家がかけたら，周りにあるお気に入りや目印になるようなところを見つけ，「にているところ」の付箋（スーパーマーケットや鉄道など）をスケッチプリントに貼りましょう。」

・家の近くの森の中にある屋根はお寺だね。
・図書館も見えるよ。

4 記録してまとめる 学校の周りにあるものを，絵や文字で記録しよう。

一つの方角が終わったら，違う方角を見て目印になるところを記録しましょう。
あとは「西」の方角だけだよ。
南の方角にはスーパーがあるよ。

・南は運動場が大きく見えるね。
・あの大きな看板はスーパーマーケットだ。

「付箋がないところは，スケッチや文字で表しましょう。」

・北はチョコレートの看板の工場だね！
・あの前を電車が走っているはずだよ。
・屋上からは見えないけど池や川があるはずだよ。

スケッチしながら遠くに見えるところは（遠）と印を書くようにしておく。

第 2 時

くわしい地図を見てみると

本時の学習のめあて

観察した学校の周りの様子を整理し，校区地図と比較してかかれている地図記号や方位，縮尺，凡例などの基本的な約束事を知る。

準備物

・前時作成の観察プリント
・校区地図（方位記号や縮尺，凡例，地図記号などが使われている地図）

本時のポイント　付箋ははがれやすいので，プリントの保管を児童に任せる場合はクリア

板書例

くわしい地図を見てみると

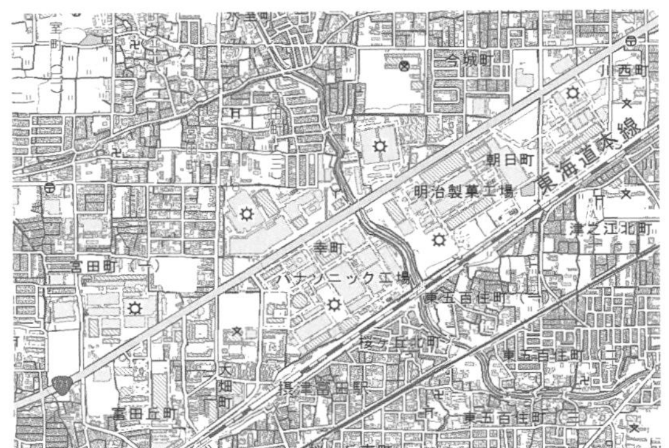

1 つかむ　屋上から見てかいた記録用プリントを整理しよう。

「プリントを出して，屋上に上がって確かめたまちの様子や建物を思い出しましょう。」

・いろいろなところがよく見えたね。
・遠くの方は重なっていてわかりにくかった。
・東西南北はわかったけど，プリントをその向きにしないと何を書いたのかわかりにくい。

建物や景色の向きがバラバラなので，北を上にして付箋を貼り直してみましょう。スケッチや書き込んだものは場所の名前を付箋に書き直して整理しましょう。
「北」を上にして整理したら見やすくなったよ。
方向がバラバラだから見にくいね。

・あっ，みんな同じ方向になって見やすくなった！
・道をかけばその場所に行けそうだ。
・白地図と同じ北が上になる形になったね。

2 比べて調べる　屋上で見えた場所を校区地図で確かめよう。

校区の地図を見て，自分の家がどこにあるか学校から道路をたどって見つけ，○をつけましょう。
私の家はここだわ。
ぼくの家はここだよ。

校区の地図をグループに配布し，それぞれの家を見つけ合う。

「見つかりましたか。続いて屋上で見えた場所を，校区の地図で探して確かめましょう。」

記録用プリントの屋上から見えた場所の方角を確かめながら校区地図で確認させる。

・地図は絵が少ないからごちゃごちゃしていないよ。
・堤防の近くにお寺があるはずだけど…。
・近くの神社は，どこかな。
・学校がある場所には「文」のマークがつけてあるね。

校区地図は，基本的に地図記号や凡例で表されている。地図を使うとはっきり違いがわかる。

ファイルに入れたりファイリングするなどの工夫が必要。

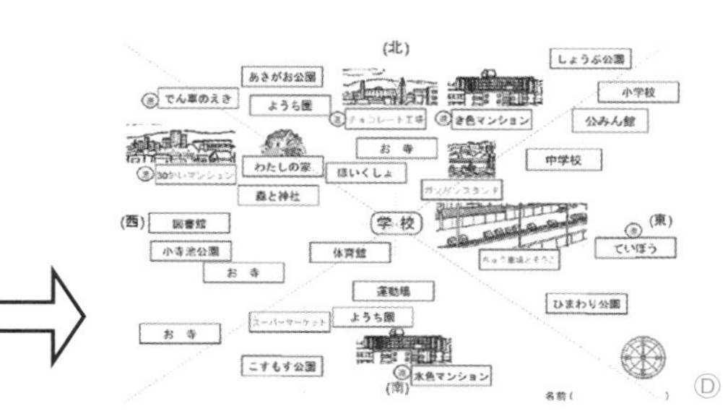

(北)
(西)
(東)
(南)
学 校
お 寺
中学校
小学校
体育館

地図のやくそく

- 地図記号
- しゅくしゃく（きょりのものさし）
- 方位記号（東・西・南・北）

主体的・対話的で深い学び

生活科の町探検や絵地図制作で学習した地域を素材にして，一般的な地図がどのようにわかりやすく・見やすく作製されているのかを気付かせる。地図に基本的に必要な約束＝方位記号や縮尺，凡例，地図記号などの意味と役割を知り，これからの自分たちの地図学習で使えるように準備する。

DVD

3 見つけて調べる 地図の中のマーク（記号）を調べよう。

建物や鉄道，土地の様子などを地図で表すとき，文字や絵だけでなく，共通の“地図記号”を使って表します。教科書や地図帳を見て，地図記号を調べましょう。
神社は鳥居の形をそのまま使っている。
田んぼは2本線だわ。
お寺は卍だ。手裏剣みたい。

学校はやっぱり“文”の字だね。

- 橋は，河を横切ってかかれているね。
- 図書館は本を広げた形だ。
- 太陽みたいな記号は何だろう。

まず，地域にある施設や土地利用の記号を中心に教え，市全体への学習の広がりを想定して，DVD 収録のプリントなどを利用して楽しく覚えさせたい。

4 見つけて調べる 地図を見て，マーク（記号）以外にも見つけたことを話し合おう。

地図記号の他にも見つけたことがあったら，発表して話し合いましょう。
地図の端に物差しのようなものがあります。
朝日町
明治製菓工場
東海道本線
小西町
津之江北町
宮田町
幸町
パナソニック工場
東五百住町
桜ヶ丘北町
これは縮尺といいます。これを地図上に当てると，だいたいの距離が測れます。

・方位磁針のマークが書かれています。

「実際の風景と地図を合わせるために，必ず方角を示す方位記号が必要なのですね。ない時は，上が北を示す約束になっています。」

・道路の幅が少しずつ違います。

・住宅地の中の道路は幅が狭いようです。

「いろいろ見つけましたね。わかったことをノートに書きましょう。」

第 3 時

空から学校のまわりを見ると

本時の学習のめあて

学校の周りの様子について，校区地図などで調べたことをもとに，航空写真と比べながら考えまとめる。

準備物

- 校区の航空写真（又はインターネット地図サイト航空写真）
- 作製した校区大地図（グループ）

板書例

空から学校のまわりを見ると

地図データ:Google

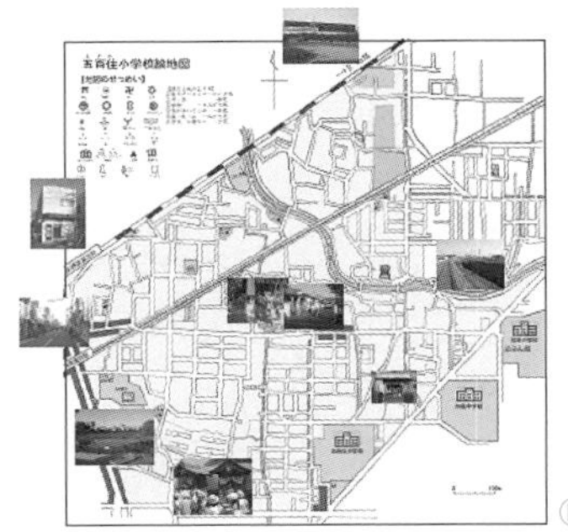

1 話し合う 空から学校の周りを撮った写真を見て，気づいたことを話し合おう。

これはどこの写真だと思いますか。
すごいね，飛行機に乗っているみたい。
線路の向こうの大きい工場の様子がわかるわ。
ぼくたちの学校の周りの写真かな。

「そうです。学校の周りの写真です。」

- チョコレート工場の大きい看板が見える。
- 大発見！ 川の流れ方が校区地図と一緒だよ！

航空写真は学校何周年記念などの航空写真を利用するのがよいが，ない場合はインターネットの地図サイトを活用するとよい。

2 比べて見つける 空からの写真と校区地図を見比べて，わかることを見つけよう。

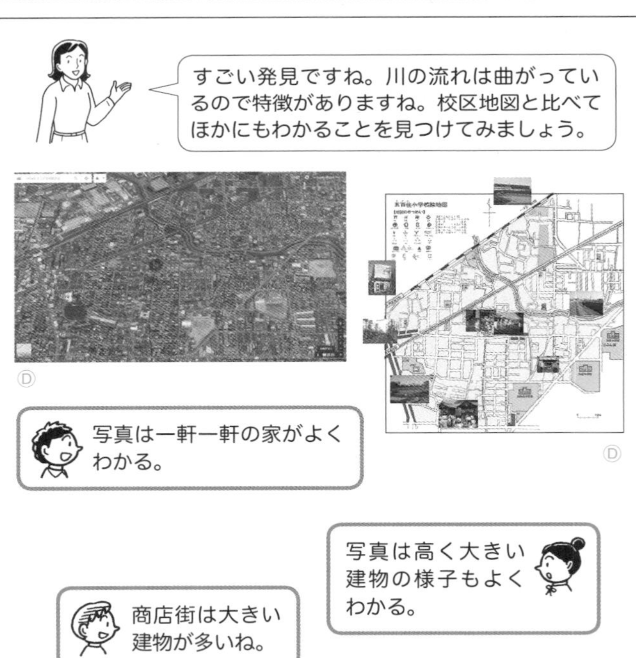
すごい発見ですね。川の流れは曲がっているので特徴がありますね。校区地図と比べてほかにもわかることを見つけてみましょう。
写真は一軒一軒の家がよくわかる。
写真は高く大きい建物の様子もよくわかる。
商店街は大きい建物が多いね。
写真は，家がないところもよくわかる。

- 田畑の様子も見えているよ。
- 小寺池が地図と同じ形だね。
- 緑の森がよく見えるけど，森の下の神社が見えないね。
- JR の北側の工場の建物の形がよくわかる。

学校のまわりは
どんな様子なのだろう

・家がたくさんたっている
・電車の駅に歩いて行ける
・田や畑は少ししかない
・場所によってちがいがある　など

市全体の様子に
ついて調べよう

主体的・対話的で深い学び

学校の周りの様子を観察するとき，地上から見たときと上空から見たときでは全く異なる情景を描き出す。その景色が場所によってどのように表されているのか，航空写真と地図を比較しながら相違を発見し話し合い，わかったことをつけ加えてまとめていくようにしたい。

DVD

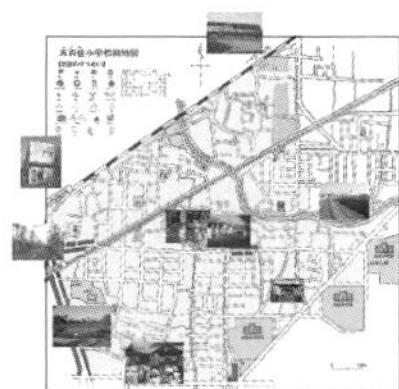

3 調べて 話し合う　学校の周りの様子を，調べたことをもとに話し合いまとめよう。

空からの写真や校区地図など調べたことから，私たちの学校の周りはどんなところなのか，意見を出しあってまとめましょう。
家がたくさん建っているね。
JR や阪急電車の駅に歩いて行けるよ。
駅の近くに高い建物がたくさんある。
田や畑は少ししかないね。

・JR の北側に大きい工場が広がっている。
・校区にはあまり大きな道路がない。
・校区のほかにも家が多いよ。
・周りに学校がたくさんあるね。

4 話し合い まとめる　もっと知りたいことや調べたいことを話し合おう。

空からの写真を見て，学習してきた学校の周りのほかに，知りたいことや調べたいことがないか考えてみましょう。
大きな工場はどこまで続くの。
校区以外の東西南北の様子はどうなっているの。
市全体も校区の様子と変わらないのかしら。
屋上から見えた山の方はどうなっているだろう。

・市全体でも田や畑は少ないのだろうか。
「それでは，次から市全体の様子についても調べてみましょう。」

次の単元『市の様子』へつないでいく。

ひろげる

絵地図からくわしい地図へ①

本時の学習のめあて

観察した学校の周りの様子を整理統一し，地図記号の意味と役割を知り利用することで，見やすい地図を作成する。

準備物

- 第２時作成の観察プリント
- 校区白地図（模造紙大または A3）（グループ数）
- ２年生活科作成時の絵地図（あれば）
- マジック，色鉛筆

教材研究のポイント　第２時の授業をさらに発展させ，児童に白地図へ地図記号を書き込ま

板書例

絵地図からくわしい地図へ①

地図を見やすくするには

・絵やマークを同じにする

⇓

地図記号

文 …学校
卍 …寺
⛩ …神社
〒 …ゆうびん局

①

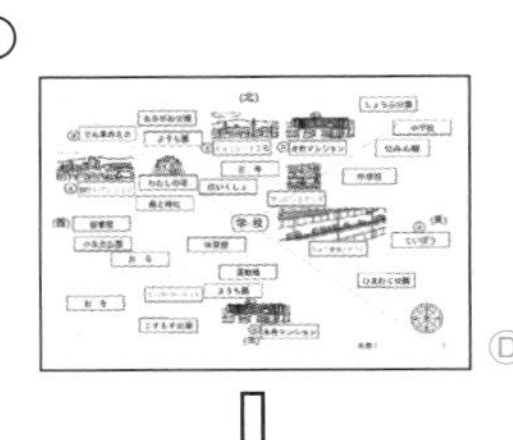

⇩

②地図にしるしをつける

1　振り返る　地図記号にはどんなものがあったか確かめよう。

前の時間に，地図記号について学びました。どんなものがありましたか。
田んぼの地図記号！
文 学校の地図記号は“文”だったよ。
卍 お寺の地図記号はちょっとかっこよかったな。
)(橋もあったね。

児童から挙げられた施設名と地図記号を板書する。教師が先に地図記号を板書し，何の地図記号か児童に尋ねるクイズ形式にしてもよい。

「前の時間に作った絵地図の中で，地図記号で表すことのできるものはどれでしょう。」

- 私たちの学校！
- お姉ちゃんの中学校も同じ“文”の記号だ。
- 工場は太陽みたいな地図記号だった。
- 郵便局。

2　振り返る　地図記号のない場所はあるか調べよう。

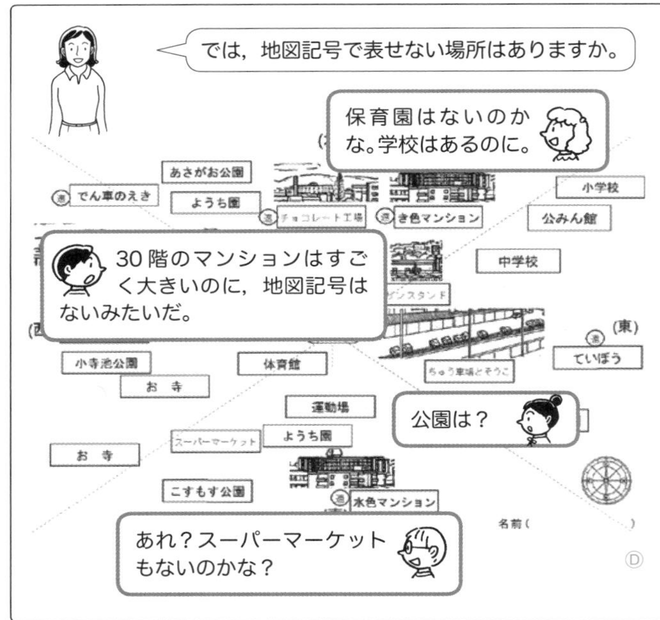

では，地図記号で表せない場所はありますか。
保育園はないのかな。学校はあるのに。
30 階のマンションはすごく大きいのに，地図記号はないみたいだ。
公園は？
あれ？スーパーマーケットもないのかな？
あさがお公園
でん車のえき
ようち園
小学校
公みん館
中学校
ていぼう
小寺池公園
体育館
お　寺
運動場
ようち園
お　寺
こすもす公園
水色マンション
名前（　　　）

「保育園やスーパーマーケットなど，みなさんが地図記号を作るならどんな地図記号にするか話し合いましょう。」

- 学校が“文”だから，保育園も一文字がいいんじゃないかな。
- どの文字がいいだろう。保育園の“ほ”？
- “ほ”じゃわかりにくいと思うよ。
- 文字じゃなくて，ひよこの絵なんてどうかな。
- スーパーマーケットはお財布の絵はどう？

せることで地図への理解を深める。

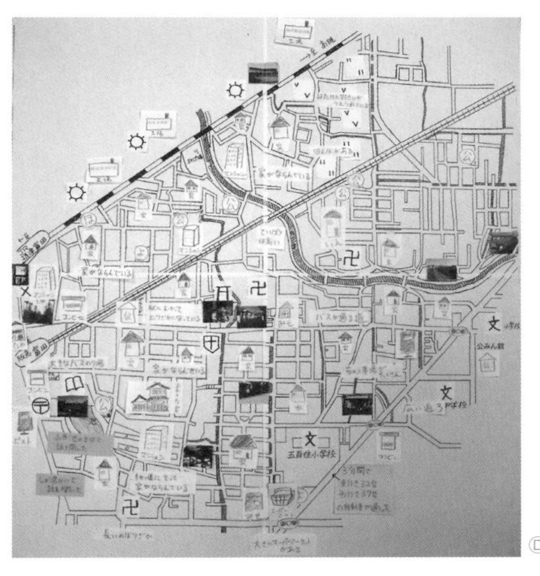

主体的・対話的で深い学び

生活科の町探検で体験してきた絵地図作りを生かして発展させた学習をする。わかりやすい地図をつくるにはどうしたらよいか考え，地図に基本的に必要な約束（方位や縮尺，凡例，地図記号）の意味と役割を知り，自分たちの地図を作成できるようにする。

DVD

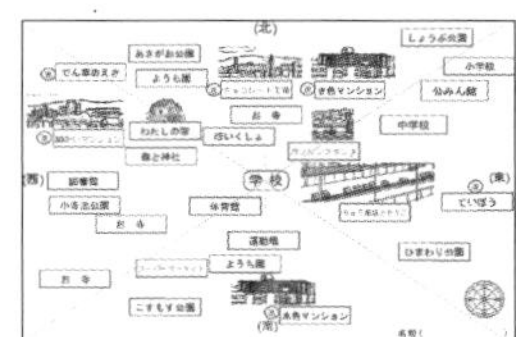

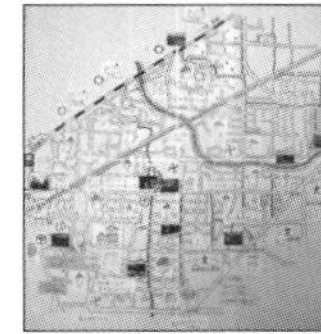

3 作成する 白地図に調べた家や建物，地図記号を入れよう。

白地図に調べた家や建物，地図記号を書き入れていきましょう。
学校には“文”を書こう。
図書館はここだよ。□□を書き入れよう。

・田や畑の記号はどれくらい書けばいいかな？

「広さにもよりますが，わかるように１区画で４～５個でよいでしょう。」

・保育所や幼稚園の地図記号はないなあ。

「地図記号のないものは，グループで考えて作った物を書きましょう。」

オリジナル地図記号を作らず，文字で書かせるだけでもよい。

4 考えて話し合う 地図記号のほかに，校区白地図をわかりやすくする方法を考えよう。

地図記号を書き入れて，わかりやすくなりましたね。ほかに，もっと地図をわかりやすくするにはどうしたらいいか考えてみましょう。
マークが多すぎてもわかりにくいよ。
それなら，山は緑にぬろう。
もっといろんな場所を地図記号にできないかな。
川や池を水色でぬったらどうかな。
消防署は赤で…あ，消防署は地図記号があった。

「いろいろな工夫の仕方がありますね。地図記号や色塗りのきまりは，地図に書いておくと他の人が見てもわかりやすくなります。」

余裕があれば，もう１時間使って校区白地図に色をぬる活動をしたい（ひろげる２）。地域への理解が深まり，地図学習への関心も高まる。

ひろげる

絵地図からくわしい地図へ②

本時の学習のめあて

個別の絵地図を見やすくし共有化を図るのに，地図記号のほかに，土地利用の色分けの方法を用いて整理する。

準備物

- 作製した校区大地図（グループ）
- 色鉛筆
- マジックなど

板書例

絵地図からくわしい地図へ②

地図を見やすくする色分け

① 家の多いところ…… ピンク
② 川・池……………… 水色
③ 森・林・山………… 緑
④ お店が多いところ… 赤
⑤ 学校、公園………… 黄

地図のやくそく

- 地図のせつめいを書く
  ① 地図記号　② 土地の色分け
- きょりのものさしをかく
- 方位図をかく

北
西
東
南

1 つかむ　絵地図の土地の様子をわかりやすくするにはどうしたらいいか考えよう。

前の時間に，絵地図をわかりやすくするにはどうしたらよいか考えて，共通の地図記号を入れましたね。ほかに考えた方法は何でしたか。
色をぬる。
川と池は水色だったよ。

・山も色塗りするんだね。

「一つひとつ絵を描くのではなく，同じような土地の様子を色分けして表すということでしたね。それではどんな色にしたらよいか意見を出して下さい。」

・森は山と同じ緑でいいね。
・田や畑は，黄緑色でどうかな。
・家が多いところはピンク色，店が多いところは赤かな。

2 作成する　土地の様子を，もっと見やすくなるようにしよう。

では，クラスで決まった色で絵地図を色分けしていきましょう。
森は緑だね。
家の多い所はピンク色だね。
私はお店が多いところを赤色で塗るよ。

「色をつけてみてわかることがありますか。」

・私たちの校区は家がたくさん建っている。
・田畑がほとんどないね。
・川が曲がって流れている。
・細かい川がたくさん流れている。
・森や林が少ない。
・学校が校区の端の方に建っている。

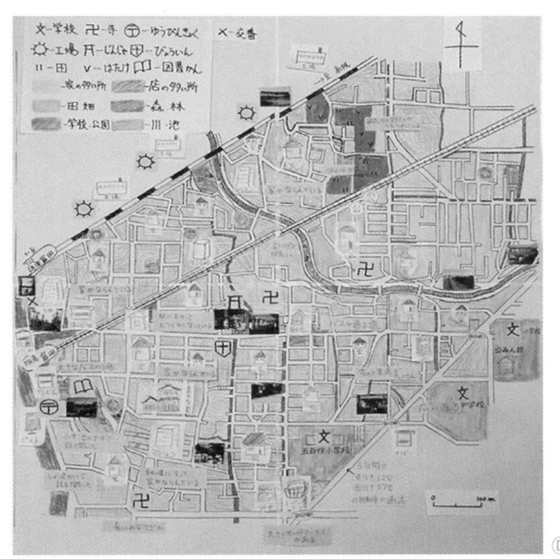

主体的・対話的で深い学び

絵地図を色分けすることにより，土地の利用方法や公共施設の場所などを視覚的にとらえ，地域への理解を深めて，次単元「市の様子」へと関心をつなげていきたい。

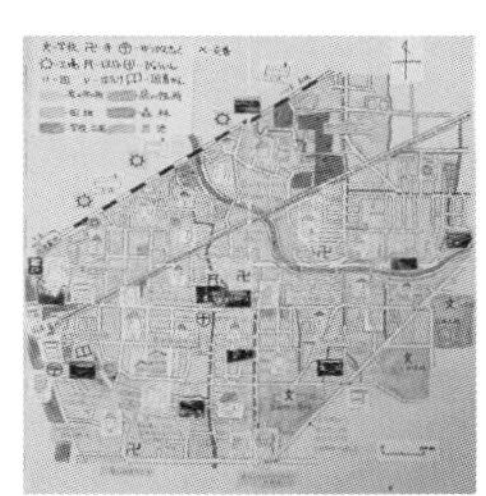

3 作成する 距離がわかる物差しを入れよう。

「地図には，学校から家までどれくらい離れているのか調べる物差しがかかれています。私たちの絵地図にも，物差しを書き入れて調べてみましょう。」

指導者はあらかじめ学校の白地図の縮尺を調べておき，「10cm の横線で 0 ～ 100 m」というように書き込ませる。

・これがあると，だいたいの距離がわかるね。

試しに，学校から家までなどいろいろ調べてみましょう。
学校から小池寺まで○cm だよ。
…ということは600m だね。

・学校から駅までは大体 600m ぐらいだ。
・地図でいろいろなことがわかるんだね。

4 完成させてまとめる 絵地図に，地図の約束を入れて完成させよう。

もう一つ地図で大事なことがあります。地図の方角を示す方位図を，北を矢印で示すように書きます。みなさんの地図に入れて下さい。
方角の印を書き込んで…

やったー!!
記号や色の説明を書き入れたら完成だ！

方位図を，黒板に書き示す。

「では最後に，地図にかいてある地図記号や色分けについての説明を記入し，完成させましょう。」
・地図記号は，学校，神社，お寺，図書館，…他には？
・色分けは家の多いところ，お店の多いところ，田畑，川や池，森や林，学校や公園だね。

絵地図に入れる地図記号は，地域により違いがあるので，凡例への記入はあるものだけでよい。

市の様子

全授業時間 12 時間

◉ 学習にあたって ◉

◇何を教えるのか　－この単元の特徴－

この単元は，前回の校区に続いて視点を市の地域まで広げて見つめていく小単元で，今まで接したことのないような地域まで学習の対象として取り組みます。生活科で体験し習得した観察・調査の方法を継続発展させ，市という地域を中心に，めあてをもって観察・調査することの楽しさや大切さを味わわせます。そして観察・調査した結果を比較できるような表にまとめたり，方位や地図記号などの地図学習の基礎を学びながら協同して市の白地図に表現していき，場所によって違いがあることを理解します。

『市のようす』

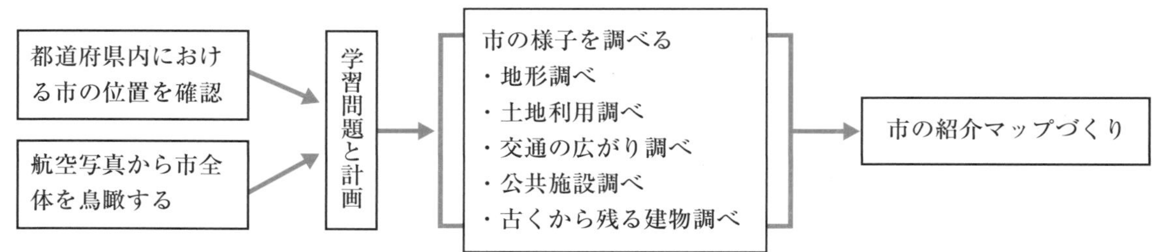
都道府県内における市の位置を確認
航空写真から市全体を鳥瞰する
学習問題と計画
市の様子を調べる
・地形調べ
・土地利用調べ
・交通の広がり調べ
・公共施設調べ
・古くから残る建物調べ
市の紹介マップづくり

◇どのように教えるのか　－学習する手がかりとして－

この段階では，目にする社会的事象を比較対照しながら観察・調査して記録したり，記録をもとに全体の様子をイメージしながら考えていくことができるようにすることが大切です。取り組むべき社会的事象として，市の様々な地形，土地利用の様子，交通の状況，主な公共施設，いろいろな建造物などがあげられます。

これらの対象を観察・調査し，比較できる表に表したり，協同して白地図に記録していく活動を通して，児童が市という広域な地域に対しても社会科学習の楽しさを感じられるような学習を計画したいです。

◉ 評　価 ◉

知識および技能

・市の様々な地形，土地利用の様子，主な公共施設の場所と役割，交通の様子，いろいろな建造物などを知り，市の様子は場所によって違いがあることを理解している。

・土地の様子や建物の様子など観点に基づいて観察や聞き取り調査をしたり，地図や写真などの資料を活用したりして，市の様子について必要な情報を集め，読み取っている。

・調べたことを主な地図記号や八方位などを用いて絵地図や白地図などにまとめている。

思考力，判断力，表現力等

・市の様々な地形，土地利用の様子，主な公共施設の場所と役割，交通の様子，いろいろな建造物などについて，学習問題や予想を立て，学習計画を考え表現している。

・土地利用の様子を地形的な条件や社会的な条件と関連づけたり，分布の様子を相互に比較したりして，市の様子は場所によって違いがあることを考え，適切に表現している。

主体的に学習に取り組む態度

・市の様子について必要な情報を集め，読み取ったことをもとに自分の意見や疑問をもち、進んで話し合いに参加しようとしている。

◉ 指導計画　12時間 ◉

時数	授業名	学習のめあて	学習活動
1	空から見て	・市にはさまざまな土地の様子や建物などがあることに関心を持ち，その様子を意欲的に調べる。	・航空写真を見て，学校の所在地や知っているところ，行ったことがあるところなどを見つけ，自然や土地利用の様子について意欲的に発表する。
2	市の地図を見て学習の進め方を確かめよう	・市の地図と真上からの航空写真から，地図の約束をつかみ，気づいたことや不思議に思ったことを話し合い，学習問題を見つけ出す。	・市の土地利用図と真上からの航空写真を見て，地図記号や約束（凡例）などの地図の見方を学びながら，気づいたことやわからないことを整理し，学習問題を考え，学習計画を立てる。
3	市の様子を調べよう	・市の地図と真上からの航空写真をみて，市の様子について知っている所を紹介し合い，グループでまとめて発表する。	・市の土地利用図と真上からの航空写真を見て，地図の見方（八方位）を学びながら，市の中で知っている所を見つけ，グループでまとめて発表する。
4	市の土地の高さや広がり	・市の土地の高さと広がりの様子を調べ、特徴的な場所の様子について気づいたことを話し合う。	・市の土地の高さと広がりの様子を写真や地図・資料などを活用して調べ，特徴的な場所の様子について気づいたことやわかったことを話し合ってまとめる。
5	市の土地の使われ方	・市の土地の使われ方の様子を調べ、特徴的な場所の様子について気づいたことを話し合ってまとめる。	・市の土地の使われ方の様子を写真や地図・資料などを活用して調べ，それぞれの特徴的な場所の様子について気づいたことやわかったことを話し合ってまとめる。
6	市の交通の様子	・市の交通の様子を調べ、特徴的な場所の様子について気づいたことを話し合ってまとめる。	・市の交通の様子を写真や地図・資料などを活用して調べ，それぞれの特徴的な場所の様子について気づいたことやわかったことを話し合ってまとめる。
7	市の公共しせつ	・市にはどのような公共施設があるのか調べ，その施設の場所や働きについて理解する。	・市立図書館を手がかりに公共施設の役割を考え，市にある公共施設の場所や働きを調べて，メモに書いてグループの白地図で紹介し，学んだことを表現する。
8	市に古くからのこるたて物	・市に残る古い建物にはどのようなものがあるのか調べ，その建物の場所や由来について調べる。	・市に残る古いたて物の場所や由来を調べて，地域の歴史の一端を知り，メモに記録してグループの白地図に書き込んで紹介し，学んだことを表現する。
9	市の特色やよさをまとめよう	・これまで調べてきた市のようすを表にまとめて比較し，市全体の特色を見つける。	・これまで調べてきた市のようすで，気づいたことを記録したメモを集約してグループで話し合って表にまとめ，市全体の特色について考える。
10	市の特色やよさを伝えよう①	・今まで学習したことをもとに，市の特色やよさを伝えるポスターをつくる。	・今まで学習してきたことをもとに，市の特色やよさを伝える方法として紹介ポスターの作り方を学び，グループでキャッチフレーズなど工夫しながら表現する。
11	市の特色やよさを伝えよう②	・今まで学習したことをもとに，市の特色やよさを伝えるポスターをつくって発表する。	・今まで学習してきたことをもとに，市の特色やよさを伝えていく紹介ポスターを工夫してつくり，発表し合って感想を話し合う。
12	いろいろな地図記号を調べよう	・いろいろな地図記号を調べ，その記号がどのような形を基本にしたものなのか由来などを理解する。	・いろいろな地図記号やその記号のもとになった由来などを調べ，ゲームをしながら理解する。

第1時 空から見て

本時の学習のめあて

市にはさまざまな土地の様子や建物などがあることに関心を持ち，その様子を意欲的に調べる。

準備物

・校区が入っている市町村域の航空写真など（またはインターネット地図サイト航空写真）
・過去の遠足時の写真など

教材研究のポイント　空からの写真を見るとき，地図と対照することを考えて，絶えず方位を

板書例

空から見て

北

西

わたしたちの学校

東

南

1 つかむ　航空写真を見て，校区の場所を確かめよう。

空から見た私たちの市の写真を見て調べていきます。まず私たちの学校はどこにあるでしょう。
学校はグランドがあるところだよね。
手前の大きな川は淀川かな。細い川はきっと芥川だね。
学校は淀川のこっち側だから…
こっちってどっち？
えぇっと…東西南北で言うと…

「ヒントを一つ，写真の奥の山の方が北になります。
・学校は芥川より西だから左の方だよ。
・左の端で真ん中にグランドがある建物が学校かな。

※航空写真は，拡大縮小がしやすい画素数の大きな画像を使うようにしたい。ない場合はインターネットの地図サイトの拡大縮小や俯瞰機能を活用すると，児童が見たい場所を提示することができる。

2 見つけて発表する　航空写真を見て知っている場所や特徴的な建物などについて発表しよう。

学校のほかに，空からの写真を見て知っている所や公園，建物などがあったら，発表してください。
あの橋はひらかたパークに行くときに通った橋と思う。
遠くの山の方にJRや阪急電車の駅があると思います。
青色の市役所と大きなビルが並んでいるところが駅の近くになると思います。
芥川の真ん中の西側にある公園グランドでサッカーの練習をしています。

・芥川の西に市立体育館の建物があります。
・遠くの山の麓にひいおじいちゃんのお墓の公園墓地があります。

確かめておくようにしましょう。

市を空からみると

【知っているところ・たて物】
・JR や阪急(はんきゅう)電車の駅
・市役所　・公園　・市立体育館
【しぜん】
・北…山が広がる
・よど川　・あくた川　・にょぜ川
【交通】
・JR，阪急電車，新かん線の線路
・名神高速道路
【そのほかの市の様子】
・市の中心…ビルや家
・南…田畑
・よど川は広いかせんじき公園がある

市は広く、いろいろなところがある

主体的・対話的で深い学び

前時の校区から，市全体に視野を広げていく。航空写真の中で自分たちの学校を探すことできっかけをつかみ，知っている場所，大きな施設，交通，自然など徐々に広範囲へと児童の興味を向けさせたい。

DVD

3 見つけて発表する　航空写真を見て，自然の様子や交通の様子について発表しよう。

次は，市の自然の様子や交通の様子について見つけてみましょう。
山はず～と北の遠くまで続いているね。
山以外は，緑色の所はぽつんぽつんとあるぐらいだ。
手前から東の山の向こうまで続くまっすぐな線は，新幹線だ！
駅の近くから左と右に筋が通っているのは，JR か阪急電車の線路だと思う。

・山の麓を回る筋は名神高速道路だと思う。

4 見つけて発表する　航空写真を見て，市の全体的な様子について発表しよう。

他に市の様子で気が付いたことがあれば，発表しましょう。
南の方は緑が広がっているから田畑だよ。
淀川の河川敷公園は広いなあ。
校区の北側も工場がたくさんあった！
北の山の方も麓はかなり住宅地になっているよ。
市の中心はビルや家がいっぱい。

第2時

市の地図を見て学習の進め方を確かめよう

本時の学習のめあて

市の地図と真上からの航空写真から，地図の約束をつかみ，気づいたことや不思議に思ったことを話し合い，学習問題を見つけ出す。

準備物

- 市町村地域航空写真（またはインターネット地図サイト航空写真）
- 市町村地域土地利用図
- 付箋メモ用紙

教材研究のポイント 地域の土地利用の様子を示している土地利用図は地域学習に不可欠です

板書例

市の地図を見て（学習の進め方）

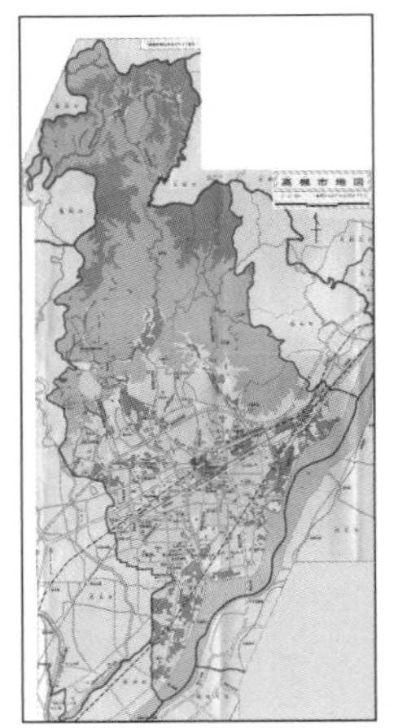

地図のやくそく（凡例(はんれい)）

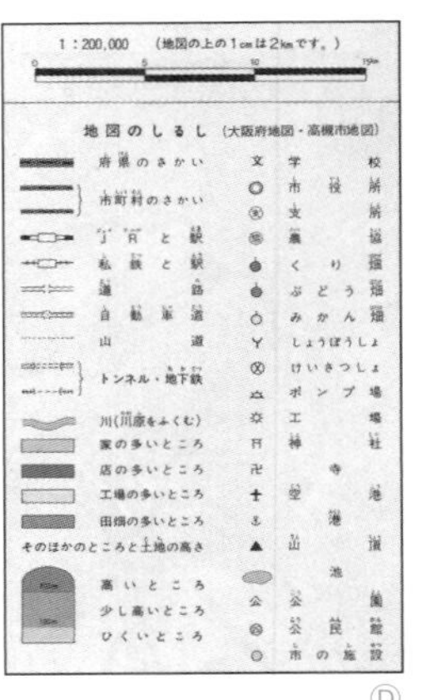

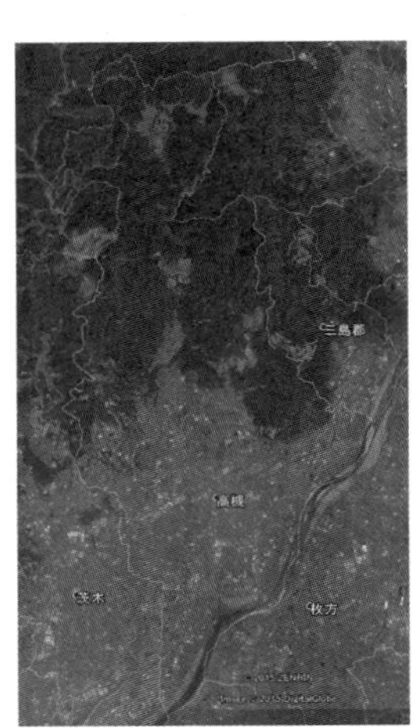

1 見つける 市の土地の使い方のわかる地図の約束（凡例）を見つけよう。

まず，市の地図の約束（凡例）を見て，地図の中の色が何を表しているのか確かめましょう。
児童の使用する市の地図は，グループに一枚でも土地利用の様子がわかる地図を準備したい。
ピンク色は，家の多いところを表している。
赤色は店の多いところ，市の中心部だね。
黄色は，工場の多いところになっている。
緑色は田畑だね。

・茶色は土地の高い所を表しているから，山の様子を示しているね。
・だんだん薄くなると低くなっていくんだね。

凡例の内容は地域の土地利用図によりことなる場合が多いので，それぞれの地図に従って示すようにする。

2 比べて調べる 地図の約束と真上から見た航空写真を比べて，どんなことがわかりますか。

市の地図の中の記号や約束（凡例）は，航空写真ではどのようになっているのか比べましょう。
航空写真と色がちがうよ。
山は航空写真では緑色なのに地図では茶色だね。
土地の高さや広がりを調べるときには，地図の約束（凡例）をしっかり見ることが必要だね。
実際の写真や色と，土地を表す地図の色とは違うこともあるんだ。

「この地図では，土地が高くなるほど茶色が濃くなり，低くなる程薄い色になっています。緑色は田畑や低地，家や店が多い所はピンク色ですね」

土地利用図は凡例が写真や鳥瞰図とは色が異なることを理解させ，地図の凡例を確かめるようにさせる。

ので，ぜひ学校で一部準備しておきましょう。

市はどんなようすなのだろう

調べること

・土地の使われ方や人のようす
・たて物や交通のようす
・公共しせつの場所とはたらき

調べ方

・見学に行く（市役所・駅）
・かん光パンフレット（図書館や市役所にある）
・ガイドブック，地図
・市のホームページなど

まとめ方

・グループで市のしょうかいポスターをつくる

主体的・対話的で深い学び

市の土地利用図と真上からの航空写真を見て，地図記号や約束（凡例）などの地図の見方を学びながら，気づいたことやわからないことなどを見つけ整理し，調べる内容，調べる方法，まとめる方法，いかす方法という学習を進めていく計画を立てるようにする。

DVD

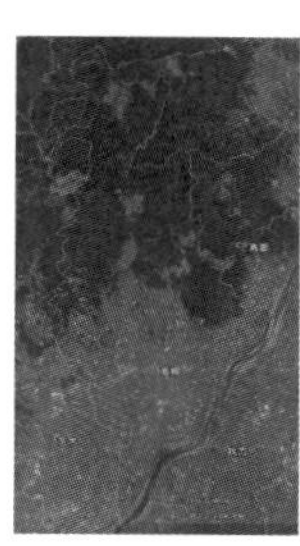

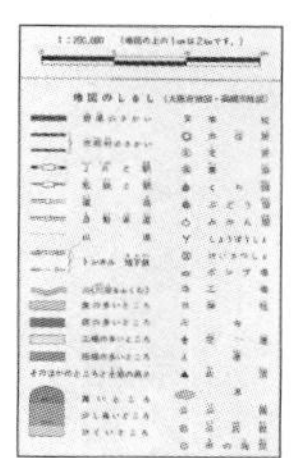

3 学習問題をつくる　市の地図や航空写真から学習問題をつくろう。

市にはいろいろな所がありますね。どんなことを調べたいか考え，学習問題をつくってノートに書き，どんな様子か予想してみましょう。

土地の使われ方や人の様子を調べよう。
なぜ，駅のまわりはにぎわっているのかな。
建物や交通の様子も調べるね。
公共施設の場所と働きも調べよう。

「どんな様子か予想してみましょう。」

・山の方は自然が多いと思う。
・鉄道の駅や道路が集まっている所はにぎやかだね。
・お城の跡記号があるから，古くからの建物もたくありそう。
・広い道路の近くに工場や会社が多いのは便利だからかな。

4 学習計画を立てる　市の様子を調べる学習計画を立てよう。

学習問題の調べ方ですが，駅の近くや市役所などの公共施設の見学に行くほかに市の様子を調べるにはどんな方法があるのか教科書などで調べましょう。
インターネットでも調べられるね。
図書館で調べる方法があるね。
観光パンフレットやガイドブックを集める。
休みの日に行ったところで観察する。
手紙を書いて他の学校に質問する。

「まとめとして，グループで市の紹介ポスターを作りましょう。」

地域の実情にもよるが，市の中心部と市役所などの公共施設の見学を計画し観察・調査させたい。

第3時

市の様子を調べよう

本時の学習のめあて

市の地図と真上からの航空写真をみて，市の様子について知っているところを紹介し合い，グループでまとめて発表する。

準備物

- 市町村地域航空写真（またはインターネット地図サイト航空写真）・市町村地域白地図（グループ用）
- 付箋メモ用紙
- 八方位記号

板書例

市の様子を調べよう

【地図を見て】

- 市の形…
  南北に長い
- よど川ぞいに田畑
- 北に山
- 南にまち
- 鉄道がななめに
  通っている

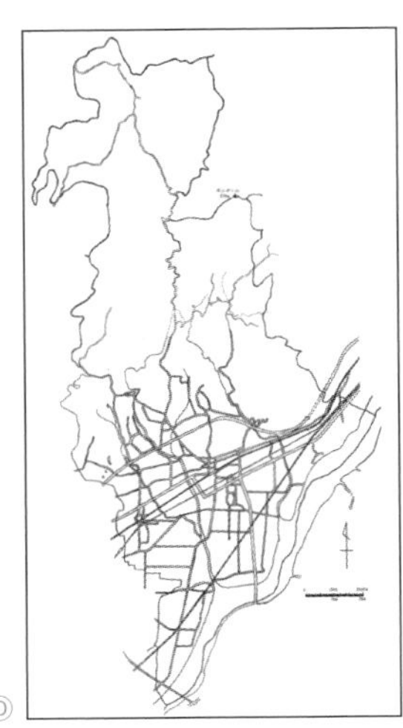

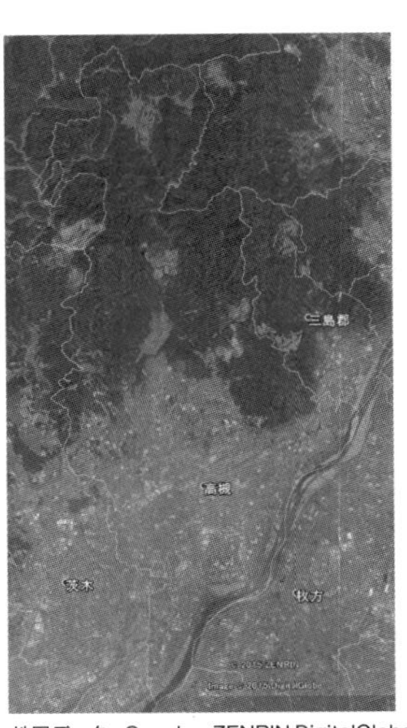

地図データ：Google、ZENRIN,DigitalGlobe

1 比べる 市の航空写真と市の白地図を比べよう。

これまでに，市の航空写真と白地図を見ました。この２つを比べてみると，どんなことがわかりますか。
白地図のほうが，市の形がわかりやすい。
隣の市との境目もよくわかるね。
航空写真は，山と街がどこにあるかわかりやすい。
どちらも線路はわかりやすいね。

「そうですね。では，線路はどの方向からどの方向へ伸びていると言えるでしょうか。前の時間に習った四方位で言えますか？」

- 東から西？
- でもななめになっているから，東から西とは言えないんじゃないかな。
- 北から南でもないね。

2 知る 八方位を覚えよう。

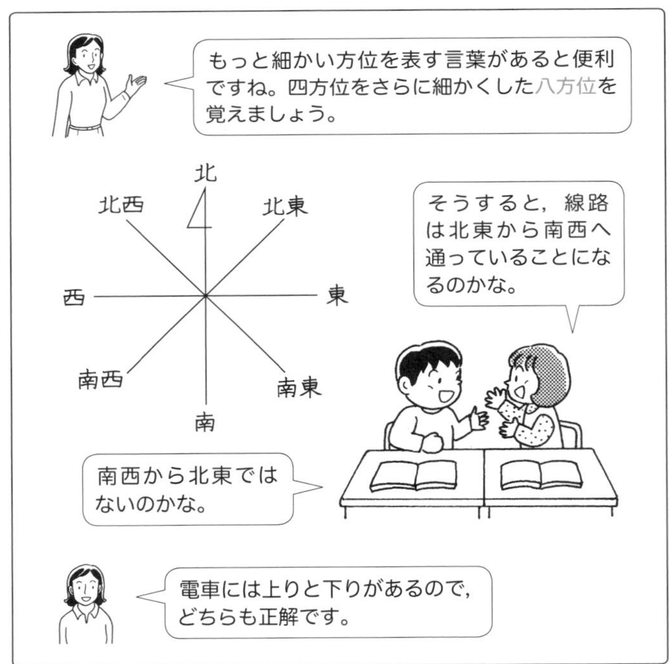
もっと細かい方位を表す言葉があると便利ですね。四方位をさらに細かくした八方位を覚えましょう。
北
北西
北東
西
東
南西
南東
南
そうすると，線路は北東から南西へ通っていることになるのかな。
南西から北東ではないのかな。
電車には上りと下りがあるので，どちらも正解です。

「市役所は，私たちの学校からどの方向にあるでしょう。八方位で表しましょう。」

いくつか目立つ施設を挙げて八方位を答えさせる。

「もうひとつ，地図には大事なきまり縮尺がありましたね。この白地図の縮尺はどうなっているか確かめましょう。」

地図の右下にある縮尺を確認する。

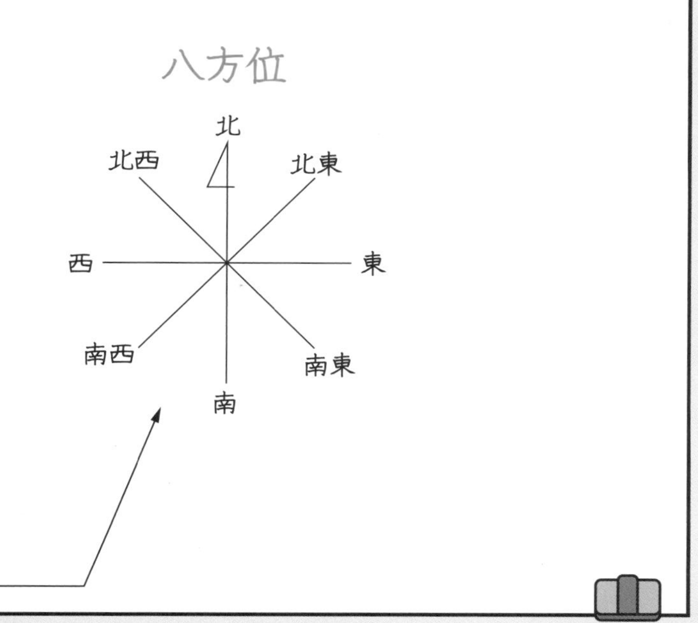
八方位
北
北西
北東
西
東
南西
南東
南

主体的・対話的で深い学び

校区の小単元で学んだ四方位に加えここでは八方位を学び，より広範囲の地図を詳しく見ていく。航空写真から読み取った児童の知っている場所を白地図へ転記していく活動を通して，地図の便利さに気付かせたい。また，山や川や海など地域の自然やまちの様子から土地がどのように利用されているのか疑問を持たせ，次時の授業へとつなげる。

DVD

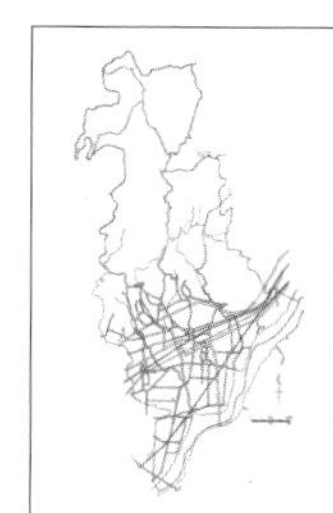

3 話し合う 市の地図や航空写真を見て知っているところをグループで紹介しよう。

前時の市の地図や航空写真を見ながら，市の施設や行ったことがあるところなど，知っているところを付箋に書き，白地図に貼りつけましょう。
市役所はぼくが書くね。
たしかここに図書館があったよ。
私は学校を書くわ。
市立図書館は地図記号にしよう。

グループにメモ用紙（付箋）と市の白地図を配布し，書き込ませる。机間巡視して取りかかりのゆっくりな児童に対し，個別指導をする。

「建物の場所がわからないときは，付箋を地図の横につけて発表して下さい。」

4 発表する 市の地図や航空写真を見て知っているところをグループごとに発表しよう。

それではグループごとに発表して行きましょう。
駅前のビルの映画館で映画を観たことがあります。
市の北の山の中に市のキャンプ場があって，子ども会で行ったことがあります。
駅近くのデパートで服を買ってもらいました。

・芝生のサッカー場で兄たちの試合を応援しました。
・去年，北西の方にある運動公園に遠足に行きました。

「同じ市の中でも場所によっていろいろなところがあるのですね。」

一人ひとり発表するようにさせる。指導者は黒板に掲示した市の白地図に，紹介された場所にわかりやすく色別シールやポイントをつけていくとよいだろう。

第 4 時
市の土地の高さや広がり

本時の学習のめあて

市の土地の高さと広がりの様子を調べ，特徴的な場所の様子について気づいたことを話し合う。

準備物

- 市町村地域航空写真（又はインターネット地図サイト航空写真）
- 市町村地域土地利用図
- 市町村地域白地図（グループ用）・付箋メモ用紙

教材研究のポイント 土地が何に使われているか（田畑や工場など）については次時の学習となるため，

板書例

市の土地の高さや広がり

気づいたこと
○山が多く
（高い土地）
○家が多い
（平地）
○市の中心地
鉄道の駅
公共しせつ
○国道のまわり
（低い土地）
○淀川のあたり

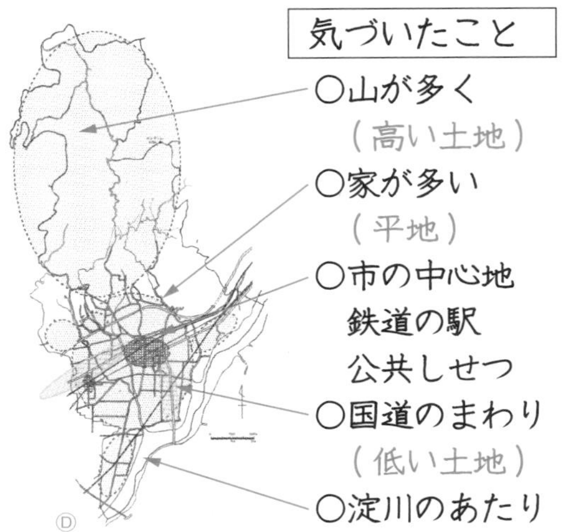

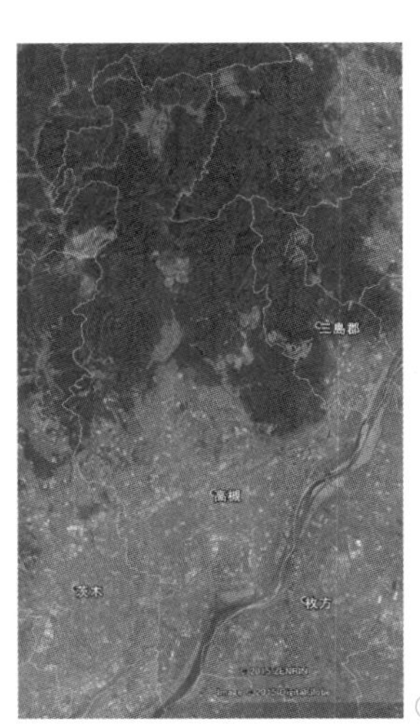

地図データ：Google、ZENRIN,DigitalGlobe

1 見つける 市の土地利用図を見て気づいたことを発表しよう。

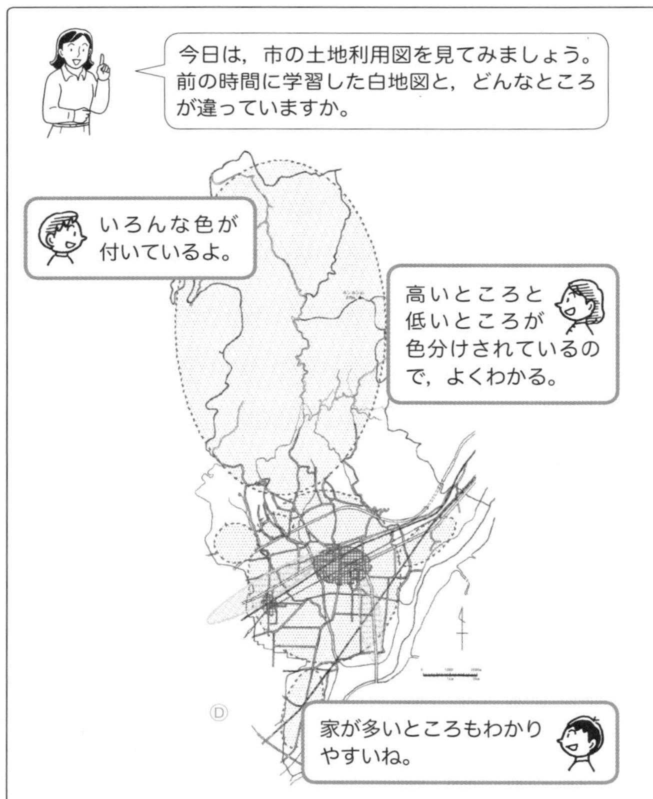
今日は，市の土地利用図を見てみましょう。前の時間に学習した白地図と，どんなところが違っていますか。
いろんな色が付いているよ。
高いところと低いところが色分けされているので，よくわかる。
家が多いところもわかりやすいね。

「では，航空写真と比べてみるとどうでしょうか。」
- 航空写真みたいにごちゃごちゃしてないね。
- でも，土地がどんな使われ方をしているかはよくわかる。

2 話し合う 市の土地の高さや広がりの様子をグループで話し合おう。

市の土地の高さや広がりの様子を見て，気づいたことを付箋に書いてグループで話し合いましょう。
低いところ（平地）は家が多い。
北の高い土地は山だね。
平地には商店街やビル，駅や公共施設もあるよ。
平地は市の中心部なんだね。

- 川が南の低い方へ流れていくよ。
- 平地のほうには大きな道路もあるよ。高速道路かな。

最新のインターネットの地図なども活用したい。書いた付箋メモは土地利用図に貼る。

ここでは大まかな土地の広がりだけにとどめる。

わかったこと

・市の北がわは土地が高い。
・山が多い。
・市の南がわは土地が低い。
・淀川に面している。
・低い土地は中心から南がわにひろがっている。
・市内の川は北から南へ流れる。

主体的・対話的で深い学び

市の土地の高さと広がりの様子を写真や地図・資料などを活用して調べ，特徴的な場所の様子について気づいたことやわかったことを話し合ってまとめる。インターネットの地図サイトを閲覧し，ズーム機能などで最新のデータを提示して比較するとなお効果的になるだろう。

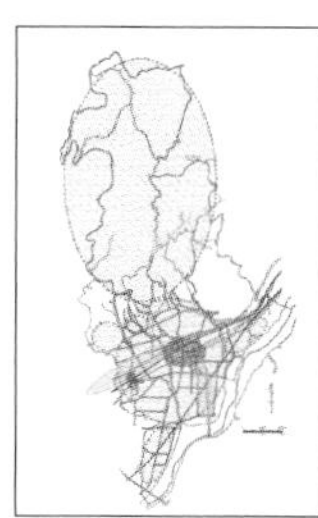

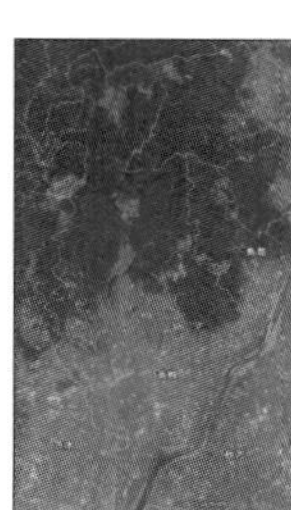

3 発表する 市の土地利用について話し合ったことを発表しよう。

市の土地の高さや広がりの様子について，グループで話し合ったことを発表します。グループの代表を決めて，２つずつ発表してください。
南の方は土地が低くなっていて，家がたくさんあります。
北の方は土地が高く，山になっています。
川が北の高いところから南の低い方に流れていきます。

グループ発表の方法は教師からある程度指示するなど工夫をして，板書しながら同意見を整理する。

・平地は大きな道路があって電車も通っていて便利だなと思った。
・山のほうは道路もあまりなくて不便そう。

海に面した市区町村であれば，海外線についても着目させたい。

4 まとめる 土地の広がりや高さについてわかったことや疑問に思ったことをまとめよう。

「市の土地の広がりや高さについて，いろいろなことがわかりましたね。ノートに記録しておきましょう。」
教師がまとめた板書を書き写させる。

では，市の土地や高さについて不思議に思ったことや調べてみたいことはありますか。

平地はいろいろな土地の利用をしているけど，どんなことに使われているのかな。
土地の高さと使われ方には，何か関係があるのかな。

国土地理院のオンライン地図

インターネットの地図では，国土地理院のオンライン地図が便利。「空中写真･衛星画像」や「起伏を示した地図」「土地の特徴を示した地図」など様々なカテゴリーの地図を見ることができる。教師があらかじめパソコンで地域の地図表示の仕方を試しておき，授業で児童に見せるようにすると児童の関心も高まる。

第5時
市の土地の使われ方

本時の学習のめあて

市の土地の使われ方の様子を調べ、特徴的な場所の様子について気づいたことを話し合ってまとめる。

準備物

・市の特徴的な地域の写真（５～６枚）
・市町村地域土地利用図
・市町村地域白地図（グループ用）
・付箋メモ用紙

教材研究のポイント　市のいろいろな場所の写真画像はあらかじめ準備して，書画カメラな

板書例

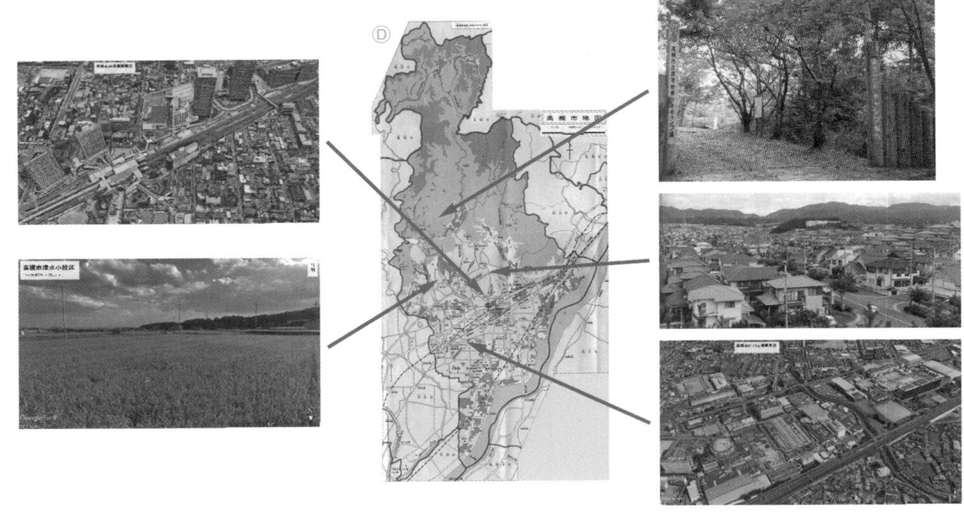

市の土地の使われ方

1 見つけて確かめる　市のいろいろな写真はどこなのか調べて見つけ，市の地図で写真の場所を確かめよう。

次の写真は市内のいろいろな所です。写真の様子から市の地図のどのあたりなのか見つけましょう。
写真は，副読本などに記載されているものを一枚ずつ拡大提示して，その特徴を考えさせながら，市の土地利用図のどのあたりになるのか見つけさせたい。
あの大きな建物は病院かな？
北側に大きなビルが多いね。

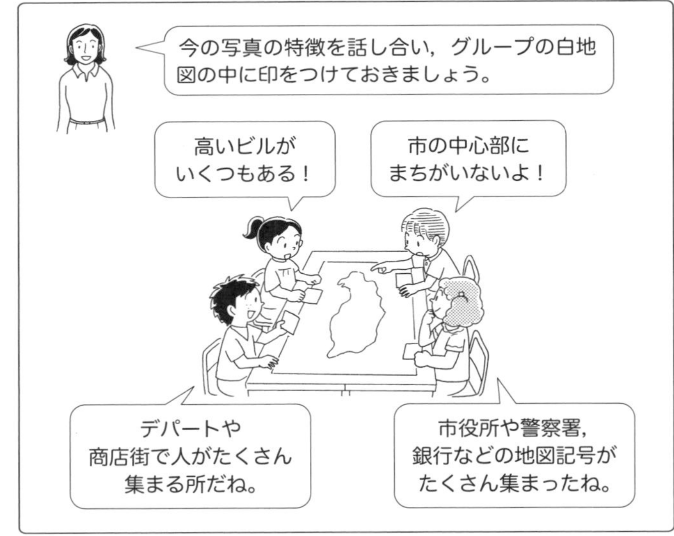

今の写真の特徴を話し合い，グループの白地図の中に印をつけておきましょう。
高いビルがいくつもある！
市の中心部にまちがいないよ！
デパートや商店街で人がたくさん集まる所だね。
市役所や警察署，銀行などの地図記号がたくさん集まったね。

・高い建物が目立つ所で，たくさんある。
・JR の駅の北側にあるいくつかのビルだね。
・右側の近くには，大学や医大もあるそうだ。
・線路をまたぐ陸橋が何本か見えるよ。
・北の方に見える運動場と校舎は○○小学校かな。
・この写真は駅の近くでいいね。

できれば，写真の場所周辺の1：25000 の地図を各グループごとに準備して話し合いの参考にさせる。

・消防署や病院，市の施設などの記号もあるね。

場所の特徴について気づいたことを付箋に書き，後でまとめるとき見直すためにノートか写真に貼っておく。

写真画像は，工場の多い所，田畑の多い所，住宅の多い所，山や自然の多い所など，特徴的な地域５～６枚準備したい。

どで拡大掲示するようにするとわかりやすい。

わかったこと

・市の北がわにはゆたかな自然が広がっている。
・市の東がわや西がわ、南の方にも田や畑が広がっている。
・市の中心は、高いたて物があり、お店や会社がたくさんある。
・工場などは国道ぞいに多い。
・山と平地のさかいから平地にかけて住宅が集まっている。
・市の場所によって，土地の使われ方にちがいがある。

主体的・対話的で深い学び

市の土地の使われ方の様子を写真や地図・資料などを活用して調べ，それぞれの特徴的な場所の様子について気づいたことやわかったことを話し合ってまとめる。インターネットの地図サイトを閲覧し，ズーム機能などで最新のデータを提示して比較するとなお効果的になるだろう。

DVD

2 見つけて話し合う いろいろな場所の特徴を見つけ、話し合おう。

それぞれの写真で気づくことを書いてから，市のどのあたりか話し合って見つけましょう。
R170 号線だけでなく R171 号線も多いね。
国道の両側に工場の記号が集まっている。
工場の記号がたくさんあるね。
広くまっすぐな道で，トラックも走りやすい。

・田んぼの稲が大きくなっている。
・遠くに山が見えるから，山の近くだね。
・山の麓の水田かもしれない。
・わぁ！山の麓まで家ばっかりだね。
・空からの写真だと四角いますのように見えるよ。

3 発表してまとめる 土地の高さや広がりと使われ方について考え，わかったことをまとめよう。

土地の高さや広がりと使われ方について，話し合ったことをまとめましょう。
山が多い所はキャンプ場があったり，自然が多いね。
市の東側や西側，南には，田畑が広がっている。
平らな場所だから田畑が多いと思う。
近くに川が流れているから，水を引きやすいと思う。

・市の北の方には，豊かな自然が広がっている。
・山と平地の境は，住宅の多い所になっている。
・平地の交通の便利な国道沿いに，工場が集まっている。
・市の場所によって，土地の使われ方に違いがある。

気づいたことを書いた付箋はノートに貼っておき，最終のポスター作りの時に思い出せるように残しておく。

第6時 市の交通の様子

本時の学習のめあて

市の交通の様子を調べ、特徴的な場所の様子について気づいたことを話し合ってまとめる。

準備物

・市の交通手段などの写真（市内の交通機関すべて）
・市町村地域土地利用図
・市町村地域白地図（グループ用）
・付箋メモ用紙

教材研究のポイント　市のいろいろな交通手段などの写真画像は，副読本だけでなく，折に

板書例

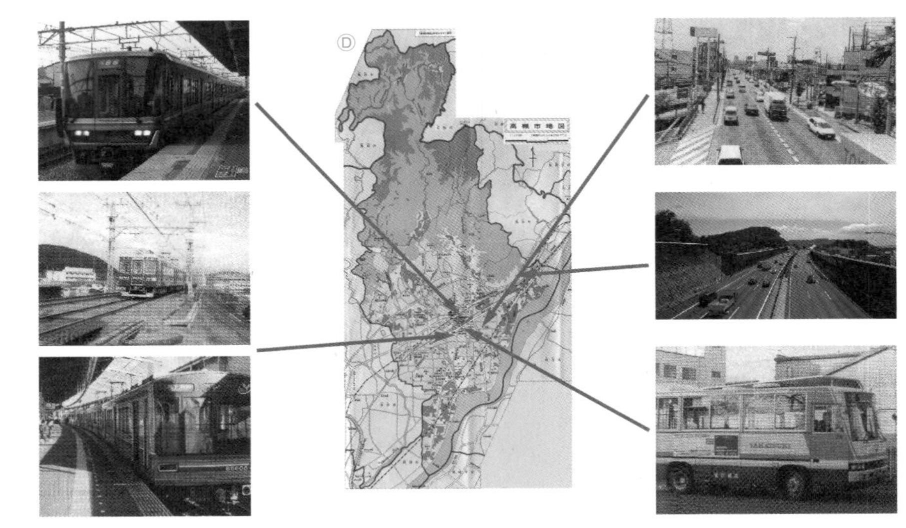

市の交通のようす

1 見つけて確かめる　市の交通のいろいろな写真はなにかを調べて見つけ，市の地図で写真の交通の場所を確かめよう。

次の写真は市内のいろいろな交通の様子です。写真の様子から何の交通なのか調べましょう。
大阪に行くときに乗ったことがある。
線路が何本もある！

写真は，副読本などに記載されているものを一枚ずつ拡大提示して，その特徴を考えさせながら，市の土地利用図のどのあたりになるのか見つけさせたい。

・急行や快速というのもあるし，人が乗らない電車もあるらしい。
・阪急電車も通っている。
・地下鉄の電車が高槻まで来ているよ。
・JR も阪急電車も駅前にバスターミナルがある。
・大きな駅には南北２つのターミナルがあるよ。

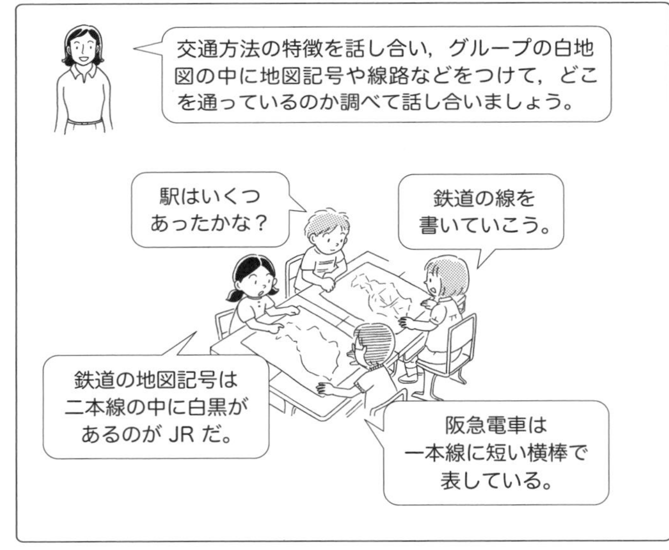

交通方法の特徴を話し合い，グループの白地図の中に地図記号や線路などをつけて，どこを通っているのか調べて話し合いましょう。
駅はいくつあったかな？
鉄道の線を書いていこう。
鉄道の地図記号は二本線の中に白黒があるのが JR だ。
阪急電車は一本線に短い横棒で表している。

・JR も阪急も東と南西方面に延びている。
・駅は，市の中心部や富田や上牧など住宅地にある。
・駅はないけど，新幹線も東と南に通っている。

写真画像は，鉄道の種類と駅の様子，市内の道路の様子，バスなどの公共交通機関の様子など，市内の特徴的な交通の方法をできるだけ準備したい。

ふれて収集しておくようにしたい。

わかったこと

・市には，鉄道ではJR，阪急電車，新幹線が通り，駅も５カ所ある。
・道ろでは，高そく道ろや国道，細い道まであみの目のように広がり、バスやトラックなどさまざまな交通きかんが通っている。
・鉄道や道ろは平地に広がっている。
・人がたくさん集まるところや，ものが運ばれるところに交通きかんが集まっている。

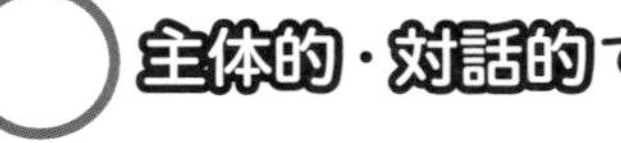

市の交通の様子を写真や地図・資料などを活用して調べ，それぞれの特徴的な場所の様子について気づいたことやわかったことを話し合ってまとめる。インターネットの地図サイトを閲覧し，ズーム機能などで最新のデータを提示して比較するとなお効果的になるだろう。

2 見つけて話し合う 市の交通の様子の特徴を見つけ、話し合おう。

メモに気づくことを書いてから，道路や鉄道がどこへ向かっているのか調べて話し合いましょう。
遠足でJRに乗ったね。
駅前の映画館へバスで行ったよ。
JRも阪急も京都や大阪に向かって通っているね。
国道は車線が広く，車の量もとても多い。

交通の特徴について気づいたことを付箋に書き，後でまとめるとき見直すためにノートか写真に貼っておく。

「道路についても調べて見ましょう。」
鉄道の話し合いの後に道路を調べる活動にすると，交通の様子の相違を発見し，より深まるだろう。

・東西や南に向かう道路がたくさんあって広い。
・山と平地の境を高速道路が通っているよ。
・バスもいろいろなバスが走っているよ。
・バスの路線は，駅から北コースと南コースだよ。

3 発表してまとめる 市の交通の様子について考え，わかったことをまとめよう。

市の交通の様子について，グループで話し合ってわかったことをまとめましょう。
バスは，住宅地と駅をつないでいるね。
国道はトラックが走りやすいから，工場も多いのかな。

・市には，鉄道では JR，阪急電車，新幹線が通り，駅も 5 カ所ある。
・道路では，高速道路や国道，細い道まで網の目のように広がり，バスやトラックなど様々な交通機関が通っている。

気づいたことを書いた付箋はノートに貼っておき，最終のポスター作りの時に思い出せるように残しておく。

第7時 市の公共しせつ

本時の学習のめあて

市にはどのような公共施設があるのか調べ，その施設の場所や働きについて理解する。

準備物

・DVD 所収資料（図書館の見学プリント）
・四つ切り画用紙2枚（グループ掲示用）
・市町村地域白地図（グループポスター用 B4）
・説明用紙（グループ掲示用 A5）
・付箋メモ用紙（大）

教材研究のポイント　市の公共施設の場所や働きを事前に調べておき，見学でいけない所は

板書例

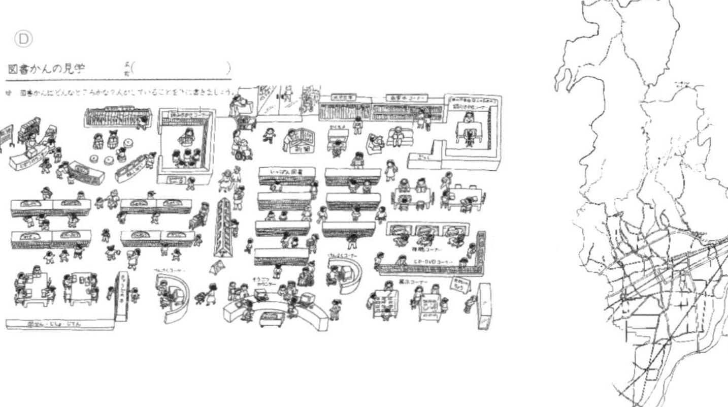

市の公共施設
図書かんの見学

1 話し合ってつかむ　市の図書館のイラストを見て、学校と違うところを話し合おう。

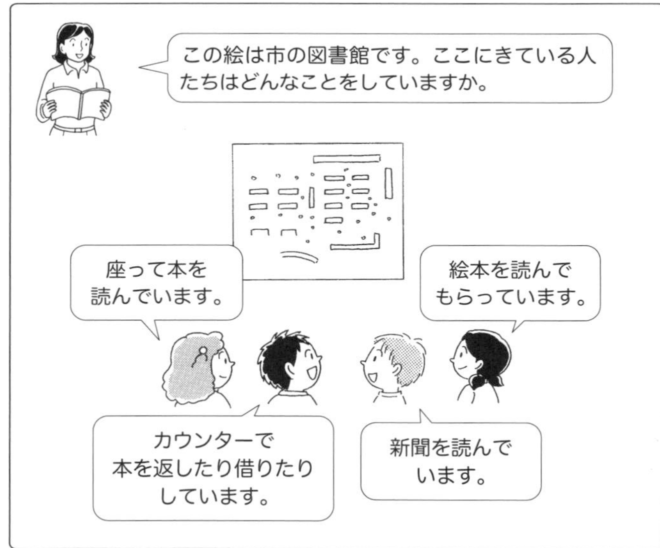

この絵は市の図書館です。ここにきている人たちはどんなことをしていますか。
座って本を読んでいます。
絵本を読んでもらっています。
カウンターで本を返したり借りたりしています。
新聞を読んでいます。

「学校の図書館と市の図書館と比べて違うところはどこでしょう。」

・児童室と一般用に場所が分かれ，大人がいる。
・受付がたくさんある。
・係の人がたくさんいる。

2 比較して考える　学校図書館との比較から市立図書館の役割を考えよう。

学校の図書館と市の図書館と比べて違うところはどこでしょう。
市民の人たちがいろいろなものを借りられるようにしているんだね。
新聞や雑誌 CD や DVD は学校にはないね。
点字の本がある。
大きい紙しばいがある。

・市の図書館は，市民の人たちが利用できるようにいろいろな本などがあるんだね。

「市の図書館は市民が読書したり，学習に役立てたりできる施設です。他にもみなさんがよく行く施設があります。どんなところがあるでしょう。」

・公民館　・市民プール　・市立体育館
・市役所　・市民会館　・市立民俗資料館など

パンフレットなどを取り寄せておくようにします。

まとめ

【公共しせつのはたらき】

・市みんのための仕事をする

・かん光，文化やげいじゅつ
図書館，はくぶつかん，
市みん会館，かん光センター

・スポーツ
運動公園，きょうぎ場，体育館
市民プール，キャンプ場

主体的・対話的で深い学び

子供たちに一番身近な公共施設である市立図書館を手がかりに，学校図書館との違いから公共施設の役割を考え，市にある公共施設の場所や働きを調べて，メモに書いてグループの白地図で紹介し，学んだことを表現できるようにする。

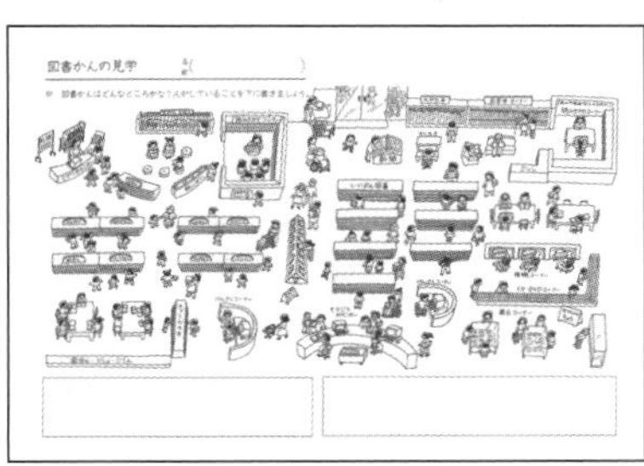

3 調べて確かめる 市の公共施設を調べ，場所を確かめよう。

市は水道やゴミの収集など市民のための仕事だけでなく，スポーツや文化芸術のためのいろいろな施設がありますね。そこで市の施設紹介地図を作りましょう。
メモ（付箋大）に施設の説明を書き，どんな場所にあるのか市の地図で確かめ，グループの白地図に矢印をかいてまわりに貼りましょう。

グループに市の地図（副読本など利用）と白地図（前時に使用）を配布して，いったことのある公共施設から見つけ，書き込ませていく。用紙は，ポスターと同じく四つ切画用紙２枚ほど，市の白地図はB4ぐらい，説明用紙は付箋（大）を配布する。

プールもそこにあったよ。
え～と市民体育館がここにあったわ。
市役所は図書館のそばだね。

4 まとめる いろいろな公共施設の仕事についてまとめよう。

地図記号やマークをつけて見て，気づいたことがあったら意見を出してください。

交通の便利な所に多い気がするよ。

いろいろな施設が市内にはあるんだね。

・一つの建物にいろいろな施設が入っている！
・キャンプ場のように森林の中にある施設もある。

気づいたことを書いた付箋はノートに貼っておき，最後のポスター作りの時に思い出せるように残しておく。

第 8 時 市に古くからのこるたて物

本時の学習のめあて

市に残る古い建物にはどのようなものがあるのか調べ，その建物の場所や由来について調べる。

準備物

・前時作製した地図【・四つ切り画用紙２枚（グループ掲示用）・市町村地域白地図（グループポスター用 B4）・説明用紙（グループ掲示用 A5）】
・付箋メモ用紙（大）

教材研究のポイント 古くからのこる建物についての由来や言い伝えの情報は，ネットや市

板書例

市に古くからのこるたて物

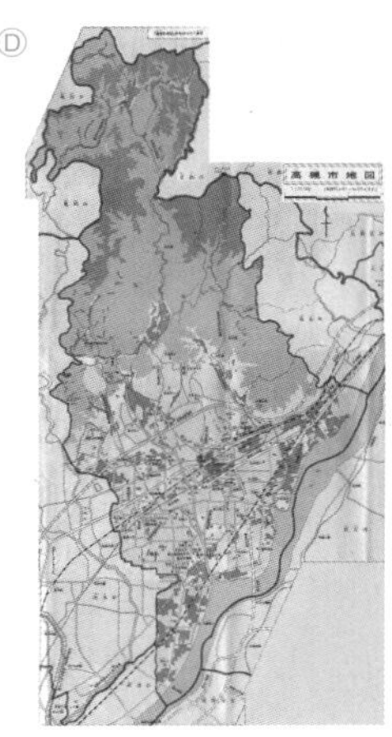
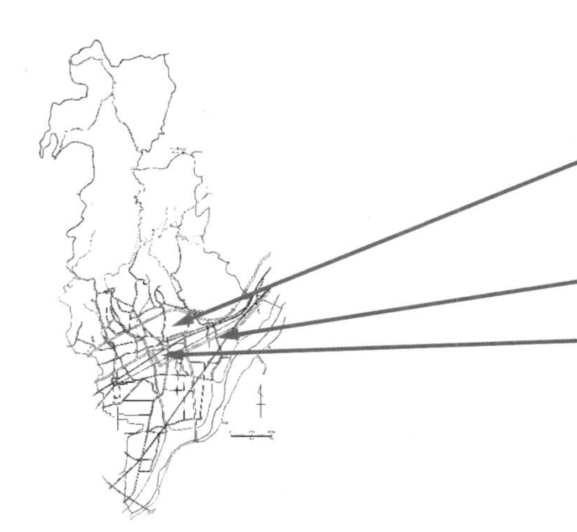

1 つかむ 行ったことのある古くからの建物を出し合ってみよう。

校区や近くにある古くからの建物で，行ったことのあるところがあったら出しましょう。

境内で遊べる常見寺は，古くからの建物です。
同じように遊べる五百住神社も古いです。
西国街道は、古くからの家が道の両側に並んでいました。

「それでは市内で行ったことがある所はありますか。」
・初詣で天神さんに行きました。
・お寺に行ってお墓参りに行きました。
・城跡公園の近くに，お寺が集まっている町がある。
・ポンポン山までハイキングしていたら，途中にとても大きなお寺があった。

2 見つけて話し合う 建物の場所を地図で探し，どんな所か見つけよう。

神社やお寺が多いですね。市の地図で場所を確かめ，グループの白地図の中に地図記号などをつけて書き，どんな様子か見つけましょう。

行ったことのある場所は，市内でも学校の校区などにより違いがあるので，児童の意見は近くから想定して写真やパンフレットなどを準備しておくようにする。

お寺の地図記号はどんなだった？
「地図の約束」を確かめてから。
古い家が並んでいる道があるよ。
神社は鳥居の地図記号でいいね。

・古くからの家が続くような所はどうしょうかな。
・“ 昔からの町 ” と書いておいたらどうかな。
・後でみんなに聞いてみよう。
・城跡公園にある郷土民俗資料館は，古くからのこる家を運んで移したと聞いたことがある。

役所・観光協会などで早めに収集するようにします。

わかったこと

・古くから残る神社やお寺は，むかしから続く町の中に多く残っている。
・古くからのこる神社やお寺は広い境内（けいだい）があり、大きな屋根のたて物が多い。
・しろあとのまわりはむかしからの町なので，古い家が多い。
・むかしからの道がつづく西国街道（かいどう）のりょうがわに多い。

主体的・対話的で深い学び

地域に残る古くからの建物は，地域の移りかわりを反映している。そのたて物の場所や由来を調べて，地域の歴史の一端を知り，メモに記録してグループの白地図に書き込んで紹介し，学んだことを表現できるようにする。

DVD

3 見つけて話し合う 建物のある場所や由来について、パンフレットなどで調べよう。

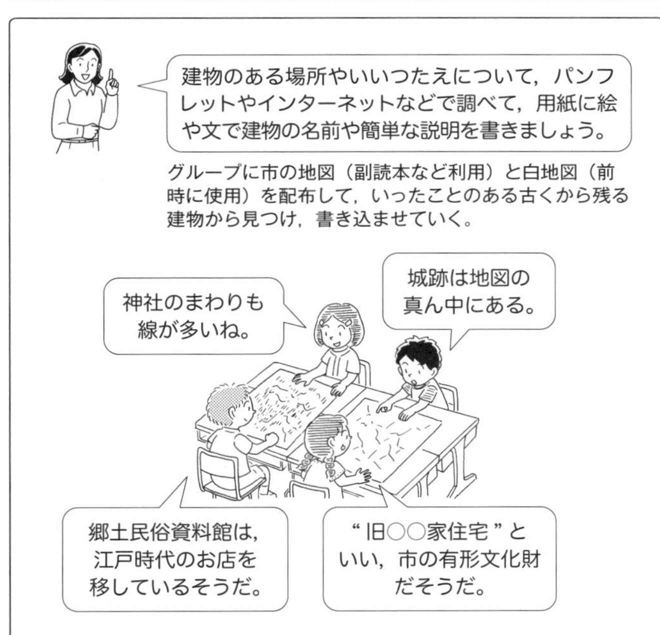
建物のある場所やいいつたえについて，パンフレットやインターネットなどで調べて，用紙に絵や文で建物の名前や簡単な説明を書きましょう。
グループに市の地図（副読本など利用）と白地図（前時に使用）を配布して，いったことのある古くから残る建物から見つけ，書き込ませていく。
神社のまわりも線が多いね。
城跡は地図の真ん中にある。
郷土民俗資料館は，江戸時代のお店を移しているそうだ。
“旧○○家住宅”といい，市の有形文化財だそうだ。

・インゲン豆を日本に伝えたというお坊さんが５年間住んだ寺があるそうだ。

用紙は，四つ切画用紙２枚ほど，市の白地図はB4ぐらい，説明用紙は付箋（大）を配布する。

4 話し合いまとめる 建物のある場所や様子について話し合い，まとめよう。

できあがった地図を見て，古くから残る建物は市のどのあたりに集まっているといえるでしょう。
地図記号が集まってきたね！
城跡の近くは昔からの町のようだ！
西国街道の近くと富田町の周りにもたくさんある。
どうも昔からの町の中に残っているようだね。

「それでは，古くから残る建物の様子でわかったことをまとめましょう。」

・古くから残る神社やお寺は，昔から続く町に多く残っている。
・城跡のまわりは昔の町で，家が多いのかな。
・昔からの道の西国街道の両側にもある。

第9時 市の特色やよさをまとめよう

本時の学習のめあて

これまで調べてきた市のようすを表にまとめて比較し，市全体の特色を見つける。

準備物

・DVD 所収資料〔市の様子（白表）〕
・付箋をはってある地域地図

教材研究のポイント 気づいたことを付箋などのメモに書き込みノートに整理しておくと，

板書例

市のとく色やよさをまとめよう

Ⓓ わたしたちの市のようす　（　　　）ぐるーぷ（　　　　　）

市の場所	北の方	東の方	市の中央	西の方	南の方
土地の高さや広がり	・高い土地が広がる ・山と山の間の狭い所－川 ・森林が多い ・みはらしがいい ・一番高い(ポンポン山)679m ・じゅうたくはほとんどない	・平らな土地	・平らな土地	・平らな土地 ・広い土地	・淀川に近く，高さは低い。 ・平らな土地
土地の使われ方	・山や谷が多く，平らな土地がほとんどない ・山をひらいてできた新しい住たく地があり，さか道が多い	・田畑がある ・住たくがたてられ，新しい町ができている ・細いのう道があみの目のように通っている ・工場やそうこも多い。	・高いビルが目立つ(マンション，デパート，映画館など) ・店やデパート，公共しせつや学校，病院などがたくさんあり，人が集まってくる ・仕事や買いものの人が多い	・田畑は平らになっている ・住たくがたてられ，新しい町ができている ・2本の川が流れている ・工場やそうこも多い。	・田畑は平らになっている ・田の形は，みんなきれいな長四角で広い ・1つの田の広さは，学校のグランドの広さぐらいある ・工場やそうこも多い。
交通のようす	・谷あいの川に沿って府道が通っている ・新しい町には広い道ろが通る ・新しい町は道がまっすぐに通る ・新しい町はバス停がたくさんある ・高そく道ろが東西に走る	・道はばの広い国道や府道が，通っている ・古くからの西国街道が東西に通る	・鉄道と広い道ろが集まっている 駅やバスターミナル，国道 ・道ろは車が多くこんでいる ・道はばの広い国道や府道が通っている ・古くからの西国街道が東西に通る ・バスターミナルが，鉄道の駅の北と南にある	・道はばの広い国道や府道が通っている ・古くからの西国街道が東西に通る	・まっすぐな道が多い。
公共しせつ	・スポーツやしぜんを楽しめる公園やしせつがある		・公共しせつが多い(市やく所，びょういん，図書かんなど) ・けいさつしょとこう番がいくつもある	・市役所の支所や図書館がある	
古くからのこるたて物	・山の中にぽつんとお寺がある ・境内は森林が多くある	・古くからの町や西国街道ぞいにたて物がある ・境内は森林が多くある	・城跡のまわりにある町の中に古くからのたて物が，たくさんある。 ・町なみを保存している ・境内は森林が多くある	・古くからの町や西国街道ぞいにたて物がある ・境内は森林が多くある	・古くからの町の中にたて物がある ・境内は森林が多くある

1 確かめる　市の中でどんなことについて調べたのか思い出そう。

今日は調べたことを表にまとめていきましょう。
「交通の様子」や「公共施設の様子」など調べたね。

「それでは，計画を立てたときのノートを見ながら，どんなことを調べたのか発言してください。」

・土地がどのように使われているのか調べました。
・鉄道や道路など交通のようすも調べています。
・市の公共施設のようすも調べました。
・古くからのこる建物のようすを調べました。

2 見つけたことを整理する　市のいろいろなようすについて気づいたことを整理しよう。

みんなで調べた市の場所のそれぞれの地図に，グル ープでまとめた意見のメモ（付箋）がついていますね。それを今度はグループの表に付け替えて，気づいたことを整理していきましょう。

各授業ごとに，気づいたことを話し合いまとめた意見を書いたメモ（付箋）を活用する。続いてグループごとに渡した表（メモが貼れるぐらいの拡大版）に，メモをどこに貼ればいいか話し合いながら，分類してつけていくようにする。

まず「土地の高さと広がり」から整理しよう。

※グループごとの席を見回り，メモの貼り場所やメモの内容について迷っている児童など個別に指導していく。

自分が考えたことを残しておく有効な方法の一つになります。

まとめ

- 市にはいろいろなところがある
- 土地の様子や人の様子，交通の様子がそれぞれちがう
- 市内の様子は場所によってちがう

主体的・対話的で深い学び

これまで調べてきた市のようすで，気づいたことを記録したメモを集約してグループで話し合って表にまとめ，市全体の特色について話し合って，気づかなかったことも発見できるように学習を深める。

わたしたちの市のようす　（　　ぐるーぷ（　　　　）

市の場所	北の方	東の方	市の中央	西の方	南の方
土地の高さやひろがり					
土地の使われ方					
交通のようす					
公共しせつ					
古くからのこるたて物					

3 表にまとめる　市のいろいろなようすについて気づいたことを表にまとめよう。

それではまとめた表を見ながら，５つの調べた内容についてグループごとに発表していきましょう。

グループ発表の方法を１グループ１人ずつとか工夫し，表の中に板書しながら同意見は整理していくようにする。グループの表に書いてない意見があったら付け加えておくように指示する。

土地の使われ方はどうだったかな？
市の場所
土地のようす
北の方は高い土地でみはらしがいいです。

「“土地の使われ方”を発表してもらいます。」

- 市の中央は人がたくさん集まる所です。
- 市の西や南は工場も多く平らな土地が多いです。
- 田畑が多いところは平らで川が流れている所で，農道の横を水路が流れています。

4 話し合ってまとめる　市のいろいろな場所について気づいたことを話し合おう。

では表を見ながら，『土地の高さやひろがり』のまとめをしていきましょう。土地の高さや広がりはどんな特徴がありますか？

指導者は，同様に土地の使われ方，交通の様子，公共施設，古くから残る建物のようすについて話し合いながら，板書例のようにいろいろな場所の特徴を整理してまとめるようにする。

平地は駅近くや工場，田畑が多いです。
まとめ
北の方に高い山，森林，麓に新しいまちです。

【児童のまとめ方】

- ５つの場所＝東，西，南，北，中央のまとめをノートに記録するようにし，グループの表は次時のために保管する。

第 10 時 市の特色やよさを伝えよう①

本時の学習のめあて

今まで学習したことをもとに，市の特色やよさを伝えるポスターをつくる。

準備物

- 四つ切画用紙2枚（グループポスター用）
- 市町村地域白地図（グループポスター用B4）
- 説明用紙（グループポスター用A5）
- 色鉛筆
- マジックなど

教材研究のポイント 児童のイメージを豊かにし創作意欲を沸た立たせるために，市のいろ

板書例

市のとく色やよさをつたえよう①

しょうかいポスターのつくり方

1. グループでしょうかいする場所をたしかめる
2. ポスター地図の場所とせつめいの場所を決める
3. 白地図の中にしょうかいする場所を入れる
4. 調べたことを書き入れる
   ①“ひとことおすすめ場所せんでん文”と調べてわかったことを書き入れる
   ②調べたときのしりょう，写真があったらはる
   ③とくに伝えたいことを入れる
5. 白地図を土地の様子で色分けをする（時間があるとき）

1 考えて整理する 市のおすすめできる所やよさはどんなことがあるか考えよう。

私たちの市のおすすめできる所や見どころ，よさにはどんなことがあるか話し合い，紹介ポスターを作りましょう。
市のおすすめポスターを作るのね。
今まで調べたことをふりかえろう！

- 北のスポーツ公園を紹介しよう！
- 摂津峡の岩場やキャンプ場もいいよ。
- ジャズフェスタがあった駅前や商店街もいいよ。
- 淀川や芥川沿いの田畑の多いところもいれよう。
- 市の北の方は自然が多いところだ。
- 南の平地が田畑や町になっていて，交通も多い。

2 発表ポスターの計画を立てる 市の紹介ポスター作りの計画を立てて始めよう。

ポスターのつくりかたを説明します。その後みんなで計画を立ててくださいね。

1 グループで紹介する場所を確かめる。
2 担当分けをし，白地図の場所と説明の場所を決める。
3 白地図の中に紹介する場所を入れる。
4 調べたことを書き入れる。
　①一言宣伝文と調べてわかったことを書き入れる。
　②調べたときのメモや資料，写真があったら貼る。
　③とくに伝えたいことを入れる。
5 時間があったら白地図の土地の色分けをする。

グループで大きなポスターを作るのね。

そこに各自のおすすめポイントを貼りつけていくんだね！

ポスターの大きさは四つ切画用紙 2 枚ほど，市の白地図は B4 ぐらい説明用紙は A5 ぐらいを配布する。

いろな場所の写真を集めてプリントしておきます。

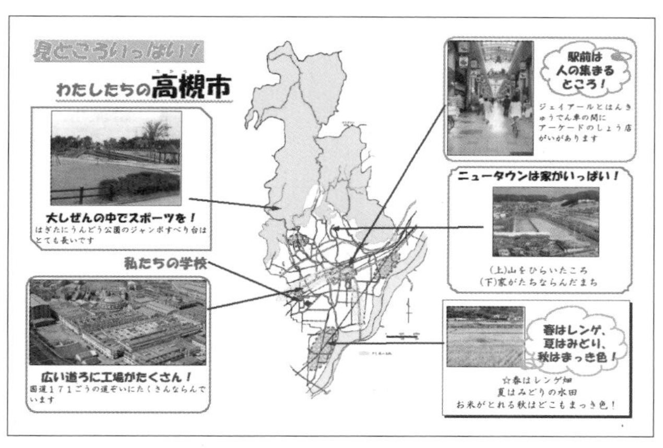
見どころいっぱい！
わたしたちの高槻市
大しぜんの中でスポーツを！
はぎたにうんどう公園のジャンボすべり台はとても長いです
私たちの学校
広い道ろに工場がたくさん！
国道１７１ごうの道ぞいにたくさんならんでいます
駅前は人の集まるところ！
ジェイアールとはんきゅうでん車の間にアーケードのしょう店がいがあります
ニュータウンは家がいっぱい！
(上)山をひらいたころ
(下)家がたちならんだまち
春はレンゲ、夏はみどり、秋はまっき色！
☆春はレンゲ畑
夏はみどりの水田
お米がとれる秋はどこもまっき色！

主体的・対話的で深い学び

今まで学習してきたことをもとに，市の特色やよさを伝えていく方法として紹介ポスターの作り方を学び，グループでキャッチフレーズなど工夫しながら表現していくようにする。

DVD

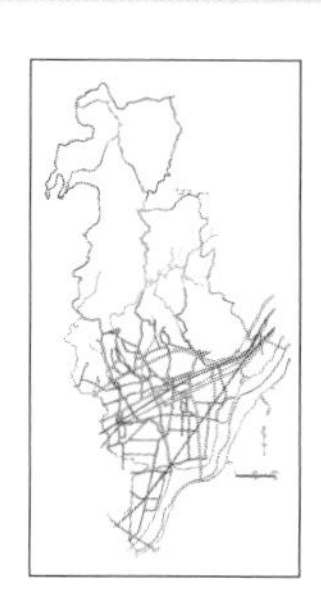

3 発表用ポスターを作る① ポスターのレイアウトを決め，白地図の中へ紹介する所をかきいれよう。

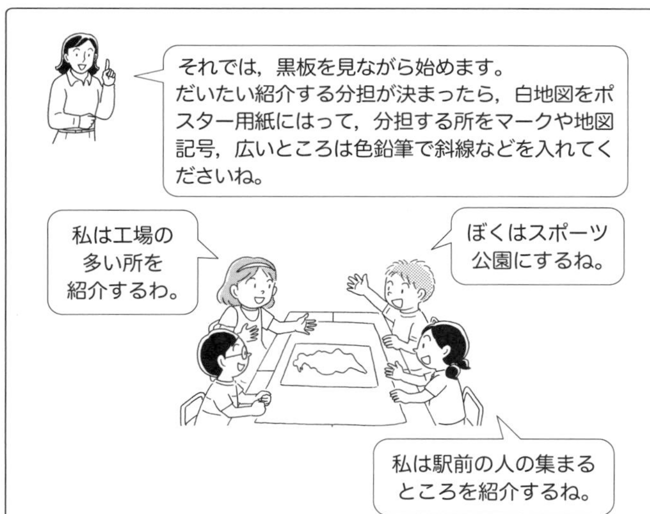
それでは，黒板を見ながら始めます。だいたい紹介する分担が決まったら，白地図をポスター用紙にはって，分担する所をマークや地図記号，広いところは色鉛筆で斜線などを入れてくださいね。
私は工場の多い所を紹介するわ。
ぼくはスポーツ公園にするね。
私は駅前の人の集まるところを紹介するね。

4 発表用ポスターを作る② 工夫して紹介する内容をかき入れよう。

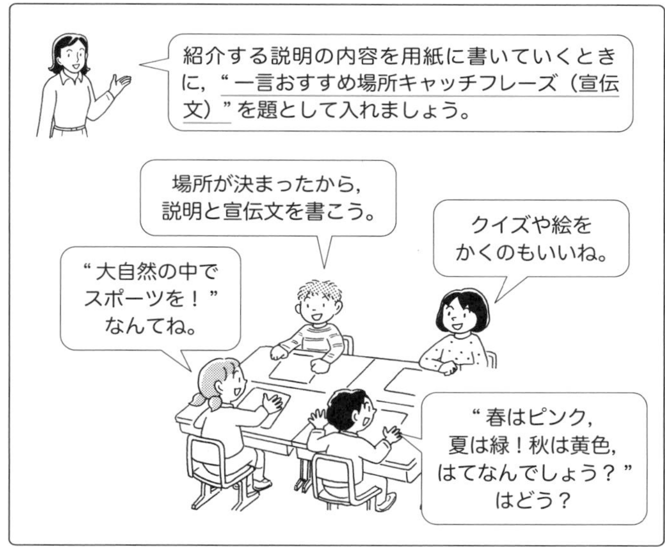
紹介する説明の内容を用紙に書いていくときに，“一言おすすめ場所キャッチフレーズ（宣伝文）”を題として入れましょう。
場所が決まったから，説明と宣伝文を書こう。
クイズや絵をかくのもいいね。
“大自然の中でスポーツを！”なんてね。
“春はピンク，夏は緑！秋は黄色，はてなんでしょう？”はどう？

※白地図がない時は，教科書のように市全体の地図の上に薄い紙をおいてトレースする方法がある。

この時間内に各自が分担した紹介場所ができあがるぐらいのペースで製作を進めたいので，取りかかりのゆっくりなところには教科書やグループのまとめを参考にして，振り返りをさせながらまとめさせていく。

・“二つの国道がぶつかるところは車がいっぱい!”，賑やかなところだね。

・クイズをいれるとみんなが見てくれると思うな。

「そうですね，クイズもいいですね。絵をかいて説明したり，あれば写真を入れたり工夫するとよりわかりやすくなりますね。」

第11時 市の特色やよさを伝えよう②

本時の学習のめあて

今まで学習したことをもとに，市の特色やよさを伝えるポスターをつくって発表する。

準備物

- 四つ切画用紙2枚（グループポスター用）
- 市町村地域白地図（グループポスター用 B4）
- 説明用紙（グループポスター用 A5）
- 色鉛筆
- マジックなど

本時のポイント 発表の仕方はいろいろ考えられるので，クラスや学年の状況に合わせ

板書例

市のとく色やよさをつたえよう②
見どころいっぱい！
わたしたちの高槻市
大しぜんの中でスポーツを！
私たちの学校
広い道ろに工場がたくさん！
駅前は人の集まるところ！
ニュータウンは家がいっぱい！
(上)山をひらいたところ
(下)家がたちならんだまち
春はレンゲ，夏はみどり，秋はまっき色！

1 進み具合を確かめる 市の紹介ポスターつくりの進み具合を確かめよう。

市の紹介ポスター作りはどこまで進んでいるか，確かめましょう。
※前時の製作進度を，だいたい担当分を仕上げるぐらいにしておき，多少の遅れ分は家庭学習で補うようにさせておきたい。
紹介文をグループのポスターに貼って紹介した場所を結ぶんだ。
私はクイズがまだできてないわ…。

「一人一人の分がだいたいでき上がってきましたね。では，ポスターの位置を確かめて貼っていき，どこの説明なのかわかるように，市の白地図に記したマークと矢印で結んでおきましょう。」

2 ポスターを仕上げる 市の紹介ポスターを完成させよう。

白地図の土地のようすを色分けをしましょう。だいたいでいいですよ。色がどんな土地を表しているのかの説明（凡例）も，地図の中に入れましょう。
田畑はみどり色で表そう。
高い土地は茶色で，町はピンクだね。
商店街のように店の多いところは赤色にしよう。
工場の多いところは黄色にしようかな。

「ポスターの題は“おすすめ”とか“見どころ”など，いろいろ工夫してタイトルを考えてください。」

- “おすすめ場所いっぱい！わたしたちの市”なんてどうかな。

て設定しましょう。

調べたことをもとに，市のとく色やよさをつたえましょう

☆発表のしかた
・じゅん番を決める
・しつもんは発表のあとにする
・感想をノートに書く
・しずかに聞くようにする

主体的・対話的で深い学び

今まで学習してきたことをもとに，市の特色やよさを伝えていく紹介ポスターを工夫してつくり，発表し合って感想を話し合い，市のようすについて理解を深める。

わたしたちの高槻市
大しぜんの中でスポーツを！
私たちの学校
広い道ろに工場がたくさん！
ニュータウンは家がいっぱい！

3 発表する グループの市の紹介ポスターを発表しよう。

できあがったポスターを使ってグループ発表をします。自分たちのポスターをどのように発表するか，グループで相談してください。

発表
私たちのグループは…

・はじめの挨拶はみんなで声を合わせてやろう。
・自分のやったところを話すことにしようよ。
・それならポスターを作った感想も順にいおう。

「相談できたら，発表を始めましょう。質問は発表後に，感想はノートに書いてください。」

他のグループの発表を聞いてよかったと思うところなどノートに感想を書くようにして，学習の振り返りの参考にさせていくとよいだろう。

4 発表して交流する それぞれの紹介ポスターの感想や意見を交流しよう。

グループでプレゼンチームとリスナーチームに分かれて始めましょう。

発表の仕方は，他にグループを半分に分けて，片方がポスター発表をし，他方が他グループの発表を聞きに行く“ポスターセッション”のようなやり方もあるので，クラスや学年の状況に合わせて発表会を設定したい。

ポスターセッション
ワイ
ワイ
ワイ

発表するだけ時間的余裕がないときには，ポスターを教室の壁面に張り出し，自由に閲覧できるようにして，他のグループのポスターについてノートやプリントに感想を書かせて集約する方法もある。

できれば，総合学習などの時間を活用する余裕があれば，丁寧にグループごとに発表する時間をとりたい。

第12時 いろいろな地図記号を調べよう

教材研究のポイント　地図記号は地図学習の基本的な知識なので，いろいろな地図記号の成

本時の学習のめあて

いろいろな地図記号を調べ，その記号がどのような形を基本にしたものなのか由来などを理解する。

準備物

国土地理院 _25000 地形図凡例（又は3～6年生用地図帳凡例）

・地図記号カード製作の場合(カルタ大画用紙一人 20 枚ほど)

板書例

いろいろな地図記号を調べよう

Ⓓ 今までにならった地図記号

文 … 学校　　⛩ … 神社

◎ … 市役所　　卍 … 寺院

📖 … 図書館　　〶 … ゆうびん局

Y … 消ぼうしょ　　☼ … 工場

⋮　　⋮

1 思い出してつかむ　今まで使った地図記号を思いだそう。

市のようすを示す地図の中に使われていた地図記号には，どんなものがあったか思い出しましょう。
おもしろい形をしているのもあったよ。
鉄道や駅，学校や病院の記号があった。
文 や ◎ などいろいろ習ったね。
市役所や図書館，お寺と神社があった。

・郵便局や銀行もあった。
・警察署と交番は似ていたね。
・消防署や工場，国道や高速道路もあったよ。
・川や橋，田や畑，2 種類の森林の記号もあった。

※地域により地図記号に多少の違いはあると思われるが，まず調べた物ものだけを集約し，記号を板書する。

2 調べる　他にも地図で使われる記号を調べよう。

地図にはいろんな地域が出ているので，それに併せて地図記号もたくさんあります。他にはどんな記号があるか調べてみましょう。
☼ や ⌂ どんな意味があるのかな。
保健所は予防注射で行くけど病院と似ている。
裁判所や税務署というのがあるよ。公共施設なのかな。
城跡や記念碑というのもあるね。

・老人ホームは家の中に杖マークがある。
・発電所は工場と似ているよ。

※ 3 年生から渡される社会科地図帳の地図の記号ページや国土地理院の地図の凡例を拡大して提示し，調べた記号以外の物を見つけさせる。

り立ちを調べて理解して楽しく習熟できるようにしたい。

［カルタカードの書き方］

・カルタ大の画用紙
・マーカーや色鉛筆

①ふだA
表…記号の名前
うら…いわれなどヒント

②ふだB
表…地図記号
うら…記号の名前

主体的・対話的で深い学び

いろいろな地図記号やその記号のもとになった由来などを教科書や図書館の本，インターネットなどを活用して調べ，地図記号カードを作ってゲームをしながら理解する。地図記号は地図学習の基本的な知識なので，楽しく自然に身につけてしまうような授業を工夫したい。

3 調べる　地図記号がどのような形からできたのか調べよう。

たくさんの地図記号を見つけましたが，この地図記号ができるのにもとになったものはどんなことか，教科書や図書館の本，インターネットで調べましょう。

※教科書では日本文教出版の教科書に詳しい。インターネットのサイトでも検索することができる。
※調べた記号のいわれやもとになった形の説明は，カルタ大の画用紙に記録していき，裏側に記号名を入れていく。次のカルタ作りに活用する。

漢字の成り立ちみたいだ。
地図記号は見た目から変化したものが多いね。
博物館や美術館は建物の形がもとになっている。
風力発電する風車も形がもとになっているようだ。

・図書館は本を開いた形を記号にしたんだね。
・工場は機械の歯車の形だね。

4 カードを作り理解する　地図記号カードを作ってゲームをしながら覚えよう。

調べた地図記号を使って，グループでカルタカードを作ってゲームをしましょう。説明をよく聞いてやりましょう。

・カルタ大の画用紙を配布して，マーカーや色鉛筆で自由に書き込み，工夫して作らせる。
①札 A〔表…記号名，裏…いわれなどヒント〕
②札 B〔表…記号マーク，裏…記号名〕

【※ゲームの仕方】
1 人…札 A を見て札 B をとる。反対もできる。
3 人，グループ…読み手と取り手でゲームができる。

	表	裏
札 A	と書かん	本をひらいた形
札 B		と書かん

農家の仕事（選択学習）

全授業時間 11 時間（導入 1 時間＋授業 10 時間）

◉ 学習にあたって ◉

◇何を教えるのか　－この単元の特徴－

市の人々がいろいろな産業に携わり仕事をしているなかには，農作物や工業製品を生産する仕事やその生産物の販売に携わる仕事があることを考え，この単元では，農作物の生産に携わる農家の仕事の様子から，学習課題を設定しています。

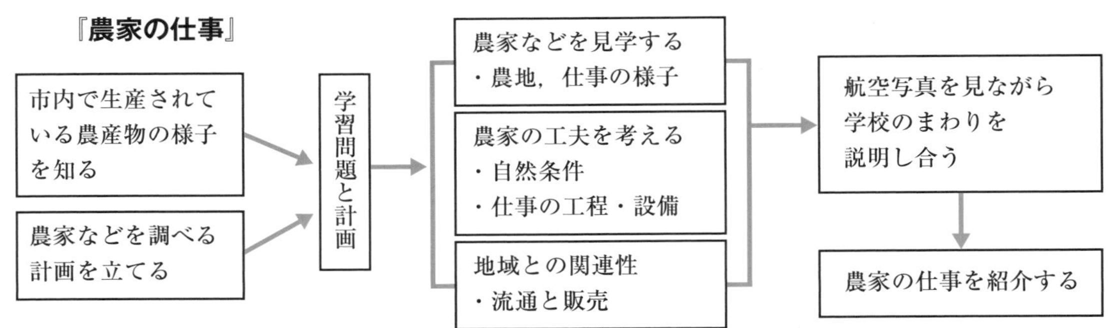
『農家の仕事』
市内で生産されている農産物の様子を知る
農家などを調べる計画を立てる
学習問題と計画
農家などを見学する
・農地，仕事の様子
農家の工夫を考える
・自然条件
・仕事の工程・設備
地域との関連性
・流通と販売
航空写真を見ながら学校のまわりを説明し合う
農家の仕事を紹介する

◇どのように教えるのか　－学習する手がかりとして－

地域にある農家などの仕事として，おもに米づくりや野菜づくり，くだものづくり，酪農などがありますが，ここでは野菜づくりの農家を中心に野菜づくりの様子を見学し，自分たちの発見や疑問をワークシートなどに記録しながら，資料を活用したりして観察・調査し，思考を深めてまとめるようにします。

具体的にここでは，トマト農家の仕事を教材として授業案を展開します。が，授業ではそれぞれの地域で生産している特徴ある野菜などを素材にしていくことが大切であるとともに，農家の仕事は，野菜生産だけでも生産方法，安全性，流通などの方法が多種多様で難かしさがありますので，まず野菜づくりの学習を通して農家の仕事の工夫＝生産の特色を発見し，自分たちの生活とのつながりを考えさせるようにしましょう。

◉ 評　価 ◉

知識および技能

・地域の農家の仕事が私たちの生活を支えていることを知り，それらの仕事の内容や特色，課題，他地域とのつながりを理解している。

・地域の農家の仕事について見学・調査したり，資料を活用して必要な情報を集め，読み取ったりまとめたりしている。

思考力，判断力，表現力等

・地域の農家の様子について学習問題を考え学習計画を立てるとともに，それらの仕事に携わっている人々や農家などの工夫と自分たちの生活とを関連づけてとらえ，言語などで適切に表現している。

・地域の農業などの仕事を見学し，自分たちの発見や疑問をワークシートなどに記録し，資料を活用しながら観察・調査し思考を深め，いろいろな方法を使ってまとめ，適切に表現している。

主体的に学習に取り組む態度

・農家などの仕事について必要な情報を集め，読み取ったことをもとに自分の意見や疑問をもち，進んで話し合いに参加しようとしている。

◉ 指導計画　11 時間（導入 1 時間 + 10 時間）◉

時数	授業名	学習のめあて	学習活動
導入	町の人たちの仕事「はたらく人とわたしたちのくらし」導入	・「学校のまわり」「市のようす」を調べるなかで見つけた，町で働く人のいろいろな仕事に関心を持つ。	・まちではたらく人の仕事を思い起こし，いろいろな仕事に関心を持ち，働いている場所と合わせて大きく分類する。
1	私たちの市の農家の仕事	・私たちの市の農家が，市のどのあたりに多く，どれくらいの農地で仕事をしているのか調べて，農業の特徴をつかみ関心を持つ。	・私たちの市の農家の生産場所や広さについて，田畑の分布や農家の専業・兼業戸数などのグラフから調べ，地域の農業の様子について話し合い，その特長を見つける。
2	米がとれるまで	・私たちの市の農家の仕事である米作りについて調べ，関心を持つ。	・グラフや表から米作農地の広さや生産高を読み取り，米作りカレンダーからイネの生長や農家の仕事のようすなどを知り，農家の仕事の内容について考える。
3	私たちの市でつくられる野菜	・私たちの市の農家の仕事である野菜作りについて，生産高や野菜のつくられる季節や，仕事のようすまで調べ，関心を持つ。	・グラフや表から野菜作り農地の広さや生産高を読み取り，野菜収穫作りカレンダーから野菜の生長や農家の仕事の様子などを知り，農家の人たちの畑仕事の内容について考える。
4	トマトができるまで	・家庭や学校でよく作られるミニトマトの育て方について調べる。	・ミニトマトを育て，その生長を記録しながら“トマト”作りについて調べ，自分たちの工夫を話し合うとともに，農家の生産について関心を持つ。
5	トマト農家の見学計画をたてよう	・トマト生産農家の見学で，畑や働く人のようすを観察し，仕事の内容や工夫について調べる計画を立てる。	・地域にある野菜農家（本書ではトマト農家）を見学するために，見聞きする視点を明確にして，記録するメモの内容などを確かめる。
6	見学してきたことをまとめよう	・トマト農家を見学して，気づいたことなどや，働く人から聞いてわかったことを調べたポイントごとに整理して振り返る。	・トマト農家を見学して，気づいたことや疑問に思ったこと，働く人から聞いてわかったことをまとめてメモに記録し，発表の準備をする。
7	トマト農家のようすと工夫①	・トマト農家を見学して，見て確かめたことから，農家の様子や働く人たちが工夫していることを交流し発表する。	・トマト農家を見学して，見てたしかめたことや気づいたこと，働く人から聞いてわかったことをまとめたメモをグループで整理し，発表した後わかったことをまとめる。
8	トマト農家のようすと工夫②	・トマト農家を見学して，聞いてたしかめたことから，農家の様子や働く人たちが工夫していることを交流し発表する。	・トマト農家を見学して，見て確かめたことに，聞いてたしかめたことを加えて，農家の工夫についてグループごとにまとめ，みんなで発表する。
9	取り入れたトマトはどこへ	・トマト農家の取り入れの様子を調べ，トマトの出荷の方法や出荷先など，ほかの地域との関わりを理解する。	・トマト農家の取り入れの様子を調べ，トマトの出荷の方法や出荷先の流通システムを図式化して確かめ，他の地域とのつながりを理解する。
10	トマト農家の仕事をまとめよう	・トマト農家ではたらく人の仕事の様子や工夫を，一年間の生活と関連づけて考え，適切に表現する。	・トマトの種まきから実がなり，私たちに届くまでの道筋を振り返り，働く人の仕事や工夫を整理して，グループで分担して絵カードにまとめる。

導入1

町の人たちの仕事

単元の学習のめあて

「学校のまわり」「市の様子」を調べる中で見つけた，町で働く人のいろいろな仕事に関心をもつ。

準備物

- 市町村地図(市の様子で使用のもの)
- 付箋（一人10枚ほどは必要）
- 四つ切り画用紙（グループまとめ用）

本時の学習のめあて　まちで働く人たちの思い起こし，働いている場所と合わせて大きく分類しながら，

板書例

わたしたちのまちのはたらく人

・いろいろな仕事をしている人たちがいる

① 店ではたらく人
② 米ややさいをつくる人
③ 工場ではたらく人
④ 会社ではたらく人
⑤ そのほか
・運転手さん　・けいさつかん
・ゆうびん局　・お医者さん…

1 みつける　わたしたちの町の人たちは，どんな仕事をしているかな。

わたしたちの町の中で働く人は，どんな仕事をしているでしょう。

町の様子のイラスト（DVD参照）を提示する。（市の様子を調べるときに使った写真や地図を活用するのもよい）

工場もあるよ。
パン屋さんがあるよ。

・スーパーマーケット
・学校の先生　・警察官
・お医者さん　・宅配便の人

「思いつく仕事をメモしましょう。」

いくつか発言が出たあと，付箋大のメモ用紙を配布する。一人ひとりで考えるよう指導し，メモさせる。

2 話し合いながら整理する　調べた町の人の仕事を大きく分けてみよう。

グループで，にているものを調べ，集めましょう。パン屋さんやコンビニ，スーパーマーケットで働く人はどんな仕事といえるかな？

グループになり，一人ひとりが見つけた仕事のメモを集めて，似ているものごとにまとめる。はじめに，どのようにまとめるか分類分けの方法を考えさせる。

コンビニ
スーパーマーケット
スーパーで働く人もコンビニで働く人も
お店で働く人だと言えるね！

大きく「店で働く人」として，板書する。

「どのようにまとめられたかな。グループ順に発表しましょう。」

グループ順に発表させ，全体に確認しながら板書する。

①店で働く人　②米や野菜をつくる人　③工場で働く人　④会社で働く人　⑤その他　くらいに分けるとよい。

・はたらいている人の場所を
調べてみよう。

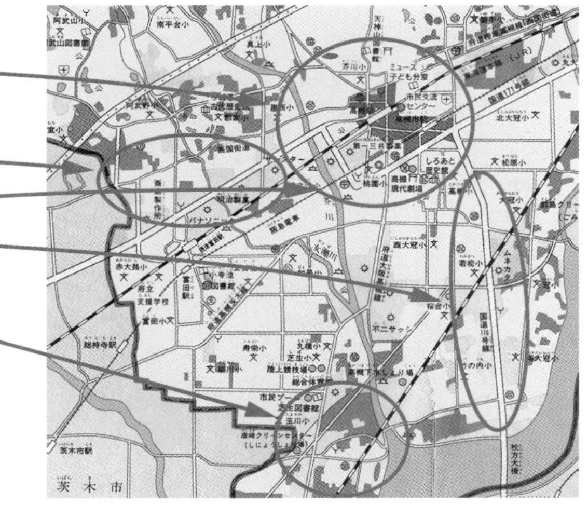

主体的・対話的で深い学び

まちで働く人の仕事を思い起こし，働いている場所と合わせて大きく分類するように指導する。個人→グループ→全体と，いろいろな意見を聞いて整理する学習過程を通して，興味関心を喚起させたい。

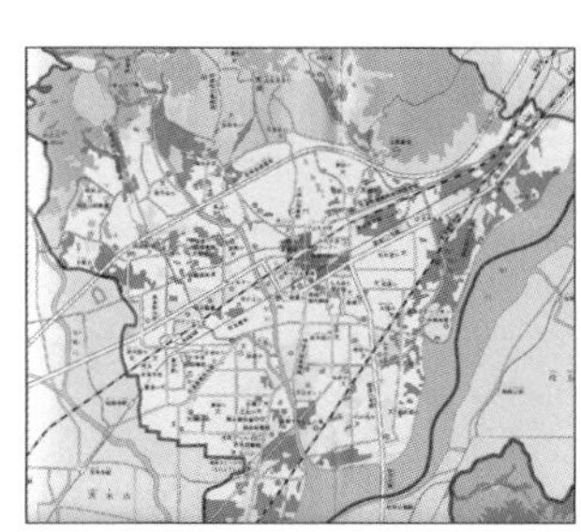

3 見つけて話し合う 仕事をしている人は町のどのあたりに多いのか考えよう。

いろいろな仕事は，それぞれわたしたちの町のどのあたりに多いか，地図を見て考えましょう。
大きな道ぞいに工場がたくさんあるよ。
川の近くは田んぼが多いわ。
ほんとだねー。
駅前はお店が多いね。

「市のようす」で調べた町の地図を参照しながら，発表させる。鉄道の駅やバスが通る幹線道路，河川の周りなど以前の学習を振り返らせながら，発表を促す。

・大きな道路沿いにスーパーや大きい店が多い。
・川の近くに田畑があり，米や野菜をつくっています。
・警察や消防，配達をする人はいろいろな地域を回っている。

4 まとめる 身近で働く人の仕事をまとめよう。

町の人の仕事には，いろいろな仕事がありましたね。どんな仕事があってどこに多いのか，気づいたことをまとめてみましょう
わたしたちの町にはいろいろな働く人がいるんだね。
場所によっても違いがあるんだね。

・大きい道路沿いに工場で働く人がたくさんいる。
・仕事によって服が決まっている人がいる。

「次から，米や野菜を作る人（工場で働く人）について調べていきますので，家の人が見たり，会ったことがないか聞いてみてくださいね。」

第1時 私たちの市の農家の仕事

本時の学習のめあて

私たちの市にある農家が，市のどのあたりに多く，どれくらいの農地で仕事をしているのか調べて，農業の特徴をつかみ関心を持つ。

準備物

- 市町村土地利用図，または田や畑の多い地域の地図（児童用）
- 市町村の農地の広さグラフ

教材研究のポイント 農地の広さをグラフで読みとった後，広さを校庭などに置きかえてイメー

板書例

わたしたちの市の農家のしごと

農家の多いところ

- 田は米づくり
  畑はやさい、くだもの
- 農作物を育てて
  とり入れる

農地（田畑）の様子

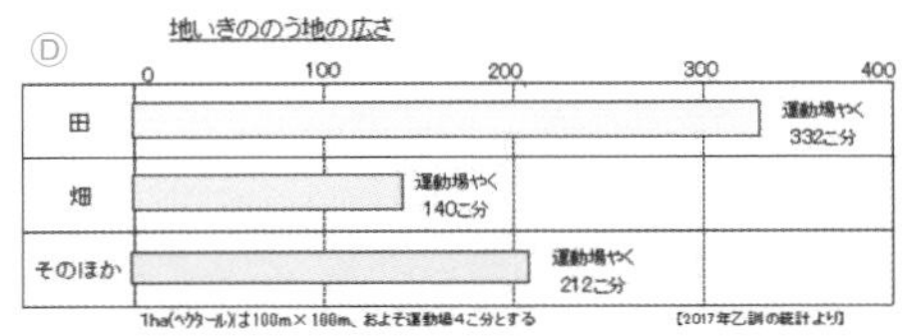

D
地いきののう地の広さ
0
100
200
300
400
田
運動場やく
332こ分
畑
運動場やく
140こ分
そのほか
運動場やく
212こ分
1ha(ヘクタール)は100m×100m、およそ運動場4こ分とする
【2017年乙訓の統計より】

- 田はとてもたくさんある
- 夏は水田が多い
- 畑はそんなに多くない

1 振り返る 私たちの町の農家の田畑が多いところを思いだそう。

私たちの市のようすを調べたとき，田や畑がたくさんありましたね。学校から見るとどちらの方角でしたか。

市のようすを調べたときの地図を掲示し，学校の場所を指示してだいたいの方角も思い出させる。

川の近くにあったな。

駅の近くにはなかったわ。

- 学校から南の方角に多かったよ。
- 田んぼのまわりは田んぼだらけだった。
- 鉄道の駅の近くは家が多く，田は駅から離れているところが多かった。
- 田畑は低いところに多かった。

2 考えて話し合う 田畑は何をしているところなのか考え，話し合おう。

農家の人たちはどんなことをしているのか，みなさんが農家の仕事について知っていることを発表してください。
お米をつくっているよ。
私の家の近くの畑はナスをつくっているわ。
田んぼに水が入って池のようになっていたね。
家のおじいちゃんはキュウリを作っているよ。

キーワードとして，米や野菜を農作物，育てて収穫することを農業といい，田畑は，米や野菜を作っている土地で農地ということを知らせる。

ジしやすくする。

- まわりに家が少ない
- ほぼ平らな土地
- 川や水路の近く

⇓

広い農地がいる
農家の家は広い

まとめ
わたしたちの市には、いろいろな農作物をつくっている農家がある

主体的・対話的で深い学び

私たちの市にある農家がどこにあり，どれくらいの農地で仕事をしているのかを調べ，田畑の分布や農家の専業・兼業戸数などのグラフから地域の農業の様子について話し合い，その特長を見つけるようにしたい。

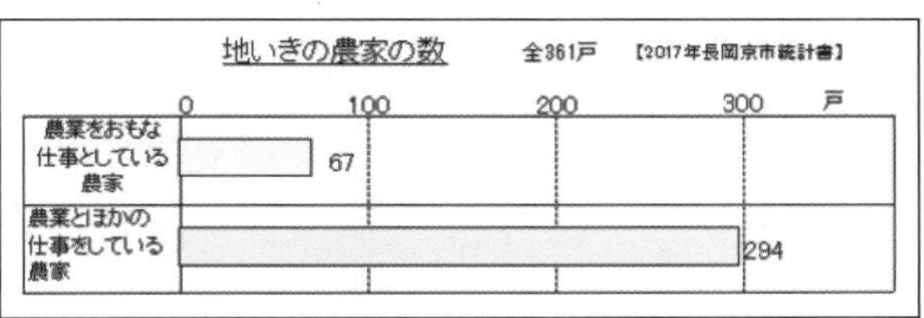
地いきの農家の数
全361戸
【2017年長岡京市統計書】
0
100
200
300
戸
農業をおもな仕事としている農家
67
農業とほかの仕事をしている農家
294

3 見つける 私たちの市の田畑はどれくらいあるのか調べよう。

棒グラフの見方を指導しながら，田畑の広さを運動場の広さと比較してイメージ化させていく。

①グラフの中の農地（例 田・畑・そのほか）の広さを確かめる。そのほかは果樹園など。
②タイトルと項目から何の数を表しているのか読み取る。
③目盛りから＝おおよその数を読み取る。

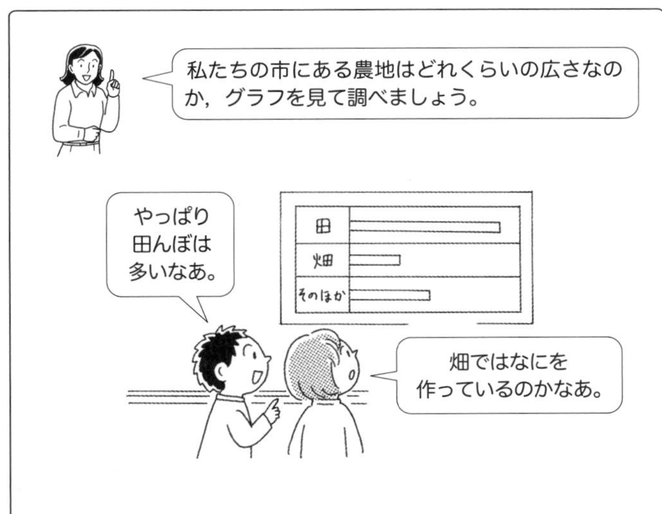
私たちの市にある農地はどれくらいの広さなのか，グラフを見て調べましょう。
やっぱり田んぼは多いなあ。
田
畑
そのほか
畑ではなにを作っているのかなあ。

農業生産高や農家数，耕地面積などのグラフがない場合，地域の“○○農林水産統計年報”や市統計書で資料を見つけ，作成することができる。

4 記録してまとめる 大きな田畑がどこに多くあるのか，その理由を考えよう。

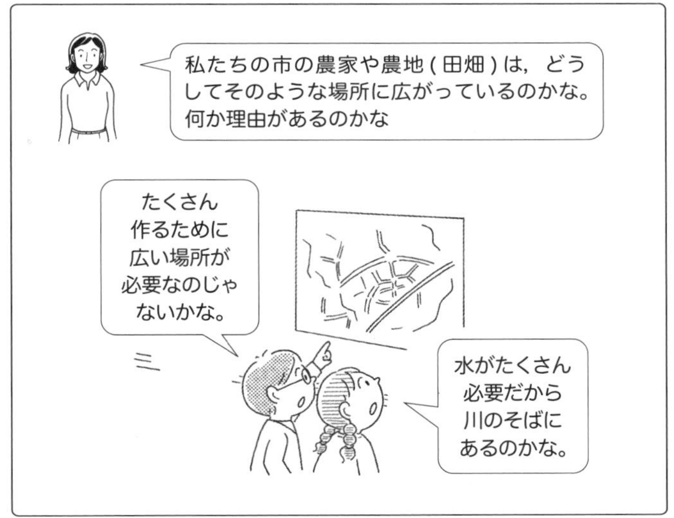
私たちの市の農家や農地（田畑）は，どうしてそのような場所に広がっているのかな。何か理由があるのかな
たくさん作るために広い場所が必要なのじゃないかな。
水がたくさん必要だから川のそばにあるのかな。

農地が広がっているところについて考えさせる。

- まわりに家が少ない ｝ 広い農地がいる
- ほぼ平らな土地 ｝ 水田をしやすい
- 川や水路の近く ｝ →農作物に水が必要
- 農家の家は広い ｝ 農機具や農産物を収納する

など

この単元は，「農家＝農業により収入を得ている」と定義して，個人用の田畑を除外して考える。比較的大きな田畑を想定すると，児童の意見をまとめやすい。

第2時 米がとれるまで

教材研究のポイント 米作りカレンダーは，地域によりずれがあるので，副読本や農協などで

本時の学習のめあて

私たちの市の農家の仕事である米づくりについて調べ，関心をもつ。

準備物

- 市町村の農地の広さグラフ
- 市町村の農産物の取れ高グラフ
- DVD 所収資料〔イネの育て方 1，2，米つくり機械化ワークシート，米つくり仕事カレンダープリント〕

板書例

米がとれるまで

○農地の様子と農家でつくられているもの

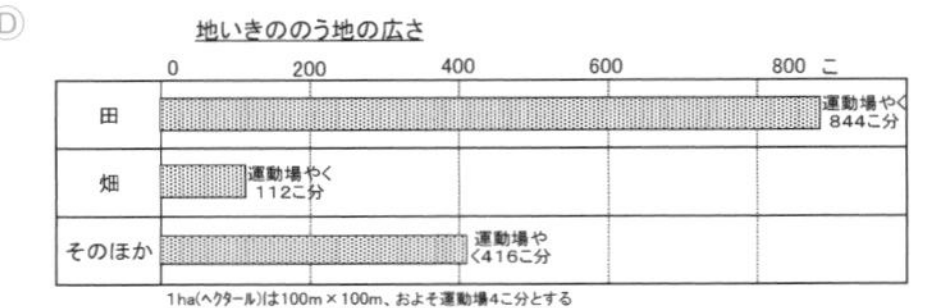

地いきののう地の広さ
0
200
400
600
800 こ
田
運動場やく844こ分
畑
運動場やく112こ分
そのほか
運動場やく416こ分
1ha(ヘクタール)は100m×100m。およそ運動場4こ分とする

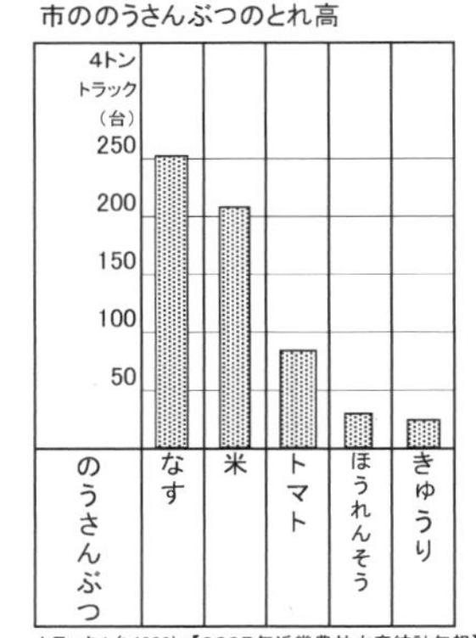

市ののうさんぶつのとれ高
4トントラック（台）
250
200
150
100
50
のうさんぶつ
なす
米
トマト
ほうれんそう
きゅうり
トラック1台4000kg【2007年近畿農林水産統計年報】

- 田がとても広い
- 畑はそんなにない
- とれ高は ①なす ②米 ③トマト

1 振り返る 私たちの市の農地の広がりの様子を振り返ろう。

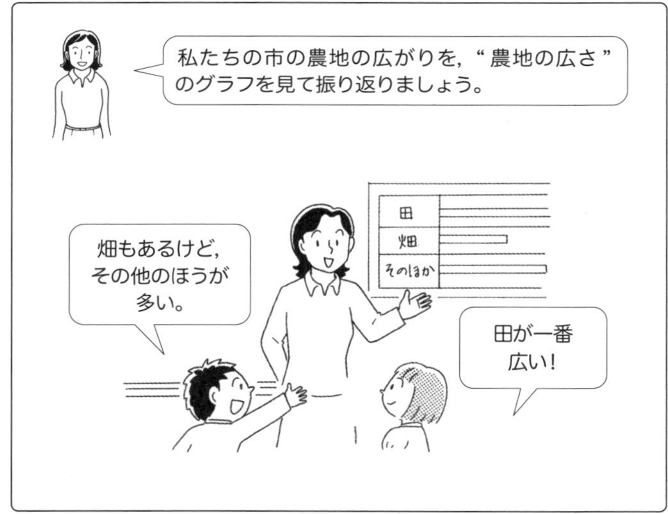

私たちの市の農地の広がりを，“農地の広さ”のグラフを見て振り返りましょう。
田
畑
そのほか
畑もあるけど，その他のほうが多い。
田が一番広い！

「それでは，市でつくられる農産物の中で，何が一番多くつくられていると思いますか。」

- 田の広さから，お米が一番でしょ！
- スーパーで地元の野菜ってたくさん売っているから，野菜も多いと思う。

2 調べる 私たちの市の農産物の取れ高を調べよう。

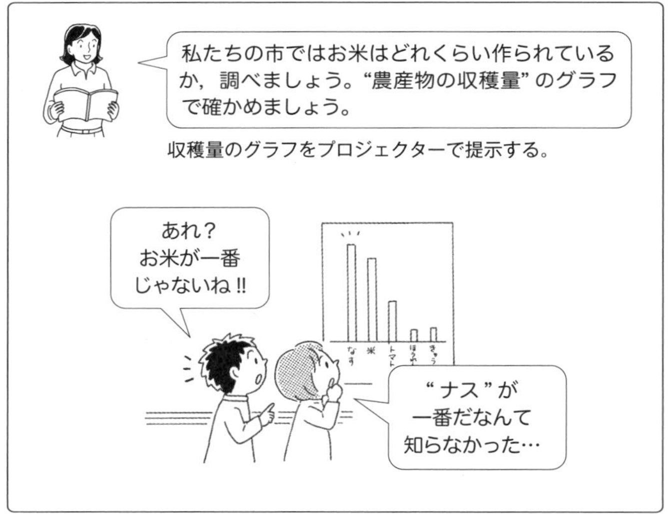

私たちの市ではお米はどれくらい作られているか，調べましょう。“農産物の収穫量”のグラフで確かめましょう。
収穫量のグラフをプロジェクターで提示する。
あれ？お米が一番じゃないね!!
“ナス”が一番だなんて知らなかった…

- へぇ～，意外だ！なすが１番だ。
- お米のとれた量は２番目だね。
- トラックで 200 台分ぐらいだ。
- 田は広くても，お米のつぶが小さいからかな？

農産物の取れ高の野菜については，次時に学習するので，取り上げるのはお米だけにする。

確かめておくようにする。

○ 米作りの様子を調べよう Ⓓ

市の米作りの仕事カレンダー

4月			5月			6月			7月			8月			9月			10月			11月		
上	中	下	上	中	下	上	中	下	上	中	下	上	中	下	上	中	下	上	中	下	上	中	下
田おこし		なえをそだてる			田おこし	しろかき・田うえ	がいちゅうをふせぐくすりをまく ざっそうをふせぐくすりをまく ひりょうをやる					中ぼし								いねかり・かんそう	だっこく・かんそう	もみすり	

※(田のようす・もみのしゅるい・きかいなどのちがいで、この表とはちがってきます)
※(上は1日～10日、中は11日～20日、下は21日～31日です)

まとめ
・米作りは春 → 秋と時間がかかる
・今はきかいを使って仕事をしている

主体的・対話的で深い学び

田で作られる米作りについて，グラフや表から農地の広さや生産高を読み取り，米作りカレンダーから一年間のイネの生長や農家の仕事のようすなどを考えられるようにしたい。

DVD Ⓓ

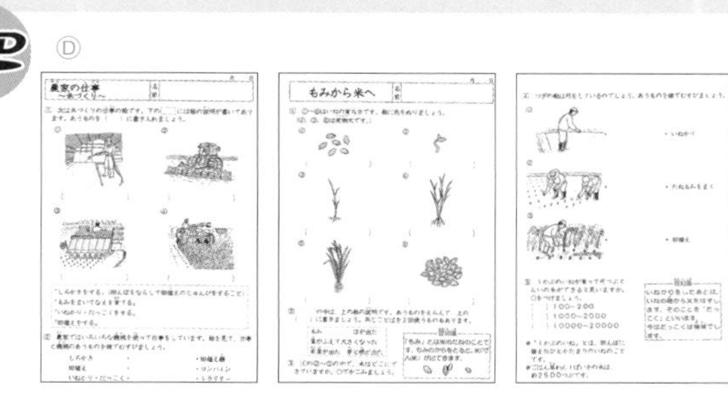

農家の仕事
もみから米へ

3 調べる　イネの育ち方を調べよう。

みなさんはお米がどうやってできるか知っていますか。
米作りのワークシートを配布する。
ワークシートがわかりやすいな。
へえ，お米ってこうやって育てていくんだね。
お米はイネからとれるよ。
お米の種をモミというらしい。

「そうですね。ではイネの育て方を調べましょう。」
ワークシートの順に生長を確かめる。（DVD 収録）
「イネの生長に合わせた農家の人たちの仕事のようすを見ていきましょう。」

種もみまき，田植え，稲刈りは手作業のイラストを使っている。時間があれば，機械化された米作りのワークシートを参照させるといいだろう。

4 調べてまとめる　米作りの一年間を調べ，仕事の様子をまとめよう。

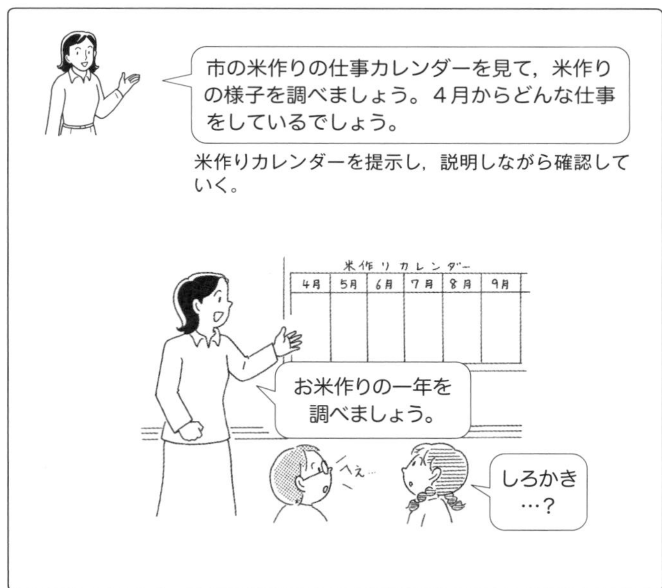

市の米作りの仕事カレンダーを見て，米作りの様子を調べましょう。４月からどんな仕事をしているでしょう。
米作りカレンダーを提示し，説明しながら確認していく。
米作りカレンダー
4月
5月
6月
7月
8月
9月
お米作りの一年を調べましょう。
へえ…
しろかき…？

・４月は田おこしをしている。
・６月にしろかきして田植えです。
・７，８月と害虫や雑草を防ぐ薬や肥料をまきます。
・10 月いよいよ稲刈りだ！
・１１月脱穀して，もみすりでもう冬だ！
・春夏秋と時間がかかるのだね。

米作りの画像やイラストは DVD に所収されている。

第3時 私たちの市でつくられる野菜

本時の学習のめあて

私たちの市の農家の仕事である野菜作りについて生産高や野菜のつくられる季節，仕事のようすまで調べ，関心を持つ。

準備物

- 市町村の農地の広さグラフ。
- 市町村の農産物の取れ高グラフ。
- DVD 所収資料（市町村の野菜収穫カレンダープリント）

教材研究のポイント 野菜収穫カレンダーは，地域によりずれがあるので，副読本や農協など

板書例

わたしたちの市でつくられるやさい

○農家でつくられているやさい

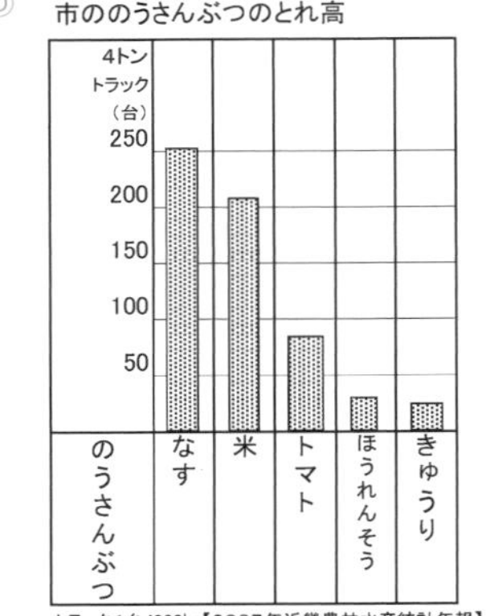

市ののうさんぶつのとれ高
4トントラック（台）
250
200
150
100
50
のうさんぶつ
なす
米
トマト
ほうれんそう
きゅうり
トラック1台4000kg【2007年近畿農林水産統計年報】

地いきののう地の広さ
0
200
400
600
800 こ
田
運動場やく844こ分
畑
運動場やく112こ分
そのほか
運動場やく416こ分
1ha(ヘクタール)は100m×100m、およそ運動場4こ分とする

① なす.... トラックで 250 台
② 米 .... 200 台
③ トマト .... 70 台
④ ほうれんそう ...... 25 台

1 調べてつかむ 私たちの市の田畑では，どんなものを作っているのか調べよう。

グラフのプリントを配布して，作物の内容説明と棒グラフの見方を細かく指導しながら，生産高を見つけていく。

①グラフの中の農産物（例 なす・米・トマト・ほうれんそう・きゅうり）を確かめる。
②タイトルと項目から何の数を表しているのか読み取る。
③目盛りから＝おおよその数を読み取る。

私たちの市にある農家では，米の他に何をつくっているのか，前時のグラフを見て詳しく調べましょう。

ナスが多いわ。

トラック250 台分くらいあるね。

農業生産高のグラフがない場合，地域の“○○農林水産統計年報”で資料を見つけ，作成することができる。

2 比べて考える 田畑の広さと，野菜の取れ高を比べてみよう。

私たちの市の野菜の取れ高は，それぞれ一年間でどれくらいあるのかグループで確かめ，発表しましょう。
でも 畑から取れるもののほうが多いね。
なすは，トラック250 台分ぐらいあるね。
畑の広さは田んぼの$\frac{1}{8}$くらいしかなかったね。
お米が少ないのは，粒が小さいからかなあ。
なすは，米よりも多いよ。

「前時に農地の広さを調べた時，畑は田と比べてどうでしたか。」

- 畑は，田に比べて半分ぐらいしかなかったよ。
- 畑のほうが面積が少ないのに結構収穫できるんだね。

で確かめておくようにする。

市のやさいしゅうかくカレンダー

市のやさいづくりのしゅうかくの時期

種類	1月〜12月（上・中・下）
なす	しゅうかく
トマト(夏)	しゅうかく
トマト(冬)	しゅうかく
ほうれんそう(春まき)	しゅうかく
ほうれんそう(秋まき)	しゅうかく / しゅうかく
きゅうり	しゅうかく
タマネギ	しゅうかく
ねぎ	しゅうかく

※(上は上旬(じょうじゅん)1日〜10日、中は中旬(ちゅうじゅん)11日〜20日、下は下旬(げじゅん)21日〜31日です)

・なすは５月から 10 月のしゅうかく
・トマトは夏と冬トマトがある
・ほうれんそうは春まきと秋まきがある

まとめ
・畑は田よりもせまいのにいろいろなやさいがつくられている
・１年を通してやさいがつくられている

主体的・対話的で深い学び

畑で作られる野菜作りについて，グラフや表から農地の広さや生産高を読み取り，野菜収穫作りカレンダーから一年間の野菜の生長や農家の仕事のようすなどを考えられるようにしたい。

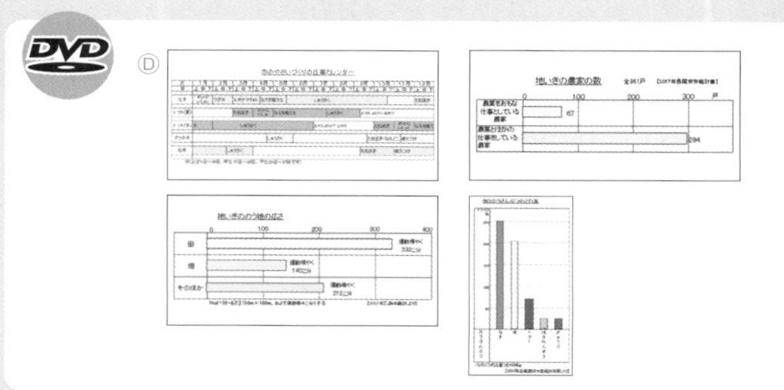

3 調べて話し合う　私たちの市の，野菜ができる時期をカレンダーで調べよう。

市で作られている野菜はいつごろ収穫されているのか，野菜収穫カレンダーで調べて，気がついたことをグループでまとめましょう。

野菜収穫カレンダーのプリントを配布して，黒板にも提示する。

同じ野菜でも収穫時期が違うのもあるよ。
野菜によって収穫時期がいろいろだね。
なすは6ヶ月！一年の半分も収穫できるんだね。
トマトは，お店にいつも並べてあるよ。

・市のトマトは，夏トマトと冬トマトがあるようだ。
・植えたときの違いでとれるときも違うのかな。
・ほうれんそうは種まきの時期でちがうようだ。
・タマネギやねぎは春の収穫だよ。

4 考えてまとめる　私たちの市の野菜作りについて考えよう。

「野菜の収穫時期はいつですか？」
・５月から８月が多いです。
・冬から春はほうれん草やネギ，タマネギです。

野菜の収穫のない時期でも，お店では野菜を売っていますね。その野菜はどこから来るのでしょう。

でも，作られていない時期もスーパーで売っているよ。
私たちの市でもたくさんの野菜が作られていたんだね。
そうだ，全国から送られて来ているんだ。
市で野菜が作られないときには，ほかの地いきから品物がくるのよ。

「農家の人たちがおいしい野菜をつくるためにどんな工夫をしているのか，見つけていきましょう。」

教材研究のポイント　生活科や理科の植物を育てる学習の教科横断的共通素材として，ミニ

第 4 時　トマトができるまで

本時の学習のめあて

家庭や学校でよく作られるトマトの育て方について調べる。

準備物

・DVD 所収資料（ミニトマトカレンダー A4 プリント）

板書例

トマトができるまで

○ ミニトマトカレンダーをつくろう

Ⓓ

ミニトマトづくりカレンダー　　名前

月	4月			5月			6月			7月			8月			9月	
旬	上	中	下	上	中	下	上	中	下	上	中	下	上	中	下	上	中
トマトの育ち方																	

※(上は1日～10日、中は11日～20日、下は21日～31日です)

1　振り返る　以前育てたトマトの育て方を振り返ろう。

前にトマト作りをしましたね。どんなふうにしたか思い出しましょう。
トマトは少しすっぱかったね。

・ポットに種を植えました。
・なかなか芽が出なかった。
・本葉もすぐに出て来なかったよ。
・花は小さかったね。

2年生までの生活科で，ミニトマトを育てた経験があればその実践を参考にしたい。3年初めに，理科植物を育てる単元でホウセンカやヒマワリと一緒に，グループでミニトマトを育てることをお勧めする。

2　確かめながらまとめる　トマトの種から実ができるまでをまとめよう。

4月から簡単にまとめてきた各グループのトマトの生長の記録（観察日記）を配布する。

グループで分担して，たねまきから実ができるまでの生長の記録を，画用紙大のカレンダーに貼り付けてまとめ，発表できるように話し合う。

みなさんが育てたミニトマト作りを，月別のカレダーにまとめてみましょう。
ふたばが出てきたのは５月のはじめころね。
６月に花が咲いたね。
ぼくは種まきの所をやりたいな。
私はささえ棒のところを発表したい。

トマトの成長の記録は理科の観察時に同様に記録させていき，グループごとに指導者が保管しておくようにする。

トマトなどを選んで育てさせたい。

まとめ

・なえの植えかえ（定植をした）

・ささえぼうをした（たおれない）

・しっかりとむすぶ

・わきめを取る（実が大きくなる）

主体的・対話的で深い学び

ミニトマトの生長を記録しながら“トマト”作りについて調べ，自分たちの工夫を話し合うとともに，農家の生産について関心を持ち，体験に基づいた学びに深められるようにしたい。

DVD

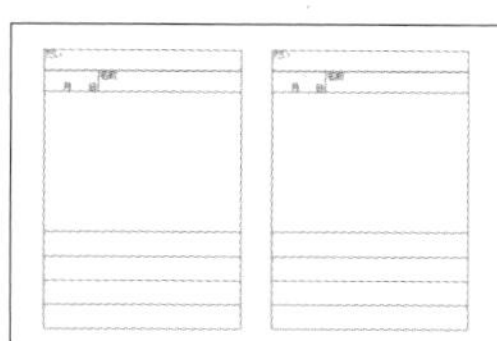

3 発表する まとめたトマトの育ち方を発表しよう。

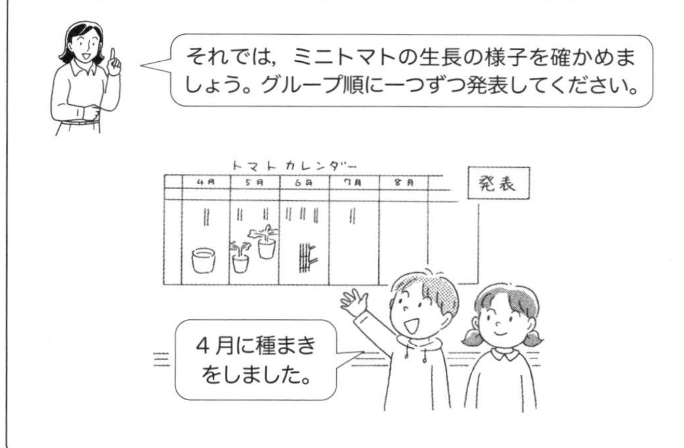

それでは，ミニトマトの生長の様子を確かめましょう。グループ順に一つずつ発表してください。
トマトカレンダー
4月
5月
6月
7月
8月
発表
4月に種まきをしました。

①ふたばの芽が出てきます。
②本葉が出てきます。
③本葉が 10cm ぐらいになったら植え替えます。
④支えを作り上にのばします。
⑤花がさきます。
⑥トマトの実がなり，緑色から赤色に熟します。

児童の発表に合わせて板書していき，生長に合わせて撮影した画像などを添付していくと，よりイメージをふくらませることができる。

4 まとめる トマトを育てるときに，私たちが工夫したところをまとめよう。

みなさんがミニトマト作りで，苦労したことや工夫したこと，気づいたことはありませんでしたか。グループのカレンダー台紙の下に書いて発表しましょう。
“支え棒”を立ててたおれなく工夫したよ。
実を大きくするために，わき芽を取ったね。
本葉も時間がかかったね。
ふたばがなかなか出てこなかったから心配した。
苗の植え替え（定植）は工夫なのかな。

出てきた意見は板書していき，農家の見学の後で比較できるように，まとめをデジカメで撮り，画像にしておく。

第5時 トマト農家の見学計画をたてよう

教材研究のポイント 児童の経験を増やすために，是非地域にある野菜農家（本書ではトマ

本時の学習のめあて

トマト生産農家の見学で，畑や働く人のようすを観察し，仕事の内容や工夫について調べる計画を立てる

準備物

・DVD 所収資料（農家の見学カード2枚ほど，農家見学インタビューカード）

板書例

農家はおいしいトマトをつくるために
どのような仕事をしているのでしょうか

① 見てたしかめること

・畑（ビニルハウス）の広さ
・トマトの育て方
・はたらく人の仕事の様子
・はたらく人の服そう
⋮

② 聞いてたしかめること

・畑（ビニールハウス）のくふう
・トマトの育て方のくふう
・おいしくするくふう
・はたらく人の数
・トマトの出荷先
⋮

1 つかむ トマト農家の見学で確かめたいことをメモに書こう。

トマトの実ができるまでを調べてきましたね。では，私たちの町の農家ではどのようにしているでしょうか。

学習問題を板書する。

どんな工夫をしているのかな。

「今から見学の準備をします。みなさんがミニトマトをつくったときと，トマト農家ではどこか違うところがあるのかなど，調べたいことを分けて整理して，見学で何を見てくるのかはっきりさせましょう。」

2 話し合い整理する 確かめたいことをグループで整理しよう。

農家の見学で確かめたいことを，グループで話し合いましょう。
ぼくは，おいしいトマトを作る工夫をしりたいな。
畑の広さはどれくらいかしりたいな。
どんな畑で作っているのだろう。
どんな肥料を使っているのかな。
機械など使っているのかな。

「①見て確かめること，②聞いて確かめることに分けて整理しましょう。」

・これとこれは①だね。
・これとこれは同じ意味だね。

グループのボードにまとめさせる。

ト農家）を見学したい。

Ⓓ

のう家見学カード　月　日　年(　)組(　　　)

☆トマトのう家を見学して気づいたことを書きましょう。

調べること

場所や作業の名前	のう家の人の仕事のようすや気づいたこと
畑の広さ	

Ⓓ

のう家見学インタビューカード　月　日　年(　)組(　　　)

☆のう家の人に聞いてみましょう。　お名前

聞いておくこと

●話してくれた人　●聞いたしつもんの内よう

●話してくれた内よう

●話してくれた人　●聞いたしつもんの内よう

●話してくれた内よう

●話してくれた人　●聞いたしつもんの内よう

●話してくれた内よう

主体的・対話的で深い学び

農家の仕事について見聞きする視点を明確にして，記録するメモの内容などを確かめる学習を設定し，見学を有意義なものにしていくようにしたい。

3 発表する　確かめたいことをグループごとに発表しよう。

では，確かめたいことをグループごとに発表しましょう。

グループの発表を板書し類似の内容はまとめていくようにする。

私たちの①見て確かめることは農家の人の使っている道具と…

①見てたしかめること
☆畑(ビニールハウス)のようす
☆トマトの育て方
☆使っている機械など
☆働く人の仕事の様子
☆働く人の服装
☆そのほか

②聞いてたしかめること
☆畑(ビニールハウス)の工夫
☆トマトの育て方の工夫
☆おいしくする工夫
☆働く人の数
☆トマトの出荷先
☆そのほか

“ビニールハウス”は大事な施設なので，説明は見学後でよいが，温室という利点だけでなく，防害虫・雑草，減菌などに効果的であることに気づかせたい。

4 準備する　見学準備を整えよう。

農家の見学カード」と「農家のインタビューカード」の２枚の見学カードを確かめ，準備をしましょう。
見学カードとインタビューカードを配布する。
見学カードは①見てたしかめることを書いて…。
インタビューカードには②聞いて確かめることを書いて準備しよう。

見学カードの始めに，黒板の“①見て確かめること”を書き，インタビューカードの始めに“②聞いて確かめること”の内容を書いて，見学の時にたしかめましょう。

見学カードとインタビューカードは２枚配布し，現地で補足できるように指導者が持って行く。

第6時 見学してきたことをまとめよう

本時の学習のめあて

トマト農家を見学して，気づいたことや，疑問に思ったこと，働く人から聞いてわかったことを調べたポイントごとに整理して振り返る。

準備物

- 見学で記録したカード(農家の見学カード2枚ほど，農家見学インタビューカード)
- 黒と赤鉛筆
- 付箋メモ用紙(色違いで6種類ほど)
- 四つ切り画用紙(グループまとめ用2枚)

本時のポイント 見学してきたことをまとめる学習は，できるだけ丁寧に進ませるよう

板書例

見学してきたことをまとめよう

① 見てたしかめること

黄	☆ 畑（ビニールハウス）の様子
ピンク	☆ トマトの育て方
緑	☆ 使っているきかいなど
水　色	☆ はたらく人の仕事の様子
青	☆ はたらく人のふくそう
黄土	☆ そのほか

発見した事は赤色でふせんに書きましょう

1 振り返ってつかむ　見学した農家で調べたことを振り返ろう。

農家の見学で記録した見学カードを出して，調べたことを振り返りましょう。

インタビューカードと見学カードだね。

〈項目〉

①見てたしかめること	②聞いてたしかめること
☆畑(ビニールハウス)のようす	☆畑(ビニールハウス)の工夫
☆トマトの育て方	☆トマトの育て方の工夫
☆使っている機械など	☆おいしくする工夫
☆働く人の仕事の様子	☆働く人の数
☆働く人の服装	☆トマトの出荷先
☆そのほか	☆そのほか

グループの集約まで学習を進めていくので，個人整理用の付箋だけでなく，まとめ用の色画用紙かボードを準備しておく。

2 整理する　①見てたしかめたこと，を整理しよう。

まず，見て確かめたことから整理します。見てたしかめたことは黒鉛筆で，発見したこと（気づいたこと）は赤色で書きましょう。

児童が調べてきた記録メモをもとに，“①農家で見てたしかめたことや発見したこと”を，個人用の付箋（メモ用紙）に書き込ませ，違いを意識しながら書き込むことを指示する。

①見て確かめたことをまとめる。

機械については“みどり”のふせんだよ。

機械がトマトをはさんで，より分けていたよ。

この時に使用する付箋は，☆のテーマごとに色違いにしておくと，グループで整理するときに分けやすくなる。記録した付箋は，テーマ別に整理して散らばらないようにノートに貼り付けていき，まとめておくように指示する。

にしたい。

② 聞いてたしかめること

黄	☆ 畑（ビニールハウス）のくふう
ピンク	☆ トマトの育て方のくふう
緑	☆ おいしくするくふう
水　色	☆ はたらく人の数
青	☆ トマトの出荷先
黄土	☆ そのほか

不思議に思った事は赤色でふせんに書きましょう

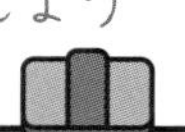

主体的・対話的で深い学び

トマト農家を見学して，気づいたことや疑問に思ったこと，働く人から聞いてわかったことをまとめてメモに記録し，発表の準備をするように指示していく。

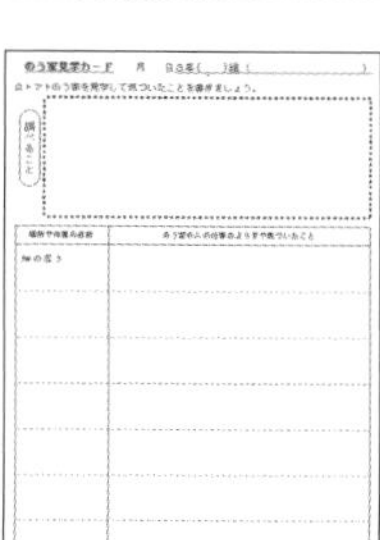

3 整理する ②聞いてたしかめたこと，を整理しよう。

次に，聞いて確かめたことを整理しましょう。

“②聞いてたしかめたことや不思議に思ったこと”を，個人用の付箋（メモ用紙）に書き込ませていく。①の時と同じように「聞いてたしかめたことは黒鉛筆で，不思議に思ったことなどは赤色で書きましょう」と，違いを意識しながら書き込ませていく。

②聞いて確かめたことをまとめる。

不思議に思ったことは
赤色で書くんだね。
“はたらく人の数”は
“水色”のふせんね。

「みなさんが調べた農家のようすや工夫を，グループでまとめて，整理しましょう。」

グループでのまとめ学習を指示し，付箋（メモ用紙）をまとめるためのボードを配布する。

4 グループでまとめる 整理してことをグループでまとめよう。

一人ひとりがまとめた付箋（メモ用紙）をボードに貼り，色分けした付箋ごとに分けてまとめましょう。

グループでまとめる。

ワイ
ワイ
畑にビニールの家が
建っているようだ。
トマトが育つ順序は，
だいたい一緒だね。

「①が終わったら，②聞いてたしかめることも整理しておきましょう。」

続けて整理させる。

できあがったグループからボードを集め，次時の学習まで保管する。指導者はどんなまとめになっているか確認しておく。

第 7 時
トマト農家のようすと工夫①

本時のポイント　発表の内容が重なったときには，グループ名などを記入しておくよう

本時の学習のめあて

トマト農家を見学して，見て確かめたことから，農家の様子や働く人たちが工夫していることを交流して，発表する。

準備物

・前時の「見て確かめたこと」グループまとめボード
・トマト農園画像（あれば）

板書例

トマト農家の様子とくふう①

① 見てたしかめたこと

☆ 畑（ビニールハウス）の様子
・畑にビニールハウスがならんでいた
・土が多い
・屋根までビニール
・大きなだんぼうき
⋮

☆ トマトの育て方
・土を高くもり上げていた
・ささえが屋根まであった
・トマトは高く育っていた
⋮

☆ 使っているきかいなど
・より分けのきかい
⋮

☆ そのほか
・虫がいなかった

1　調べたことを話し合いまとめる　①見て確かめたことについて，グループで交流し，まとめよう。

今日は，前時にグループでまとめた①見て確かめたことについて発表します。前の時間にまとめたものを，グループでもう一度確認しましょう。

学習のめあてをたしかめさせ，前時に，個々の観察メモを貼り付けたグループのまとめを配布する。

これとこれは一緒かな。

これとこれはよく似ているけど，少しちがうよ。

そうだね。

「前の時間に，分けて貼ったボード（☆畑（ビニールハウス）のようす，☆トマトの育て方，☆使っている機械，☆はたらく人の仕事のようすや服装など）を点検して，もう一度同じ意見かどうか確かめ合いましょう。」

では，グループの意見として，全員で発表できるように準備してください。
私は“トマトの育て方”について発表するわ。
ぼくは“使っている機械”について発表するね。
ビニールハウスの様子はたくさんあるよ。
私は働いている人のようすについて発表する。

見学した農家の様子などの画像があれば，掲示しておく。

にする。

☆ はたらいている人の様子とふくそう

・手でトマトのしゅうかくをしている

・一つ一つたしかめながらとっている

・長い長ぐつをはいている

・長ぐつはきれいにそうじをしていた

⋮

まとめ
・トマトはビニールハウスで育てている
・冬でもあたたかくトマトがつくれる

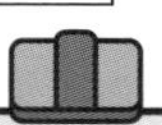

主体的・対話的で深い学び

トマト農家を見学して，見てたしかめたことや気づいたことや疑問に思ったこと，働く人から聞いてわかったことをまとめたメモをグループで整理し，発表したあと，わかったことをまとめることができるように丁寧に指導する。

3 発表する グループでまとめたことを，クラス全体に発表しよう。

それぞれのグループでまとめたことを，順に発表します。発表を聞きながら，思ったことや疑問に思ったことは後で質問しましょう。

グループ順に発表をさせる。

ビニールハウスの中は，風が吹いていなくて，少しあたたかかったです。

・ビニールハウスが畑のはしまで並んでいました。
・屋根までビニールでとても明るかったです。
・壁は中がネットで，外側がビニールになっていました。
・機械で選り分け，箱に詰める人がいました。

グループ発表の終わりごとに質問や意見を受け付けて話し合い，指導者は発表を板書していく。

4 まとめる わかったことや思ったことをまとめよう。

すべてのグループの発表を見て，同じような内容を整理していき最後に農家の工夫についてわかったことや思ったことをまとめましょう。

〈畑(ビニールハウス)のようす〉から順に点検していく。

冬でもあたたかくて冬じゃないみたいだね。
ビニールハウスって重要だと思うわ。
うーん

・ビニールハウスでいつでもつくれる。
・支えが高くてしっかりしていて，たくさん実がなっても大丈夫だった。

グループで発表用にまとめたボードは，後の学習でも使用できるように指導者が保管しておく。

第8時 トマト農家のようすと工夫②

本時のポイント　インタビュー内容は聞きとれないこともあるので，事前下見の時にあ

本時の学習のめあて

トマト農家を見学して，聞いてたしかめたことから，農家の様子やはたらく人たちが工夫していることを交流して，発表する。

準備物

・前時の「聞いて確かめたこと」グループまとめボード

板書例

トマト農家の様子とくふう②

② 聞いてたしかめたこと

☆ 畑（ビニールハウス）のくふう
- 雨が入らない
（水のりょうを決められる）
- 虫が入らない
- 風や寒さから守れる
- 光が入る
- ざっ草をふせぐ　など

⋮

☆ トマトの育て方のくふう
- なえのころ、じょうぶに育てる
（いいひりょう・土の多いポット）
- ささえをしっかり高くつくる

⋮

☆ おいしくするくふう
- 土をよくする
- 自然のひりょうを使う
- 土を消どくする

1 調べたことを話し合いまとめる　見学で，②聞いて確かめたことをグループで交流し，まとめよう。

今日は，みんなが見学で見てきたことに加え，②聞いてたしかめてきた農家の様子を，グループで話し合い，まとめて発表しましょう。
これとこれは少し違うよ。
これとこれは意味が一緒じゃない？

学習の目当てをたしかめさせ，前時に，個々の観察メモを貼り付けたグループのまとめを配布する。

「前の時間に，分けて貼ったボード（☆畑（ビニールハウス）のくふう，☆トマトの育て方のくふう，☆おいしくするくふう，☆はたらく人の数やトマトの出荷先など）を点検して，もう一度同じ意見が重なっていないかどうか確かめましょう。」

では，グループの意見として，全員で発表できるように準備してください。
ぼくは“美味しくなる工夫”について発表しよう。
トマトの出荷先は，道の駅もあったね。
トマトの出荷先について発表するわ。
ビニールハウスの工夫は理由があったね。

「それぞれのグループでまとめたことを，畑（ビニールハウス）の工夫から順に発表してもらいましょう。発表を聞いて，付け加えや疑問に思ったことは後で聞きましょう。」

グループ順に発表をさせる。
- ビニールハウスには秘密がありました。
- 雨や虫が入りません。

らかじめご教示いただくようにする。

☆ はたらく人の数

・農家の家ぞくの人数

☆ トマトの出荷先

・スーパーマーケット

・八百屋　・道の駅　・農協

まとめ

・一年中トマトがとれるひみつは ビニールハウス

・一年間いろいろなくふうをしている

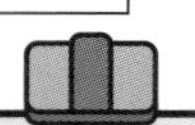

主体的・対話的で深い学び

トマト農家を見学して，見て確かめたことに，聞いて確かめたことを加えて，農家の工夫についてグループごとにボードに整理し，発表したあと，わかったことをまとめることができるように，丁寧に指導する。

3 発表する　グループでまとめたことを，クラス全体に発表しよう。

トマトの育て方にも工夫やひみつがありましたか。発表してください。
おいしいトマトを作るために土と肥料をよくしているそうです。
グループ発表

・苗のころに，丈夫に育てるそうです。
・一年中収穫できるように，ハウスによって，①ここは苗，②今定植中，③ここは花がさいているというように，育ち方を変えてあるそうです。
・おいしいトマトのために，土と肥料をよくしているそうです。

グループ発表の終わりごとに質問や意見を受け付けて話し合い，指導者は発表を板書していき，同じような内容を整理していく。

4 まとめる　わかったことや思ったことをまとめよう。

今までの発表から，農家の工夫についてわかったことや思ったことをまとめましょう。
おいしく育てるために“土”が重要なのね！
ビニールハウスで野菜がいつでもとれるようになったのね。
すごい手間をかけているんだ!!
大きいビニールハウスを作るのに，お金がかかるだろうな。
おいしいトマトを作るのに，土を消毒したり，自然の肥料を入れたり工夫している。

なおグループで発表用にまとめたボードは，後の学習でも使用できるように指導者が保管しておく。

第 9 時 取り入れたトマトはどこへ

教材研究のポイント　近年各地で広がっている直販市場等を，地域の現状を考慮しながら，

本時の学習のめあて

トマト農家の取り入れの様子を調べ，トマトの出荷の方法や出荷先など，ほかの地域との関わりを理解する。

準備物

・トマト選別画像

板書例

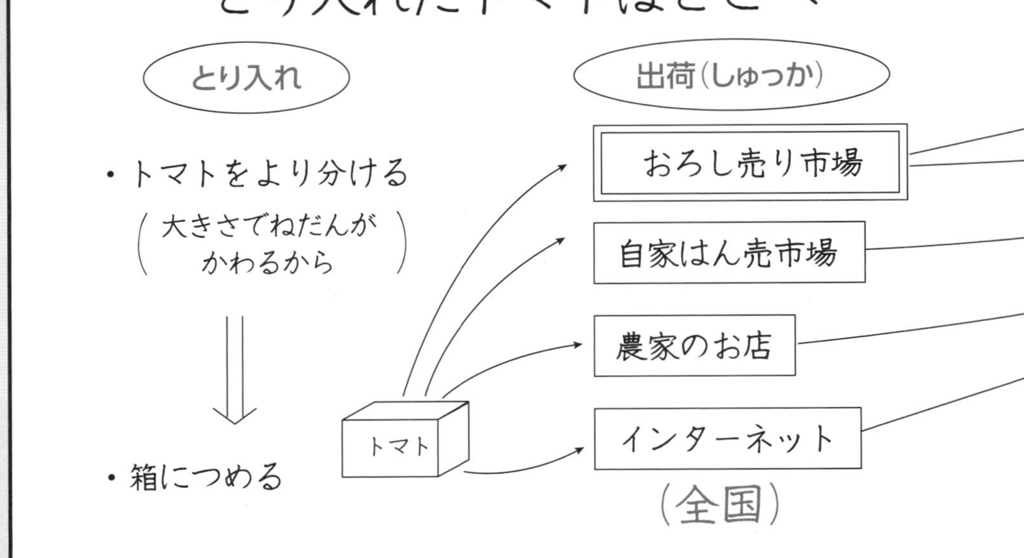

とり入れたトマトはどこへ
とり入れ
・トマトをより分ける
（大きさでねだんがかわるから）
・箱につめる
トマト
出荷（しゅっか）
おろし売り市場
自家はん売市場
農家のお店
インターネット
（全国）

1 確かめてつかむ　トマト農家の取り入れの様子を確かめよう。

今日は取り入れたトマトがどこに行くのか確かめます。まず，トマトの取り入れの様子から考えましょう。どのように取り入れていたか，働く人のようすで気づいたことはありませんでしたか。
見学時の写真（イラスト）を提示する。
大きさごとに分けて箱につめていた。
トマトを機械ではさんでえり分けていた。

「どうして大きさごとに分けたのですか。」

・箱に入れやすいからかな。
・味はそんなに変わらないはずだし…。
・ねだんが違うかも知れないよ。

同一種のトマトの場合，大きさで値段がかえられたりすることを知らせる。

2 確かめる　トマト農家の出荷方法を確かめよう。

箱に詰められたトマトはどこに出荷されるのでしょう。聞いてきたことのボードで確かめましょう。
中央市場って言っていたね。
どこに出荷されていたかな。
畑の前にある農家のお店で，売っていたよ。
インターネットで注文があるそうです。

「そうですね，直販売しているところを知りませんか。道の駅や農協の朝の市などのことです。」

地域によっていろいろな直販市場があるが，農協やスーパ ーなどを通して，生産者が直接持ち込み，値段を設定しているところが多い。

できるだけ取り上げていく。

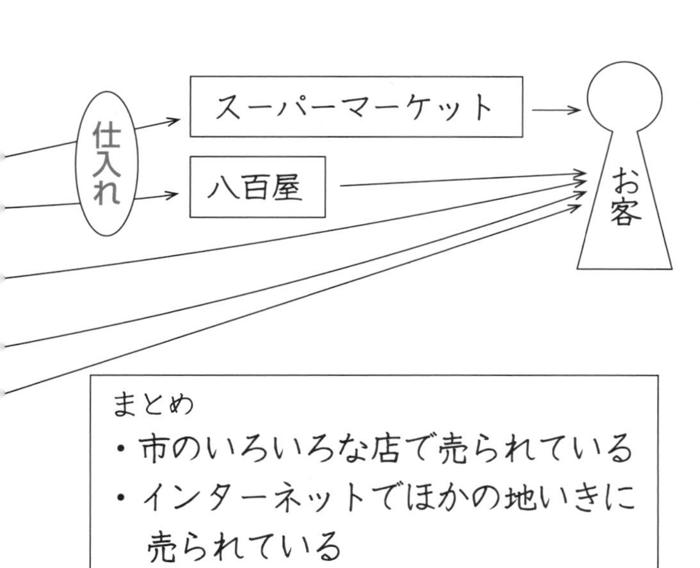

仕入れ
スーパーマーケット
八百屋
お客
まとめ
・市のいろいろな店で売られている
・インターネットでほかの地いきに売られている

主体的・対話的で深い学び

トマト農家の取り入れの様子を調べ，トマトの出荷の方法や出荷先の流通システムを図示化して確かめ，他の地域とのつながりを理解する。

Ⓓ

3 調べて確かめる 卸売市場のしくみを確かめよう。

農家から出荷先を通して私たちの所へどのように届くのか，まず地域の中央市場のかんたんな仕組みから調べてみましょう。
市場ってこういうしくみなんだね。
卸売り市場は，八百屋さんやスーパーが野菜を仕入れる所なのだね。
トマトの値段はだいたい卸売市場で決まるのね。

児童用説明資料として，地域卸売市場のサイトを視聴し活用するとよいだろう。適当なサイトがない場合は「東京都中央卸売市場－for kids －」が使える。

4 話し合ってまとめる 他地域とのつながりを話し合い，まとめよう。

直販売市場はどうなっているでしょうね。品物の写真を見てみましょう。
直販売市場の品物は，農家の名前が書いている。
スーパーの品物には，県の名前がある。
直接売っているからわかりやすいね。
インターネットで注文するとどうなるのだろう。

「インターネットで注文すると，宅配便で送られるそうです。それではトマトの行き先についてまとめてみましょう。」

- 市のいろいろなところで売られている。
- 卸売市場から，他市や他県などいろいろなところに送られる。
- 宅配などで直接ほかの地域に送られているんだね。

第 10 時 トマト農家の仕事をまとめよう

教材研究のポイント　栽培活動や見学時に撮影した画像をプリントして，まとめ学習で活用

本時の学習のめあて

トマト農家ではたらく人の仕事の様子や工夫を，一年間の生活と関連づけて考え，適切に表現する。

準備物

・DVD 所収資料（トマトづくりカレンダー，農家の仕事ポスター（絵カード）プリント，トマト農園画像，板書用イラスト）

板書例

トマト農家の仕事をまとめよう

絵カードにまとめよう

市のトマトづくりの仕事カレンダー

月	1月	2月	3月	4月	5月	6月	7月	8月	9月	10月	11月	12月
旬	上 中 下	上 中 下	上 中 下	上 中 下	上 中 下	上 中 下	上 中 下	上 中 下	上 中 下	上 中 下	上 中 下	上 中 下
トマト(夏)			たねまき	ポットにいしょく	なえを植える		しゅうかく		土のしょうどく・土作り			
トマト(冬)	る	しゅうかく					土のしょうどく・土作り			たねまき	ポットにいしょく	なえを植え

※(上は1日～10日、中は11日～20日、下は21日～31日です)

1 振り返ってつかむ　私たちにトマトが届くまでの道筋を振り返ろう。

今日は，農家ではたらく人の仕事と工夫をまとめます。まず，私たちにトマトが届くまでの道すじを振り返りましょう。

以前の学習時の市のトマト作りの仕事カレンダーや，トマトの実がなるまでの板書画像を提示し，グループで作成した発表ボードと合わせて見ながら確かめる。

トマトをより分けて箱につめていたね。
ビニールハウスで土づくりをしていたね。
ポットに移植するよ。
植えかえ(定植)て大きくする。

・ポットの種まき
・芽かき
・収穫（取り入れ）
・土の消毒

2 話し合って確かめる　絵カード作りの場面を話し合って確かめよう。

トマトづくりの道すじを参考に，グループで絵カードをかいて発表しましょう。どんな場面をかいたらいいか，大まかに分けてみましょう。

・種まきからポットの苗
・ビニールハウスのひみつ
・定植から支え
・花から実へ→収穫（取り入れ）
・選り分けから箱詰め
・土の消毒と土づくり

楽しみ!!
ビニールハウスでひとつかな。

意見が出にくいときには，指導者が板書したり，見学時に撮影した画像や DVD 内画像やイラストを提示しながら，まとめていくとよいだろう。

できるようにする。

見学時の写真などを掲示

主体的・対話的で深い学び

トマトの種まきから実がなり，私たちに届くまでの道筋を振り返るため，栽培や見学などで撮影した写真画像をプリントし，まとめ学習で，働く人の仕事や工夫を整理して，グループで分担して絵カードに表現できるようにしたい。

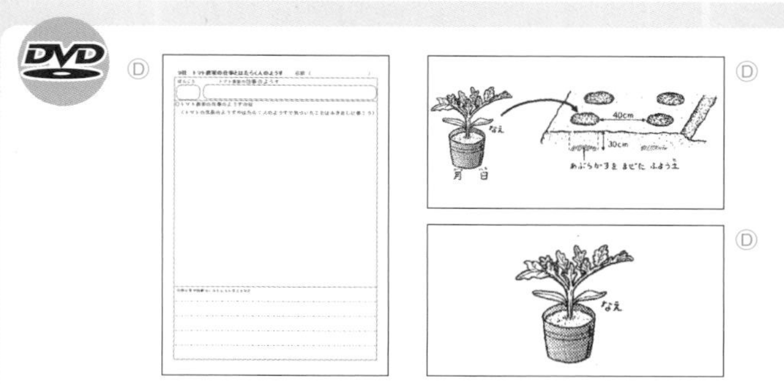

3 分担を決める　グループ内で絵カードづくりの分担を決めよう。

それでは，グループに分かれて場面ごとの担当を決めましょう。
私は“ビニールハウスのひみつ”を描くわ。
ぼくは“取り入れ”にしよう。
ぼくは“花から実への場面まで”にする。
“選り分けから箱詰め”をやろうかな。

グループですべての画面を描かなくてもよい。児童が描きたい場面をそれぞれ取り組むようにし，重なりや，ない場面があってもよい。時間があれば２枚目への挑戦もOKにするとよいだろう。

児童が分担を相談している間に，ポスター用の画用紙(B4～A4)を多めに配布する。場面分けができたグループから，作成にはいるように指示する。話し合いが滞り気味のグループは，個別に対応する。

4 発表しよう　できた絵カードをつなぎ合わせて発表しよう。

絵の中には，できるだけ働く人のようすを入れ，ポスターの下に，働く人の仕事のようすや工夫の説明を加えてください。
トマトの生長に合わせてはたらく人のようすをイメージさせ，絵カードに反映させていくように助言する。
わかりやすいね。
みんなじょうずね。

グループで仕上がったポスターを，順にクリップでつないで掲示して発表する。総合学習の時間の余裕があれば，グループごとの発表を計画したい。

工場の仕事（選択学習）

全授業時間 11 時間（導入 1 時間＋授業 10 時間）

◉ 学習にあたって ◉

◇何を教えるのか　－この単元の特徴－

市の人々がいろいろな産業に携わり仕事をしている中には，農作物や工業製品を生産する仕事やその生産物の販売に携わる仕事があることを考え，この単元では，特に地域の工業生産に携わる工場の仕事の様子から，学習課題を設定しています。

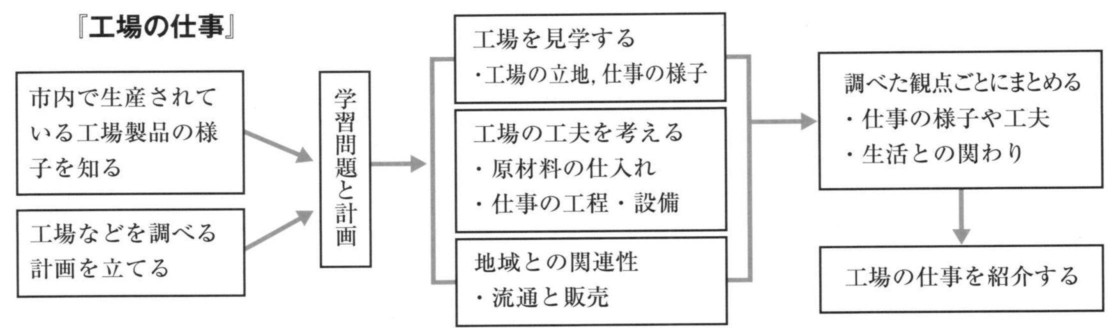
『工場の仕事』
市内で生産されている工場製品の様子を知る
工場などを調べる計画を立てる
学習問題と計画
工場を見学する
・工場の立地，仕事の様子
工場の工夫を考える
・原材料の仕入れ
・仕事の工程・設備
地域との関連性
・流通と販売
調べた観点ごとにまとめる
・仕事の様子や工夫
・生活との関わり
工場の仕事を紹介する

◇どのように教えるのか　－学習する手がかりとして－

今の社会で地域にある工場といえば，多種多様な種類が想定されますが，児童にとって身近で取りつきやすく，なおかつ製造の工程がわかりやすい食品生産の工場を取り上げます。学習の具体例としては，ここでは食品生産の中のパン工場を中心にパンづくりの様子を見学し，自分たちの発見や疑問をワークシートなどに記録しながら資料を活用したりして観察・調査し思考を深め，まとめていくようにします。

工場の仕事は，生産分野だけでも設備，材料，生産方法，安全性などの方法が多種多様であり，いろいろな問題点が存在しますが，まずパン工場の学習を通して工場の仕事の工夫＝生産の特色を発見し，自分たちの生活とのつながりがあることを理解させるようにしましょう。

◉ 評　価 ◉

知識および技能

- 地域の工場の仕事が私たちの生活を支えていることを知り，それらの仕事の内容や特色，課題，他地域とのつながりを理解している。
- 地域の工場の仕事について見学・調査したり，資料を活用して必要な情報を集め，読み取ったりまとめたりしている。

思考力，判断力，表現力等

- 地域の工場の様子について学習問題を考え学習計画を立てるとともに，それらの仕事に携わっている人々や工場の工夫と自分たちの生活とを関連づけてとらえ，言語などで適切に表現している。
- 地域の工場の仕事を見学し，自分たちの発見や疑問をワークシートなどに記録しながら学習問題に設定し，資料を活用しながら観察・調査し思考を深め，いろいろな方法を使ってまとめ，適切に表現する。

主体的に学習に取り組む態度

- 工場の仕事について必要な情報を集め，読み取ったことをもとに自分の意見や疑問をもち，進んで話し合いに参加しようとしている。

◉ 指導計画　（導入１時間 ＋ 授業１０時間）◉

※工場の仕事を選択する場合は，農家の仕事の導入として掲載したものをここで扱う。

時数	授業名	学習のめあて	学習活動
導入	町の人たちの仕事（農家の仕事と同じ）	・「学校のまわり」「市のようす」を調べるなかで見つけた，町で働く人のいろいろな仕事に関心を持つ。	・まちではたらく人の仕事を思い起こし，いろいろな仕事に関心を持ち，働いている場所と合わせて大きく分類する。
1	私たちの町の工場でつくられるもの	・私たちの市にある工場ではたらく人は，どんなものを製造しているのか調べて，関心を持つ。	・私たちの市にある工場でつくられている物を調べ，工場の分布やグラフから特徴を見つけて話し合い，その特徴を見つける。
2	パン屋さんとパン工場	・こどもたちに身近な給食パンを製造する工場や，パン屋さんのパン作りに関心を持つ。	・家や給食で食べるパンの製造について関心を持ち，ゲストティチャーの栄養士さんにインタビューして，給食センターやパン工場で製造されていることに気づく。
3	パンができるまで①（パンの原料）	・パンは何から作られているのか興味や関心を持ち，原料について調べる。	・資料をもとにして，パンの原料について調べ，原料がどこから工場に来ているのか世界地図で確かめ，世界中から送られてくることを知る。
4	パンができるまで②（パンのつくりかた）	・パンはどのようにつくられているのか興味や関心を持ち，工場で原料が製品になっていく過程を調べる。	・資料を参考にパンのつくり方について調べ，手づくりではなく，機械化された工場で原料が製品になっていく過程を確かめる。
5	パン工場見学の計画を立てよう	・パン工場の見学で，機械の動きや働く人のようすを観察し，仕事の内容や工夫について調べる計画をたてる。	・パン工場を見学して，機械の動きや働く人の様子など見聞きする視点を明確にし，記録メモの書き方や聞くことなどの内容を確かめる。
6	見学してきたことをまとめよう	・パン工場を見学して，気づいたことや，疑問に思ったこと，働く人から聞いてわかったことを調べたポイントごとに整理して振り返る。	・パン工場を見学して，気づいたことや疑問に思ったこと，働く人から聞いてわかったことをまとめてメモに記録し，発表の準備をする。
7	パン工場ではたらく人のようすとくふう①	・パン工場を見学して，見てたしかめたことから，工場の様子やはたらく人たちが工夫していることを交流して，発表する。	・パン工場を見学して，見て確かめたことや気づいたこと，不思議に思ったことを，グループごとにボードにまとめ，みんなで発表できるようにする。
8	パン工場ではたらく人のようすとくふう②	・パン工場を見学して，聞いてたしかめたことから，工場の様子やはたらく人たちが工夫していることを交流して，発表する。	・パン工場を見学して，働く人から聞いてわかったことや気づいたこと，不思議に思ったことを，グループごとにボードにまとめ，みんなで発表できるようにする。
9	地域とのつながり	・パン工場の出荷先や，はたらく人の通勤の様子から，ほかの地域との関わりを理解する。	・製造されたパンの出荷先や，働く人の通勤の様子を地図やグラフで確かめ，ほかの地域とのつながりを理解する。
10	パン工場ではたらく人の仕事をまとめよう	・パン工場ではたらく人の仕事の様子や工夫を，自分たちの生活と関連づけて考え，適切に表現する。	・パン工場で，原料からパンができ私たちに届くまでの道筋を追いながら，働く人の仕事や工夫を整理して，グループで分担して絵カードに表現する。

第1時 私たちの町の工場でつくられるもの

教材研究のポイント 工場（製造業）の業種は，統計書などに細かく設定されているが，こ

本時の学習のめあて

私たちの市にある工場で働く人は，どんなものを製造しているのか調べて，関心を持つ。

準備物

- DVD 所収資料（市町村内の従業者 30 人以上の工場数グラフ）
- 工場が集まる地域の地図

板書例

わたしたちの工場でつくられるもの

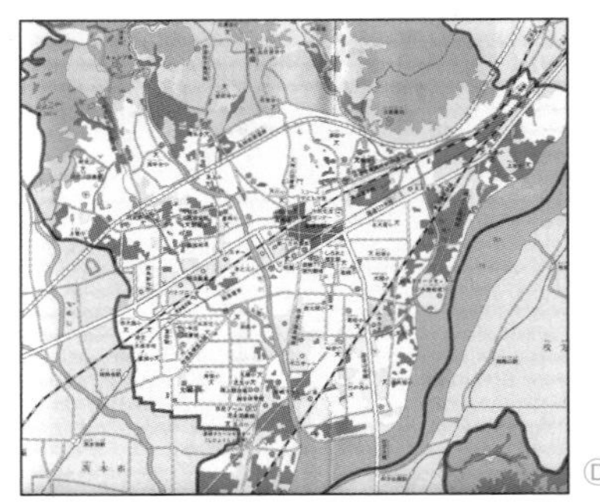

①きかい

②石油せい品や、薬品

③食べ物や飲み物

工場の多いところ

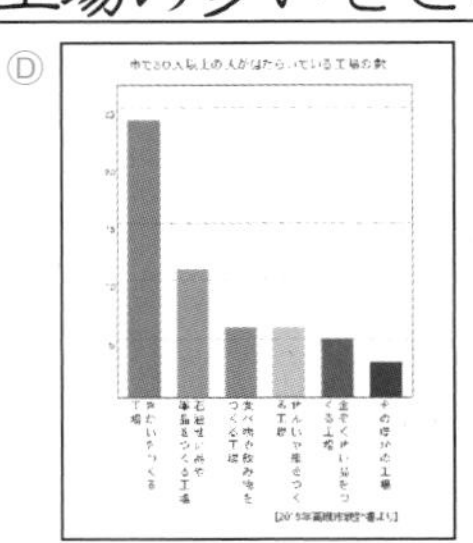

- きかいを使って つくったりかこうする
- 同じ物を一度に たくさんつくる

1 思い出して つかむ　工場はどんなところにあるのか，調べたことを思いだそう。

私たちの市のようすを調べたとき，工場がたくさんあったところを思い出しましょう。

市のようすを調べたときの地図を掲示し，学校の場所も指示してだいたいの方角も思い出させる。

大きな道路の近くにあったよ。
工場がかたまってあったわ。

「学校から見るとどちらの方角でしたか」

- 大きな道路の両側に工場のマークがあった。
- 鉄道の駅の近くにもあったね。
- まわりが田畑の所もあった。
- 小さな工場なら町の中にもあったよ。

2 話し合う　工場は何をしているところなのか考え，話し合おう。

工場ではたらく人はどんなことをしているのでし ょう。みなさんが工場について知っていることを発表してください。
あまり大きな音は聞こえなかったよ。
工場の近くを通ったら焼きたてのパンのにおいがしたよ。
機械を動かす音がしている。
工場から大きな車が物を運んでいる。
風の強い日にチョコのにおいがして来るからお菓子を作っていると思う。

工場は，

①機械を使ってものをつくったり加工したりする。

②同じ物をたくさんつくる（製品をつくる）ところ。

であることを確かめる。

こでは大まかな分類でグラフ化するとよいだろう。

・大きな道ぞい
・駅の近く
・まわりが田畑

⇓

交通がべんり・広い土地

まとめ
・わたしたちの市には、いろいろなものをつくっている工場がある

主体的・対話的で深い学び

私たちの市にある工場でつくられているものは，地域の副読本に掲載されていることが多いと考えられるが，まず工業製品名が難しいので，製品の中身を丁寧に説明してからその現状について調べ，工場の分布やグラフから特徴を見つけて話し合うようにしたい。

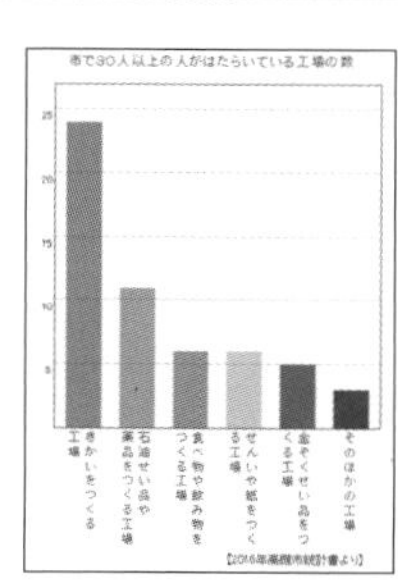

3 調べる どんなものを作っているのか調べよう。

副読本内の製造内容の説明と，棒グラフの見方を指導しながら，工場数を見つけていく。
①グラフの中のわからない言葉（例 繊維・薬品・石油製品・金属製品・機械など）の意味を知る。
②タイトルと項目から何の数を表しているのか読み取る。
③目盛りからおおよその数を読み取る。

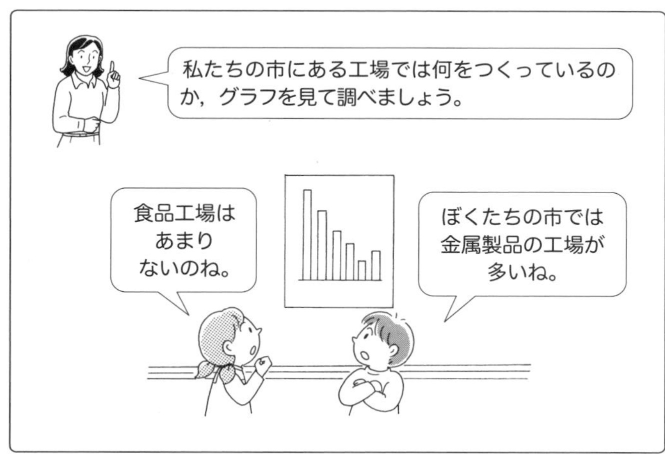
私たちの市にある工場では何をつくっているのか，グラフを見て調べましょう。
食品工場はあまりないのね。
ぼくたちの市では金属製品の工場が多いね。

工場数のグラフがない場合，市の統計書の“工業”内で資料を見つけ，作成することができます。

4 考える 工場がどんな場所に多くあるか，その理由を考えよう。

私たちの市の工場は，どうしてそのような場所に集まっているのでしょう。

工場が集まっているところについて考えさせる。

トラックで運ぶのに便利だからかな。

広い場所が必要だからかな？

・大きな道路沿いにある→交通の便がいい
・駅の近くにもある→荷物を運びやすい
・まわりが田畑→広い土地が必要
　機械の音が出てもいい所

第2時 パン屋さんとパン工場

本時の学習のめあて

こどもたちに身近な給食パンを製造する工場や，パン屋さんのパン作りに関心を持つ。

準備物

教材研究のポイント 栄養士さんの配置状況にもよるが，1～2校に1名配置されている

板書例

パン屋さんとパン工場

家のパン
- スーパーマーケット（ふくろ入りパン）
- パン屋さん（切っていないパン）
- たく配のパン

えいようしさん

きゅう食のパン

食パン2枚
- どこでつくっているのか → パン工場
- どれくらいつくるのか → 市内小学校生と数
- どのように運ぶのか → トラックで昼までに
- パンやと同じか → てんか物を入れない

1 つかむ 家で食べる食パンはどこで買っているのかな。

家で食べる食パンはどこで買ってきますか。
今までの学習から販売経路を考えさせる。
コンビニでお父さんが買っているよ。
スーパーで買っています。
パン屋さんで切ってない食パンを買っている。
私の家は宅配でパンが届きます。

「それでは，給食のパンはどこから来ると思いますか。」
- 給食配膳室にトラックがきているのを見たよ。
- いくつかのパン屋さんが運ぶんじゃないかな。
- でもそれならお店のパンがつくれないよ。
- 給食センターでつくっているんじゃないかな。

できるだけ実物を用意すると児童がイメージ化しやすいだろう。

2 話し合う 給食の食パンについて，栄養士さんにインタビューする内容を話し合おう。

今日は給食の栄養士さんに給食パンについてお話を聞きますから，栄養士さんに質問したいことをグループで話し合いましょう。
どれくらい作っているのか聞いてみたいわ。
給食のパンはどこで作られているのかな。
原材料は何だろう。
どうやって運ぶのだろう。

栄養士さんへ事前に依頼をする。時間の調整によっては特設時間を設けることもある。

栄養士の方への依頼が難しい場合は，「給食のパンについて調べて見たいことを話し合おう。」という形にして授業展開する。

場合は，ぜひゲストティーチャーとしてお話を聞きたい。

まとめ
パン工場には、つくるりょうで
大→小までいろいろな工場がある

学習問題
工場ではパンをおいしくつくるために
どのような仕事をしているのでしょうか

主体的・対話的で深い学び

家や給食で食べるパンの製造について関心を持ち，その違いを見つけるようにしたい。できれば，ゲストティチャーの栄養士さんにインタビューしたりして，給食センターやパン工場で製造されていることに気づかせたい。

DVD

3 見つけて話し合う 栄養士さんにインタビューしよう。

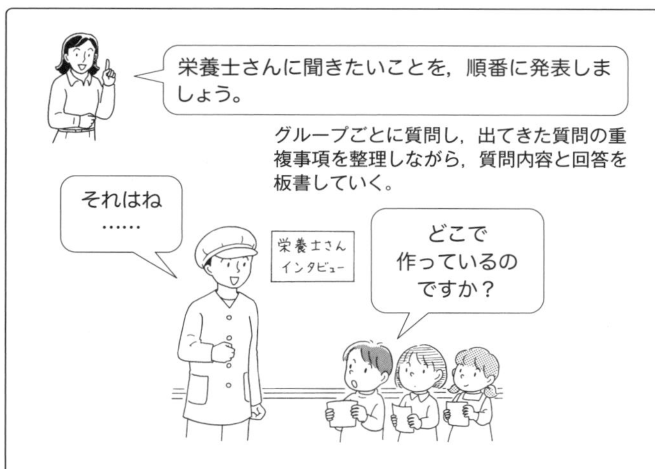

栄養士さんに聞きたいことを，順番に発表しましょう。
グループごとに質問し，出てきた質問の重複事項を整理しながら，質問内容と回答を板書していく。
それはね……
栄養士さん インタビュー
どこで作っているのですか？

パン製造の工程や時間，原料などはこれから学習していくことなので，質問事項から外して板書しておく。

①どこでつくっているのですか。
②どうやって運ぶのですか。
③どれくらいつくるのですか。
④給食パンは，パン屋さんのパンと同じですか。
⑤夕方になるとかたくなるのはどうしてですか。

4 考え学習問題を設定する パンをつくる工場の種類について考え，学習問題を設定しよう。

パン屋さんでつくる量と，スーパーで売られる袋入りのパンの工場でつくる量は違うでしょうか。
同じパン工場でもいろいろな大きさがあるのだね。
パンや
工場
パン屋さんは小さいから少しだね。
袋入りパンの会社は，全国で売るから，たくさんつくっていると思うよ。
つくる量で，大工場から小さな工場まであるのだね。

「パン工場では，おいしいパンをつくるために，どのようなしごとをしているのでしょうか。次の時間から調べていきましょう。」

第3時 パンができるまで①（パンの原料）

教材研究のポイント 世界地図は，国別地図を使い，グループで確認させながら丁寧に指導

本時の学習のめあて

パンは何から作られているのか興味・関心を持ち，原料について調べる。

準備物

- DVD 所収資料（小麦の産地と取れ高）（単位トラック万台）
- 地図帳
- 掲示用世界地図（or 書画カメラなどで地図帳を提示）
- インターネット資料

板書例

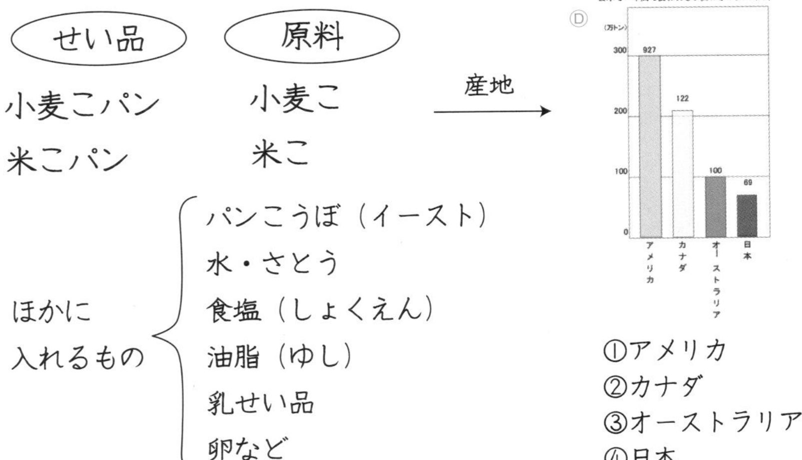

パンができるまで①（原料）
せい品
原料
小麦こパン
米こパン
小麦こ
米こ
産地
ほかに入れるもの
パンこうぼ（イースト）
水・さとう
食塩（しょくえん）
油脂（ゆし）
乳せい品
卵など
①アメリカ
②カナダ
③オーストラリア
④日本

1 つかむ パンの材料は何かな。

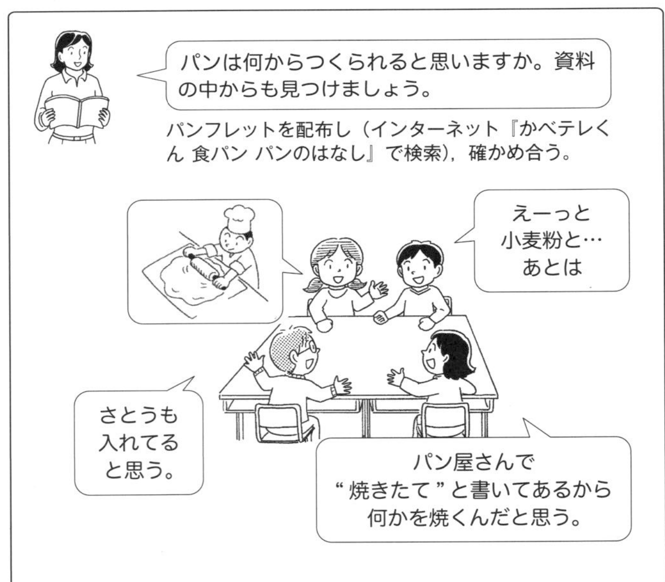

パンは何からつくられると思いますか。資料の中からも見つけましょう。
パンフレットを配布し（インターネット『かべテレくん 食パン パンのはなし』で検索），確かめ合う。
えーっと小麦粉と…あとは
さとうも入れてると思う。
パン屋さんで“焼きたて”と書いてあるから何かを焼くんだと思う。

- 原料は小麦粉で，小麦の種を粉にしたものだと書いてあるよ。
- 米粉パンっていうのも聞いたことがあるよ。

工場で製造するもののもとを原料といい，製造されたものを製品ということを知らせる。

2 調べる 原料の小麦はどこからくるのか調べよう。

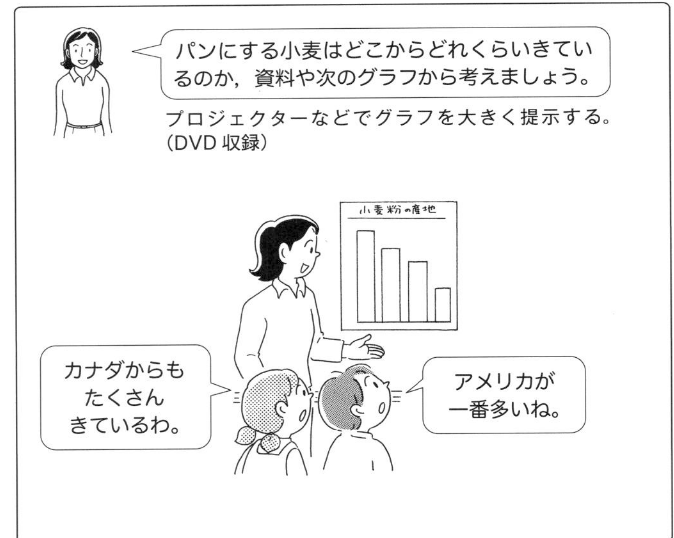

パンにする小麦はどこからどれくらいきているのか，資料や次のグラフから考えましょう。
プロジェクターなどでグラフを大きく提示する。（DVD 収録）
小麦粉の産地
カナダからもたくさんきているわ。
アメリカが一番多いね。

- 1番がアメリカ，2番目カナダです。
- 3番がオーストラリア，続いて日本。
- アメリカは日本の4倍ぐらいあるね。
- 日本の小麦も使われていてよかった。

資料やグラフからわかることを板書し，各国の所在地を確かめるため，地図帳を準備させる。

する。

原料の産地

まとめ
・パンは小麦こがおもな原料
・小麦こはいろんな国からきている

主体的・対話的で深い学び

資料やグラフなどを読み取ってパンの原料について調べ，原料は世界中から輸入され送られて来ることを知るとともに，地図帳で世界地図から産地がどこにあるのか見つけ出すという，新しい経験と発見をしながら，学習を深められるようにさせたい。

DVD

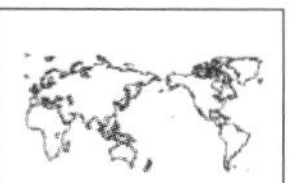

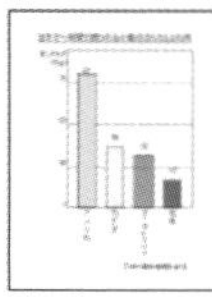

3 地図でみつける 日本に送られる原料の産地を地図で見つけて確かめよう。

この世界地図は，市や県の地図と同じように，上の方が北の方角を表し，下が南，右が東，左が西です。日本は，真ん中にある小さな島国です。日本に送られてくる小麦の産地の国々を，地図帳の世界地図で確かめましょう。

地図帳の世界地図を見ながら，その見方を説明し，原料の国々を探させ，グループで確かめ合い，地図上にマーク（マーカーまたは付箋など）をつけていく。

こんなに
遠くからたくさん
来ているのね。
海を渡って
日本まで
来ているね。

「海の向こうの遠い国から，小麦をどうやって運ぶのでしょう。」
・飛行機で運んでいるのかな？
・大きな船で運んでいるのじゃないかな。
・トラックじゃ運べないね。

4 調べてまとめる パンつくりに使われるほかの原料を調べよう。

小麦のほかに付け加える原料がないか，資料で調べてまとめましょう。
こねるのに水，食塩や砂糖がいるとあるよ。
イーストや油脂というのも入れているんだね。
こんなにいろいろなものからパンが作られているんだね。
乳製品・卵がいると書いてあるよ。
油脂って書いてあるけど，なんだろう？

※パン酵母＝ふっくらとふくらませ発酵させるもの（イーストなど）
油脂＝マーガリンなど，乳製品＝牛乳などパンに風味とこくをつける材料。

第4時 パンができるまで②（パンのつくりかた）

本時の学習のめあて

パンはどのようにつくられているのか興味や関心を持ち，工場で原料が製品になっていく過程を調べる。

準備物

・インターネット資料（前時のもの）

教材研究のポイント　この工程は食パンだが，工場によって若干の違いがあるので確認して

板書例

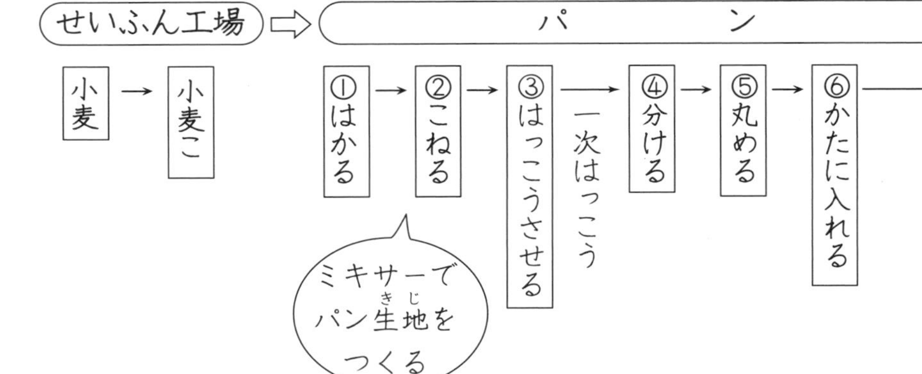
パンができるまで②(つくりかた)
せいふん工場
パン
小麦
小麦こ
①はかる
②こねる
③はっこうさせる
一次はっこう
④分ける
⑤丸める
⑥かたに入れる
ミキサーでパン生地（きじ）をつくる

1 振り返って確かめる　パンの原料を振り返って確かめよう。

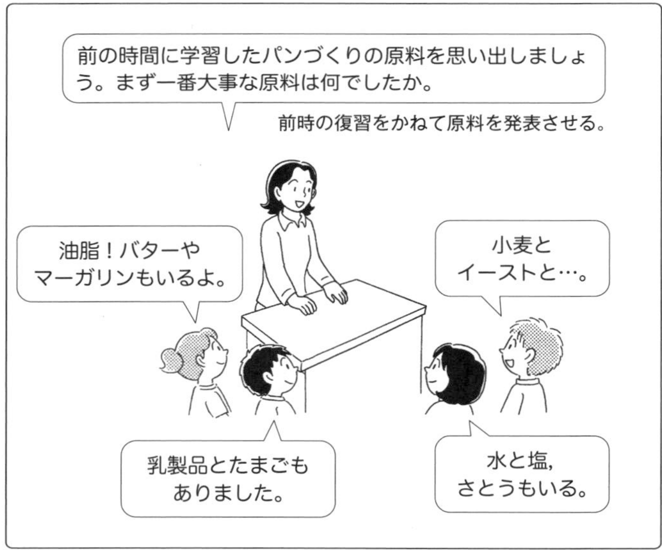
前の時間に学習したパンづくりの原料を思い出しましょう。まず一番大事な原料は何でしたか。
前時の復習をかねて原料を発表させる。
油脂！バターやマーガリンもいるよ。
小麦とイーストと…。
乳製品とたまごもありました。
水と塩，さとうもいる。

「前時の資料を出してください。まず小麦はどこで小麦粉になっていますか。」

・製粉工場って書いてあります。
・パン工場にくる前に，別の工場でつくられるんだね。

2 調べる　パン製造の工程を，順を追って調べよう。

パン工場にきた小麦粉は，あとどうなっていくのか，グループで相談しながら，つくられていく順番に番号をつけ，機械を使っていたら機械の名前も確かめましょう。
①は原料を“はかる”だよ。
②は“こねる”だわ。
ミキサーという機械を使うんだね。

途中の，①中種製法と②直種製法のところで質問が予想されるが，他の疑問と併せてあとで説明するようにする。

おくようにしたい。

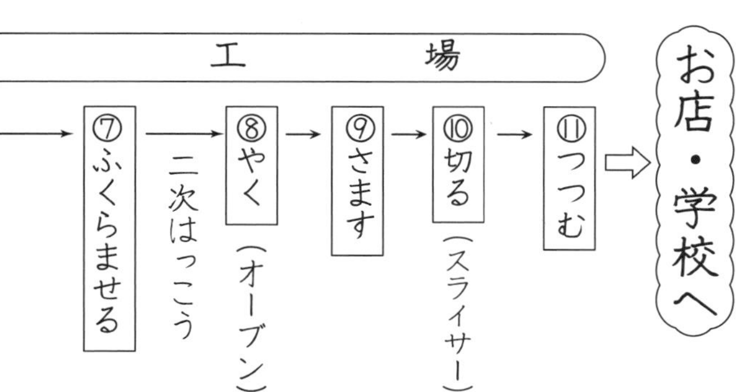

工場
⑦ふくらませる
二次はっこう
⑧やく
（オーブン）
⑨さます
⑩切る
（スライサー）
⑪つつむ
お店・学校へ
まとめ
・工場は、きかいを使って一度にたくさんのパンをつくっている

主体的・対話的で深い学び

資料を参考にパンのつくりかたについて調べ，手づくりではなく，機械化された工場で原料が製品になっていく過程を確かめる。難しい言葉なども想定されるが，指導者の解説やグループで相談して共通理解を図り発表していく学習形態を育てるようにする。

3 発表して確かめる パン製造の工程を発表しあい，みんなで確かめよう。

それでは，パンがつくられる流れを確かめましょう。グループ順に一つずつ発表してください。
②こねる
②は“こねる”です。

- まず製粉工場から小麦粉がパン工場に着きます。
- ①まず，原料を正確に“量り”ます。
- ②ミキサーという機械で，原料を練りまぜて“こね”，パン生地をつくります。
- ③生地を箱に入れて，“発酵”させます。

順番に⑪“包む”まで，発表を板書していき，工程の内容や機械名も書き込む。

※生地（きじ）＝原料がこねられたパン種をこう呼ぶ。
　発酵（はっこう）＝パン酵母が生地をふくらませること。

4 まとめる パンの製造工程をまとめよう。

板書の製造工程をクラス全体で確認をとっていく。この際，再度用語についても補説する。

各パンメーカーのホームページには，よくできた製造工程の動画があるので，このまとめの時間で視聴するとより効果的なので，ぜひ活用したい。

では，みんなで改めて確かめましょう。
パン工場を見てみたいな。
動画だとよくわかるね。

①中種製法＝原料を二段階に分けて練り混ぜ，時間をかけて発酵させる製造法。機械製パンに適している。

②直種製法＝原料全部を一度にこね合わせてから発酵させる方法。調整が難しく機械製造にむかないが，高級パンなどによく使われる。

第5時 パン工場見学の計画を立てよう

本時の学習のめあて

パン工場の見学で，機械の動きやはたらく人のようすを観察し，仕事の内容や工夫について調べる計画をたてる。

準備物

・DVD 所収資料（工場見学カード2枚ほど，工場見学インタビューカード）

教材研究のポイント パンの販売先や働く人の通勤方法などの事項は，下見の時にインタ

板書例

工場見学の計画を立てよう

学習問題　工場ではパンをおいしくつくるためにどのような仕事をしているでしょうか

① 見てたしかめること

・工場の広さ　・はたらいている人のふくそう

・パンができるじゅんじょ　・使っているきかい

・はたらいている人の仕事の様子

・そのほか

1 調べたいことを考える　工場見学で確かめたいことをメモに書こう。

私たちの市にあるパン工場に見学にいきます。今から見学の準備をします。調べたいことを整理して，何を調べたいか考えましょう。
学習問題を板書する
どれくらいの量をつくっているのかな。
ぼくは機械について調べたいな。
私は働いている人について調べてみたいわ。

まず一人ひとりの興味や関心から調べたいことを考えさせる。

2 話し合って整理する　確かめたいことをグループで整理しよう。

工場見学で確かめたいことをグループで話し合い，①見て確かめること，②聞いて確かめることに分けて整理しましょう。
私は働いている人がどこから来ているか調べたい!!
それは②聞いて確かめることだね。
どんな機械があるか見てみたい。
工場の大きさについて調べて見たい。

グループのボードにまとめさせる

①・工場の規模，パンの製造工程，機械の種類
　・働く人の仕事内容，服装など

②・パンの原料，働く人の人数と地域（通勤方法も）
　・おいしさの工夫，給食パンで気をつけること

ビュー可能か確かめておくようにする。

② 見てたしかめること

・パンは何からつくるのか
・はたらいている人の数
・おいしくするくふう
・ほかに気をつけていること

〔見学の注意〕

•目・耳・鼻を使おう（色や音・においなど）
•話をきく　　•メモをとる
•大声を出さない、めいわくをかけない

主体的・対話的で深い学び

この時間は工場見学の計画を立てる学習なので，パン工場を見学して機械の動きやはたらく人のようすなど見聞きする視点を明確にし，記録メモの書き方や聞くことなどの内容を確かめる。

DVD Ⓓ

3 発表する　確かめたいことをグループごとに発表しよう。

では確かめたいことをグループごとに発表しましょう。

グループの発表を板書し，類似の内容はまとめていくようにする。

私たちの①見てたしかめることは
○○○と ××× と…

①見てたしかめること	②聞いてたしかめること
☆工場の広さ	☆パンは何からつくるのか
☆パンができる順序	☆働いている人数と地域
☆使っている機械	☆おいしくする工夫
☆はたらく人の仕事の様子	☆給食パンの違うところ
☆はたらいている人の服装	☆パンの出荷先

売り先に届けることを“出荷（しゅっか）”といい，届け先を“出荷先”ということを説明して使う。

「はたらいている人の地域（通勤方法）」と「パンの売り先」は，指導者が事前に工場から聞いておくと，「⑨他地域とのつながり」の教材研究ができる。

4 準備する　見学準備を整えよう。

いろいろたしかめたいことが整理できましたね。『見学カード』と『インタビューカード』の２枚を確認し，準備をしましょう。
見学カードを完成させよう。
これがインタビューカードだね。

見学カードとインタビューカードを配布する。

「ワークシートに，黒板の“①見て確かめること，②聞いて確かめること”の内容を書いて，見学の時に確かめましょう。」

見学カードとインタビューカードは２枚配布し，現地で補足できるように指導者が持って行く。

第6時 見学してきたことをまとめよう

教材研究のポイント 見学・調査してきたことをまとめる方法は色々あるが，グループでま

本時の学習のめあて

パン工場を見学して，気づいたことや，疑問に思ったこと，働く人から聞いてわかったことを調べたポイントごとに整理して振り返る。

準備物

- 見学で記録したカード（工場見学カード2枚ほど，工場見学インタビューカード），
- 黒と赤鉛筆
- 付箋メモ用紙（色違いで6種類ほど）
- 四つ切り画用紙（グループまとめ用2枚）

板書例

見学してきたことをまとめよう

〈まとめかた：内容ごとに色をわけて、ふせんにまとめる〉

① 見てたしかめること

黄	工場の広さ
ピンク	パンができるじゅんじょ
緑	使っているきかい
水　色	はたらく人の様子
青	はたらいている人のふくそう
おうど	そのほか

発見した事は赤色でふせんにかきましょう

1 調べたことを思い起こす　見学した工場で調べたことを思い起こし，整理しよう。

工場見学で記録した見学カードを出して，調べたことを整理していきましょう。

※グループの集約まで展開するので，個人整理用の付箋だけでなく，まとめ用の色画用紙かボードを準備しておく。

インタビューカードと見学カードだね。

〈項目〉

①見てたしかめること	②聞いてたしかめること
☆工場の広さ	☆パンは何からつくるのか
☆パンができる順序	☆働いている人数と地域
☆使っている機械	☆パンの出荷先
☆働く人の仕事の様子	☆おいしくする工夫
☆働いている人の服装	☆給食パンの違うところ
☆そのほか	☆そのほか

2 見たことを整理する　工場で見てたしかめたこと整理しよう。

まず“①工場で見て確かめる”を整理します。見てたしかめたことは黒鉛筆で，発見したこと（気づいたこと）は赤色で書きましょう。

違いを意識しながら書き込むことを指示する。

工場は本当に広かったよ。
“発見したこと”は赤色で書くんだね。
“工場の広さについて”は黄色のふせんね。
トラックがたくさん止まっていました。
大きな生地がどんどん小さく分けられていたね。

※この時に使用する付箋は，☆のテーマごとに色違いにしておくと，グループで整理するときに分けやすくなる。
記録した付箋は，テーマ別に整理して散らばらないようにノートに貼り付けていき，まとめておくように指示する。

とめる方法も身につけさせたい。

② 聞いてたしかめること

黄	パンは何からつくるのか
ピンク	はたらいている人の数と地いき
緑	おいしくするくふう
水　色	きゅう食パンのちがうところ
青	パンの出荷先
おうど	そのほか

不思議に思ったことは赤色でふせんにかきましょう

主体的・対話的で深い学び

パン工場を見学して，気づいたことや疑問に思ったこと，はたらく人から聞いてわかったことをまとめてメモに記録し，発表の準備をするように指示していく。

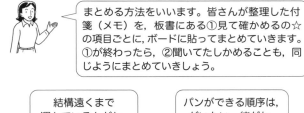

3 聞いたことを整理する　聞いてたしかめたこと整理しよう。

次に，“②聞いてたしかめる”を整理します。聞いてたしかめたことは黒鉛筆で，不思議に思ったことなどは赤色で書きましょう。
働いている人は全部で○○人だったよ。
“不思議に思ったこと”は赤色で書くんだね。
原料は調べたものと一緒だったね。
“おいしくする工夫”は緑色のふせんね。

だいたい書き上がった頃合いを見て

「みなさんが調べた工場のようすや工夫を，グループでまとめましょう。」

グループでのまとめ学習を指示し，付箋（メモ用紙）をまとめるためのボードを配布する。

4 まとめる　グループでまとめよう。

まとめる方法をいいます。皆さんが整理した付箋（メモ）を，板書にある①見て確かめるの☆の項目ごとに，ボードに貼ってまとめていきます。①が終わったら，②聞いてたしかめることも，同じようにまとめていきしょう。

結構遠くまで運んでいるんだね。
パンができる順序は，だいたい一緒だね。
○○市にも出荷しているといっていたよ。
機械の名前は，プリントとは違っていたなぁ。

できあがったグループから集め，次時の学習まで保管する。指導者はどんなまとめになっているか確認しておく。

第 7 時 パン工場ではたらく人のようすとくふう①

本時の学習のめあて

パン工場を見学して，見てたしかめたことから，工場の様子やはたらく人たちが工夫していることを交流して，発表する。

準備物

・前時の「見て確かめたこと」グループまとめボード

教材研究のポイント 近年工場内の写真撮影が不可の場合が多いので，ホームページ画像を

板書例

パン工場ではたらく人の様子とくふう①

① 見てたしかめること

◎パンができるじゅんじょ
① はかる
② こねる　☆ミキサー
③ はっこう
⋮
⑩ 切る　☆スライサー
⑪ つつむ

☆使っているきかい

◎ 工場の広さ
・トラックがたくさん
・学校より広い
⋮

◎ はたらく人の仕事の様子
・つつむところは人が多い
・ミキサーから生地（きじ）を出す人はすばやくやっている
⋮

1 話し合い確かめ 発表の準備をする　①見て確かめたことについて，グループで交流し，まとめよう。

まず，前の時間にまとめたものをグループでもう一度確認しましょう。前時にグループでまとめた①見て確かめたことについて発表しましょう。

学習の目当てをたしかめさせ，前時に，個々の観察メモを貼り付けたグループのまとめを配布する。

これとこれは
一緒かな。
これとこれは
よく似ているけど
ちがうよ。

では，グループの意見として，全員で発表できるように準備してください。

見学した工場の様子などの画像があれば，掲示しておく。ないときには，資料パンフレットや工場 HP 内画像などを利用して，同様の画面を表示する方法もある。

私は
“工場の広さ”に
ついてね。
ぼくは“パンの
できる順序”を
発表しよう。
ぼくは働く人の
仕事の様子を
いうね。
私は働いている
人の服装について
発表します。

会社や工場の HP の内容や画像をプリントする時には，申し込み時や下見の時に，事前に利用する旨の承諾を得ておくようにしたい。

活用して提示できるようにしたい。

◎ はたらく人の服そう

・クリーニングしたせい服

・マスク　・手ぶくろ　・エアシャワー

⋮

◎ そのほか

・ほかのしゅるいのパンもつくっていた

まとめ

・きかいがパンづくりの作業をしている

・はたらく人は、ゴミを入れないようにせいけつにしている

主体的・対話的で深い学び

パン工場を見学して，見てたしかめたことや気づいたことや疑問に思ったこと，働く人から聞いてわかったことをまとめたメモをグループで整理し，発表したあとにわかったことをまとめることができるように丁寧に指導したい。

DVD

2 発表して交流する　グループでまとめたことを，クラス全体で交流しよう。

それぞれのグループでまとめたことを，順に発表してもらいましょう。発表を聞きながら，思ったことや疑問に思ったことは後で質問します。
グループ順に発表をさせる。
工場の前に，たくさんのトラックがとまっていました。……
ドキドキ
もうすぐだな

・ミキサーのあと，取り出すのは熟練工さんです。

・工場では，発酵の前後，中種製法で原料を入れるそうです。

・機械の動きを点検している人がいました。

グループ発表の終わりごとに質問や意見を受け付けて話し合い，指導者は発表を板書していく。

3 まとめる　わかったことや思ったことをまとめよう。

すべてのグループの発表を見て，同じような内容を整理していきましょう。
〈工場の広さ〉から順に点検していく。
働く人は清潔にしていたね。
機械がパンづくりの仕事をしていたね。

「今までの発表から，工場の工夫についてわかったことや思ったことをまとめましょう。」

・パンができる順序に合わせて機械が置かれている。

・いつも見回って点検作業をしている。

・服装をとても清潔にしている。

※なおグループで発表用にまとめたボードは，後の学習でも使用できるように指導者が保管しておく。

第8時 パン工場ではたらく人のようすとくふう②

教材研究のポイント　会社により，働いている人数など非公開の場合もあるので，下見時に

本時の学習のめあて

パン工場を見学して，聞いてたしかめたことから，工場の様子やはたらく人たちが工夫していることを交流して，発表する。

準備物

・前時の「聞いて確かめたこと」グループまとめボード

板書例

パン工場ではたらく人の様子とくふう②

② 聞いてたしかめること

◎ パンは何からつくるのか
・小麦こ　・水
・パンこうぼ（イースト）
・油脂（バターやマーガリン）
⋮

◎ おいしくするくふう
・ゴミやホコリを入れない
・いろいろなパンの開発
⋮

◎ はたらいている人の数と地いき
・工場内の人数（　　人）
・事む所（　　人）
・車の運転手（　　人）
・市内（　人）　○○市（　人）

◎ きゅう食パンのちがうところ
・アレルギーのでないパン
・てんかぶつを入れない
⋮

1 確かめて まとめる　②聞いてたしかめたことについて，グループで交流し，まとめよう。

今日は，前にグループでまとめた②聞いてたしかめたことについて，発表します。前の時間にまとめたものをグループでもう一度確認しましょう。

学習の目当てをたしかめさせ，前時に，個々の観察メモを貼り付けたグループのまとめを配布する。

これとこれは少しちがうわ。

これとこれはよく似ているね。

2 見つけて 話し合う　ループの意見として，全員で発表できるように準備しよう。

では，グループの意見として，全員で発表できるように準備しましょう。

前と同様に，見学した工場の様子などの画像があれば，掲示しておく。ないときには資料パンフレットや工場 HP 内画像などを利用して同様の画面を表示する方法もある。

私は“おいしくする工夫”について発表するわ。
パンの出荷先について発表しよう。
ぼくは，パンは何からつくるのかを発表するね。
私ははたらいている人の数について発表します。

確かめておくようにしたい。

◎パンの出か先

・市内と○○市のパン屋さん

・スーパーマーケット

・コンビニエンスストア

……

まとめ

・ゴミやホコリが入らないように いろいろくふうをしている

・いろいろなパンを開発 している

主体的・対話的で深い学び

パン工場を見学して，見て確かめたことに，聞いてたしかめたことを加えて，工場の工夫についてグループごとにボードにまとめ，みんなで発表できるような学習を付け加えたい。

DVD

3 発表する グループでまとめたことを，クラス全体で交流しよう。

それぞれのグループでまとめたことを，順に発表してもらいます。発表を聞きながら，思ったことや疑問に思ったことは後で質問しましょう。
グループ順に発表をさせる
おいしくする工夫として
ゴミやホコリが入らないように…

・原料は小麦粉がほとんどで，あと米粉もあります。
・ライ麦もパンにすることがあるそうです。
・パン酵母（イースト）がとても大切だそうです。
・小麦粉とパン酵母，塩と水の四つがあれば，パンはできるそうです。

グループ発表の終わりごとに質問や意見を受け付けて話し合い，指導者は発表を板書していく。

4 まとめる わかったことや思ったことをまとめよう。

すべてのグループの発表を見て，同じような内容を整理していきましょう。
〈パンの原料〉から順に点検していく
他にもいろいろな
パンを開発しているね。
ゴミやホコリが
入らない工夫を
たくさんしていたね。

「今までの発表から，工場の工夫についてわかったことや思ったことをまとめましょう。」
・袋詰めがきれいにできるよう機械が動いている。
・いろいろなパンを開発している。

※なおグループで発表用にまとめたボードは，後の学習でも使用できるように指導者が保管しておく。

第 9 時 地域とのつながり

本時の学習のめあて

パン工場の出荷先や，働く人の通勤の様子から，ほかの地域との関わりを理解する。

準備物

- DVD 所収資料（「働く人の住んでいるところ」，「通勤の方法」）グラフ（Excel ファイル））
- 市町村白地図（掲示用）

教材研究のポイント

板書例

地いきとのつながり

つくられたパンはどこへ

工場

- 市内のパンやさん
- 〇〇市のパンやさん
- スーパーマーケット
- 〇〇市のきゅう食

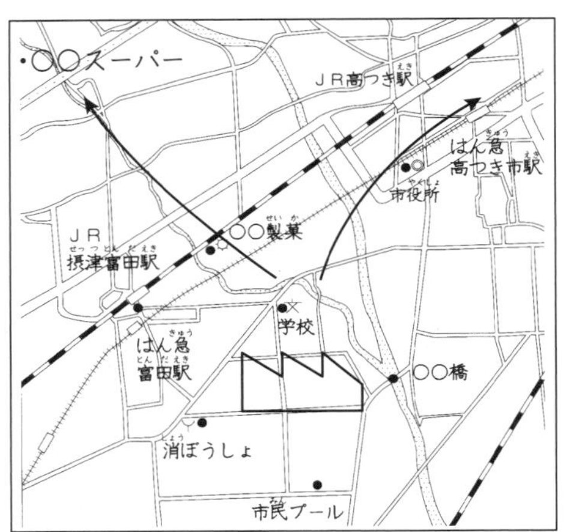

・〇〇スーパー
JR高つき駅
はん急高つき市駅
市役所
〇〇製菓
JR摂津富田駅
学校
はん急富田駅
〇〇橋
消ぼうしょ
市民プール

1 つかむ 見学で聞いたパンの売り先について確かめよう。

今日は，工場で製造されたパンが私たちに届くまでの道筋を考えます。パンの出荷先はどこでしたか。

見学のまとめで使ったグループのボードで“パンの売り先”を配布する。

コンビニエンスストアーもあります。

スーパーマーケットです。

市内と〇〇市の学校給食。

市内と〇〇市のパン屋さんです。

※キーワード「工場で製品をつくることを“製造”，売り先に届けることを“出荷（しゅっか）”といい，届け先を“出荷先”ということを再度説明して使う。

2 調べる 工場の出荷先や輸送の方法を調べてまとめよう。

製造されたパンは，工場から出荷先へどのように運ばれているかな。

地域の白地図に，矢印でおおまかなトラックの輸送先を書き込んでいく。

〇〇スーパーにトラックで運ばれていました。

給食のパンはトラックで来るよ。

- 給食のパンはトラックで来ます。
- 全部の学校の給食の時間に一度に運ぶのだね。
- トラックがたくさん必要だ。
- 工場の前にトラックがたくさん止まっていた。
- トラックが順番に出荷先に運んでいると思う。
- 工場で製造された時間に合わせて何回も運ぶと思う。

はたらく人はどこから

住んでいる地いき

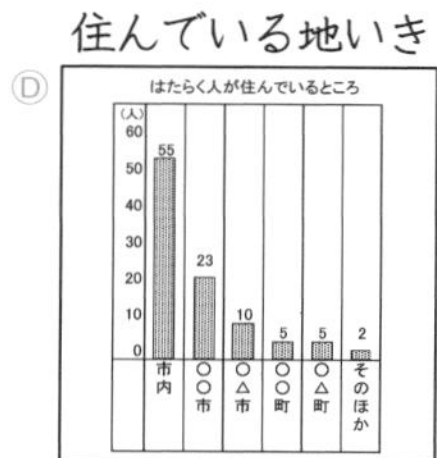

はたらく人が住んでいるところ
(人)
55
23
10
5
5
2
市内
○○市
○△市
○○町
○△町
そのほか

通きん方法

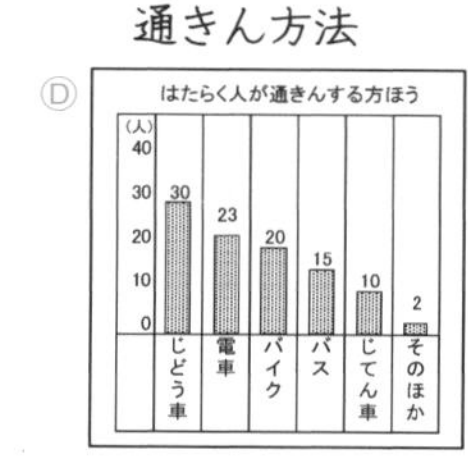

はたらく人が通きんする方ほう
(人)
30
23
20
15
10
2
じどう車
電車
バイク
バス
じてん車
そのほか

・はたらく人は市内の人が多い
・ほかの市町村や県外からも来ている
・いろいろな通きん方法で来ている

まとめ
・せい品はいろいろな地いきに出荷される
・はたらく人は市内だけでなく
いろいろな地いきから通きんしている

主体的・対話的で深い学び

製造されたパンの出荷先や，働く人の通勤の様子を確かめ，地図やグラフで他の地域とのつながりを理解する。また見学した工場の出荷先によっては，近隣他地域への広まりを考慮し，簡単な白地図などに表現していく学習にもチャレンジさせたい。

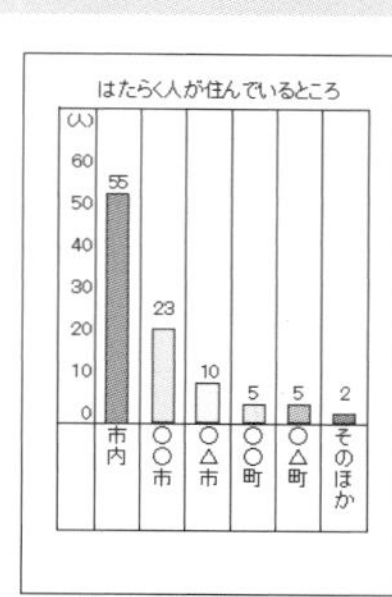

はたらく人が住んでいるところ
(人)
55
23
10
5
5
2
市内
○○市
○△市
○○町
○△町
そのほか

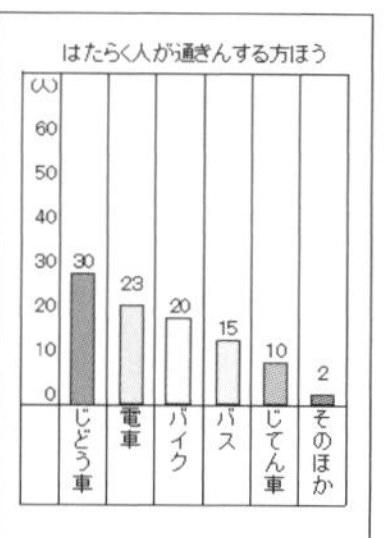

はたらく人が通きんする方ほう
(人)
30
23
20
15
10
2
じどう車
電車
バイク
バス
じてん車
そのほか

3 確かめる 働く人が住んでいる地域について確かめよう。

続いて，働く人はどこからきていたでしょう。調べてきたことからみつけて，多い人数から発表してください。
市内が 55 人で ○○市が 23 人です。
○△市は 10 人です。
工場の人数は およそ 100 人です。

児童から聞き取りながら，グラフ化して板書していくと視覚的にわかりやすい。

「どのようにして通勤していたかな。同じように多い人数から発表しましょう。」

同じようにグラフ化して板書していく。

4 まとめる ほかの地いきとのつながりを話し合い，まとめよう。

働く人が住んでいる所のグラフや通勤方法から，どんなことがわかるでしょうか。
出荷先
はたらく人が 住んでいる地いき
パンは いろいろな地域に 出荷されているね。
工場には いろいろな地域から 働きに来ているね。

・働く人は市内の人が多い。
・でもほかの市町村からもたくさんきている。
・県外の人もいる。
・いろいろな通勤方法できている。

「今日の学習からわかることをまとめましょう。」
・工場でつくられたパンは，トラックなどで市内だけでなく，ほかの市や県にも送られている。
・工場で働く人は，市内の市や町からも来ている。

第10時 パン工場ではたらく人の仕事をまとめよう

本時の学習のめあて

パン工場ではたらく人の仕事の様子や工夫を，自分たちの生活と関連づけて考え，適切に表現する。

準備物

・DVD 所収資料（工場の仕事ポスタープリント例，工場の仕事絵カ ードプリント例，どちらかを選択してください）

教材研究のポイント　グループ学習の進捗状況は，こまめに机間巡視しながら把握し，個別

板書例

工場の仕事をまとめよう

☆絵カードにまとめよう

原料	はたらく人のじゅんび	工場の流れ①（⑦二次はっこうまで）
絵カード	絵カード	絵カード

1 復習してつかむ　私たちにパンが届くまでの道筋を復習しよう。

今日は，工場で働く人の仕事と工夫を絵カードにまとめます。まず，私たちにパンが届くまでの道すじを振り返りましょう。

以前の学習時のパンができるまでの板書画像を提示し，グループで作成した発表ボードと合わせて見ながら確かめる。

ラッピングして
トラックで
運んでいたよ。
製粉工場で
小麦粉にして
パン工場でつくって…。
まず原料の
小麦を小麦粉に
する。
働く人たちが
仕事の
準備をする。

・まず原料の小麦を小麦粉にする。
・はたらく人たちが仕事の準備をするようす。
・パン工場では，まず①原料をはかる。
・②こねる→③一次はっこうでふくらませる。
・④生地を分ける→⑤丸める→⑥型に入れる。
・⑦二次発酵でふくらませる→⑧焼く。
・⑨冷ます→⑩切る→⑪包む→⑫出荷→輸送→学校。

2 場面分けを考える　絵カードづくりの場面分けを考えよう。

振り返ったパンづくりの道すじを参考に，グループで絵カードをかいて発表しましょう。どんな場面をかいたらいいか，大まかに分けてみましょう。

意見が出にくいときには，指導者が板書しながらまとめていってもよいだろう。

はたらく人の
服そうなどの
「じゅんび」と…
原料についても
いるね。
工場の生地からパン
までの流れも書こう。
パンの輸送も
大事だよ。

「工場の中の流れはたくさんあるので二つに分けましょう。」
・「⑦膨らませる（二次発酵）」までで分けよう。
・「⑧焼く」からが後半だね。

に指導できるようにする。

工場の流れ②

（⑧やくから）

運ぶ

絵カード

絵カード

主体的・対話的で深い学び

パン工場で原料からパンができ私たちに届くまでの道筋を振り返るため，調査した資料の画像や，見学などで撮影した写真画像をたくさんプリントコピーしておく。まとめの表現活動の時に，働く人の仕事や工夫を整理して，絵カードに活用できるようにしたい。

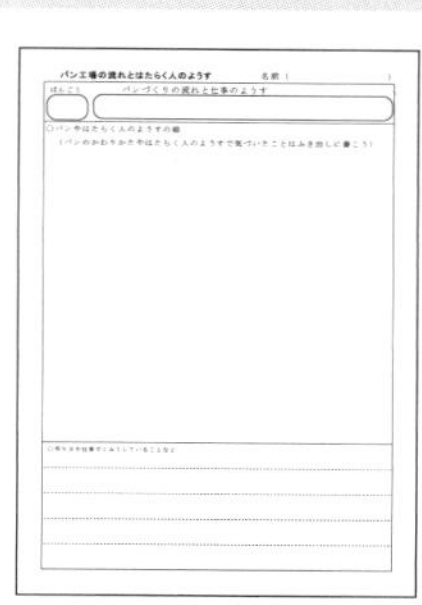

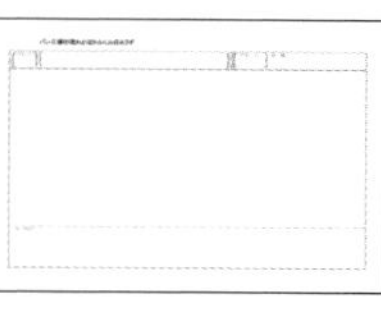

3 分担を決める　グループ内で絵カードづくりの分担を決めよう。

それでは，グループに分かれて場面ごとの担当を決めましょう。
枚数や内容などで枚数の加減がある時は，オリジナルとしてできるだけグループで決めさせる。
私は働く人の「じゅんび」を描くわ。
ぼくは，原料をはかるから焼く場面までにする。
ぼくは「運ぶ」ところを描こう。
原料の小麦ができるところからかこうかな？

児童が分担を相談している間に，ポスター用の画用紙（B4 ～ A4）を多めに配布する。場面分けができたグループから，作成にはいるように指示する。話し合いが滞り気味のグループは，個別に対応する。

4 発表する　完成したグループの絵カードを発表しよう。

絵の中に，できるだけ働く人のようすを入れ，絵カードの下には，働く人の仕事の様子や工夫の説明を入れましょう。
工程の中で働く人のようすを思い起こさせ，絵カードに反映させていくように助言する。
わかりやすいね。
みんなじょうずね。

・ミキサーから出すのに素早く作業していたね。
・お互いに丁寧にローラーでゴミをとっていたことを描こう。

グループで仕上がったポスターを順にクリップでつないで掲示して発表する。総合学習の時間の余裕があれば，グループごとの発表を計画したい。

店ではたらく人

全授業時間 17 時間（授業 16 時間＋いかす 1 時間）

◉ 学習にあたって ◉

◇何を教えるのか　－この単元の特徴－

今まで「働く人と私たちのくらし」という大単元のもとに，まず「農家の仕事（選択学習）」「工場の仕事（選択学習）」という生産に携わる仕事について見つけたり調べたりした活動から，地域の人々がいろいろな産業に関連して仕事をしていることを学習してきました。

この単元では，今まで学習したものを生産する仕事だけでなく，生産した製品をどうするのかという販売に関する仕事があることを見つけ，地域の販売に携わる仕事の様子から学習課題を設定して考えていきます。

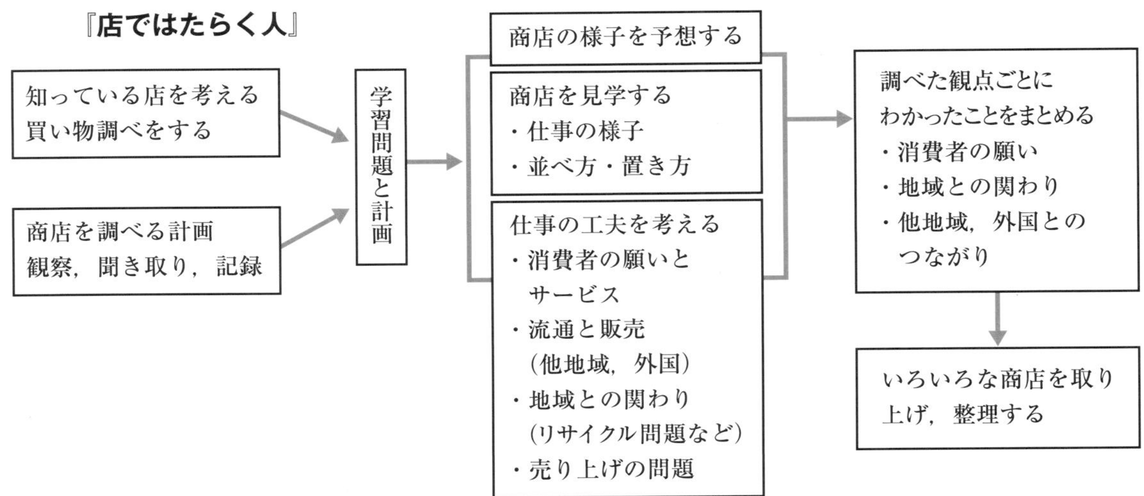
『店ではたらく人』
知っている店を考える
買い物調べをする
商店を調べる計画
観察，聞き取り，記録
学習問題と計画
商店の様子を予想する
商店を見学する
・仕事の様子
・並べ方・置き方
仕事の工夫を考える
・消費者の願いと
サービス
・流通と販売
（他地域，外国）
・地域との関わり
（リサイクル問題など）
・売り上げの問題
調べた観点ごとに
わかったことをまとめる
・消費者の願い
・地域との関わり
・他地域，外国との
つながり
いろいろな商店を取り
上げ，整理する

◇どのように教えるのか　－学習する手がかりとして－

販売に携わる仕事として，ここでは児童の家庭が買い物をしているお店を中心に，食品に絞って売り場の様子や働く人の様子を見学し，自分たちの発見や疑問をワークシートなどに記録しながら学習問題に設定し，資料を活用したりして観察・調査し思考を深め，まとめていくようにします。

そのための学習活動の留意点として，以下のような内容が考えられます。

・販売の事例として，子どもの消費生活と密接な関わりがあり，国内の他地域や外国との関わりが考えられ，見学・観察や聞き取りなどの調査活動が可能な地域の商店を選ぶ。（食品スーパーマーケットなど）
・販売に携わる人々の仕事の様子については，販売の仕方や売り上げなどの創意工夫だけでなく，消費者の願いや外国との関わりを関連づけていくようにする。
・外国との関わりでは，地図帳などを活用して，他地域（都道府県）や国名などを調べるようにする。
・具体的な調査活動から、見学写真などの資料の活用や白地図への書き込みなどの集約整理活動を進めることができるようにする。

販売の仕事は，生鮮食料品だけにかぎっても，安さ，新鮮さ，安全性，生産地（流通），販売スタイルなど，店舗によってその方法は多種多様であり，様々な問題点が存在します。ものを買う消費者という視点と，商品を工夫して売る販売者の立場，商品そのものが自分の地域だけでなく他地域と密接に連携していることをとらえられるようにしていきたいです。

◉評　価◉

知識および技能

・地域の人々の販売の仕事が私たちの生活を支えていることを知り，それらの仕事の内容や特色・課題，他地域とのつながりを理解している。

・地域の人々の販売について見学・調査したり，資料を活用して必要な情報を集め，読み取ったりまとめたりしている。

思考力，判断力，表現力等

・私たちの生活を支えている仕事の中で，地域の販売に携わる仕事を見つけ，それらの仕事の特色や他地域とのつながりを理解するとともに，販売の仕事と自分たちの生活との関連を考えようとする。

・地域の販売の仕事を見学し，自分たちの発見や疑問をワークシートなどに記録しながら学習問題を設定し，資料を活用したりして観察・調査し思考を深め，いろいろな方法を使ってまとめ，適切に表現する。

・地域の人々の販売の仕事について学習問題を考え学習計画を立てるとともに，それらの仕事に携わっている人々や店の工夫と自分たちの生活と関連づけてとらえ，言語などで適切に表現している。

主体的に学習に取り組む態度

・地域の人々の販売の仕事について必要な情報を集め，読み取ったことをもとに自分の意見や疑問をもち、進んで話し合いに参加しようとしている。

◉指導計画　　17時間（授業16時間＋いかす1時間）◉

時数	授業名	学習のめあて	学習活動
1	買い物によく行く店	・家の買い物場所について調べ，その結果を話し合い，地域にいろいろな店があることに関心を持つ。	・家での買いもの調べを通して，調べ学習の方法と資料活用の技能を養う。 ・地域のいろいろな店に関心をもつ。
2	スーパーマーケットでの買い物	・家の買い物の内容や購入理由について，調べた結果を読み取って表やグラフにまとめ話し合う。	・前時に続いて，家庭での買い物調べの結果を，クラス全体でグラフ化して行く中で，スーパーマーケットで買う理由を発見する。
3	スーパーマーケットで見つけたよ①	・スーパーマーケットの様子について，教科書やイラストの挿絵を見て，気づいたことをまとめる。	・教科書やイラストの挿絵を見て，売り場の様子について一人ひとりの児童の経験を出して話し合いながら気づいたことをまとめる。
4	スーパーマーケットで見つけたよ②	・スーパーマーケットの様子について，教科書やイラストの挿絵を見て，気づいたことをまとめる。	・教科書やイラストの挿絵を見て，売り場以外の様子について一人ひとりの児童の経験を出して話し合いながら気づいたことをまとめる。
ひろげる	スーパーマーケットで働く人	・スーパーマーケットで働く人の様子について，教科書やイラストの挿絵を見て，気づいたことをまとめる。	・教科書などのイラストで働く人を見つけ，どんな仕事をしているのか想像して分類・整理していき，工夫していることを見つける。

5	**見学の計画を立てよう**	・売り場で確かめることやインタビュ ーで確かめることをはっきりさせ，ス ーパーマーケットを見学に行く計画を立てる。	・スーパーマーケットを見学して見聞きする視点を明確にして，記録するメモの内容などを確かめる。 ・働く人やお客さんにインタビューする内容を確かめ，インタビューの練習をする。
6	**見学してきたことをまとめよう①**	・スーパーマーケットの見学で見聞きしてわかった売り場の工夫を，調べたポイントごとに整理して振り返る。	・見学で見聞きして見つけた，売り場にある品物を確かめ，整理する。
7	**見学してきたことをまとめよう②**	・スーパーマーケットの見学を通してわかった売り場の工夫を交流し，発表する。	・見学で見聞きしてわかった売り場の工夫を交流し，スーパーマーケットの工夫を確かめ，調べたポイントごとに整理してまとめる。
8	**働く人の様子と工夫①**	・スーパーマーケットの見学で，見聞きしてわかった働く人のようすや工夫を交流し，発表する。	・スーパーマーケットの見学で，見聞きして発見した工夫や気づいたことを，グループごとにボードにまとめ，グループ全員で発表できるようにする。
9	**働く人の様子と工夫②**	・スーパーマーケットの見学で，見聞きしてわかった働く人のようすや工夫の理由について考え，まとめる。	・スーパーマーケットの見学で，見聞きして発見した秘密や工夫について，どのような効果（よいところ）があるのか考え，まとめる。
10	**品物はどこから**	・スーパーマーケットの品物の産地を調べ，他地域とのつながりを考え，話し合う。	・スーパーマーケットの品物の産地を調べ，他地域とのつながりを考え，話し合う。 ・品物の産地を調べ，地図帳などで都道府県や国の名前や位置を確かめる。

11	たくさんのお客さんが来るひみつ	・お客さんが店に求めていることと，スーパーマーケットの工夫とのつながりについて考える。	・お客さんへのインタビューからよく来る理由を取り出し，それに対応するスーパーマーケットで働く人の工夫やサービスを見つける。
12	町の人とともに	・スーパーマーケットでは，地域や地域に住む人たちとともに，リサイクルなど様々なことに取り組んでいることを理解する。	・スーパーマーケットでは，品物を売ることのほかにもしていることがあることに気づき，地域の人たちとともに，地域の生活環境を守る取り組みをしていることを考える。
13	はたらく人の工夫をまとめる	・お客さんが店に求めていることと，スーパーマーケットの工夫とのつながりについてまとめる。	・お客さんのスーパーマーケットに来る理由から願いや要望を確かめ，それに関連するスーパーマーケットで働く人の工夫やサービスについて考え，まとめる。
14	いろいろなお店	・地域にあるさまざまな店の様子を調べ，その特色や私たちの生活との関わりを考え，理解する。	・地域にあるさまざまなお店を取り上げ，プリント資料などでお店の様子や工夫を調べ，その特色や私たちの生活とのかかわりなどを考え，理解する。
15	はたらく人の様子とくふうを紹介する	・スーパーマーケットの見学で発見した，働く人の仕事の様子を一つ取り上げ，絵カードを作成し紹介する。	・スーパーマーケットの見学で発見した働く人の仕事の様子を一つ取り上げ，絵や吹き出しなどを使って，紹介ポスターをつくる。
いかす	私たちの生活とさまざまな仕事とのつながり	・私たちの生活と，いろいろな仕事で働く人とのつながりについて考える。	・私たちが調べた働く人たちの仕事の工夫と消費者に対する願いを振り返り，絵カードにつけ加えて整理し，私たちの生活とのつながりを考える。

第1時 買い物によく行く店

本時の学習のめあて

家の買い物場所について調べ，その結果を話し合い，地域にいろいろな店があることに関心を持つ。

準備物

- DVD 所収資料〔買い物調べプリント（宿題）次ページに掲載〕
- 校区を中心とした地域白地図（グループ分）
- 地域のお店の写真画像

教材研究のポイント 学習前に児童の各家庭の協力を得て，『買い物調べ』リサーチと，地

板書例

買い物によくいく店

○○○モール（正T）
- たくさんの品物があるから
- 買い物が一度ですむ
- ちゅう車場が広い

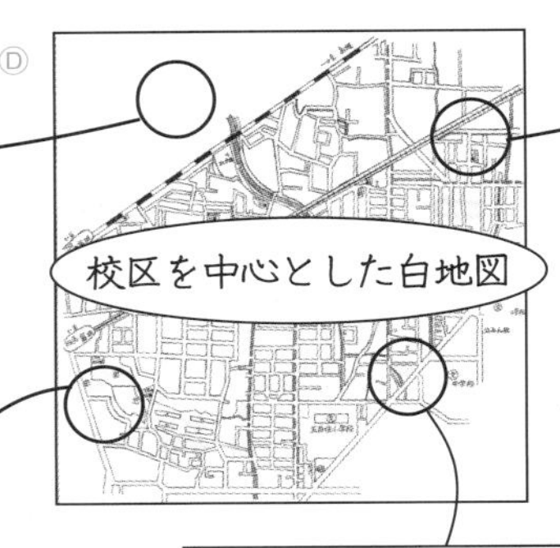

校区を中心とした白地図

コンビニエンスストア（正正T）
- 夜おそくてもあいているから
- 朝早くてもあいているから

商店がいの店（T）
- まけてくれるから
- いろいろなお店があるから

1 つかむ 家の人が買い物に行くお店はどこかな。

地域の実態に合わせた学習になるように，各家庭の協力を得て，DVD 所収の『買い物調べ』プリントで，地域の買い物リサーチを行うようにしたい。その上で，児童が家庭で調べてきたよく買い物に行く店の結果をグループごとに紹介し合い，①買い物に行く店の場所，②その人数，③よく行くわけを集約させる。

調べてきたお店をグループの中で紹介し合い，お店の場所を確かめ、白地図に印をつけ、よく買い物に行く店の人数も書き込みましょう。
よく行くお店を白地図に書きこむわ。
スーパーマーケットをかくよ。
お父さんがコンビニでパンを買ってくるのは、遅くまでやっているからだ。
コンビニエンスストアもある。

「その店によく行くわけをメモ（付箋）に書き込み，白地図にはりましょう。」

2 調べる どんなお店に買い物に行っているか調べてみよう。

グループでまとめた家の人がよく買い物にいく店を，グループごとに発表しましょう。人数も一緒に発表してください。

教師は，グループの発表にあわせて，黒板に掲示している『校区を中心とした地域白地図』に，店の場所に印を付け，人数を書き込んでいく。

コンビニエンスストア（正

わたしたちのグループは駅前のコンビニと…。

グループごとの人数は，“正”の字や人数分のマグネットを貼り，グラフ化するなど視覚的に工夫する。あらかじめ商店のイラストや写真を用意しておいて，貼り付けていくのもよいだろう。

域の店の写真などを準備します。

スーパー○○屋（正正正T）

（スーパーマーケット）

・たくさんの品物があるから

・ちゅう車場が広いから

まとめ

・店によって行く「わけ」がちがう

・スーパーマーケットに行く人が多い

主体的・対話的で深い学び

この単元は，地域の実情に合った教材＝お店についてのリサーチ＝が必要なので，学習を始める前に家庭に連絡をし，買い物調べについての協力を得るため一定の準備期間をとるようにする。なお，地域白地図の準備と同時に店の場所を確認し，店の写真などの資料を用意したい。

DVD

3 考える それぞれのお店に行く理由を考えよう。

グループで「その店によく行くわけ（理由）」のメモを店ごとに集約させる。

集約ができたら，グループごとに，順に発表させる。店の種類ごとに発表させるとよい。

まずは，○○スーパーマーケットに行く『わけ』を発表してください。

発表された“わけ”は，まとめながら板書していき，似ているものをまとめて，違いを見つけやすくする

売り出しで品物がやすくなるからです。

一度にいろいろな品物を見られるからです。

いろいろな品物を見られて安いからです。

4 まとめる 家の人が買い物に行くお店についてまとめよう。

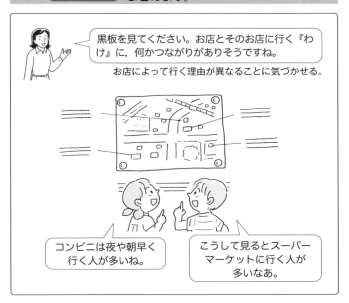

黒板を見てください。お店とそのお店に行く『わけ』に，何かつながりがありそうですね。

お店によって行く理由が異なることに気づかせる。

コンビニは夜や朝早く行く人が多いね。
こうして見るとスーパーマーケットに行く人が多いなあ。

・スーパーマーケットは，たくさんの品物があるから買い物が一度ですむ。

・駐車場が広いから車で行ける

・朝早くや夜遅くでも買い物ができる。（コンビニ）

・お店の種類がたくさんある。（商店街）

「では，次の時間から，みんながよく行っているスーパーマーケットの仕事について調べて見ましょう。」

社会（買い物しらべ）３年（　　）組（　　　　　　　　）

社会科で，家の人の買い物について学習します。下のしつもんについてお答えくださいますようおねがいします。

【1】よく買い物に行く店はどこですか。そのお店に行くわけと、よく買う品物、そのお店でその品物買うわけを教えてください。

（品物名は、やさい、牛にゅう、肉、魚、おかず、パン、おかしなど、児童にわかるような大きな分け方でおねがいします）

お店の名前 よく行くわけ	
よく買うもの	その店で買うわけ

お店の名前 よく行くわけ	
よく買うもの	その店で買うわけ

コンビニエンスストアのようす（　　　　　　　　）

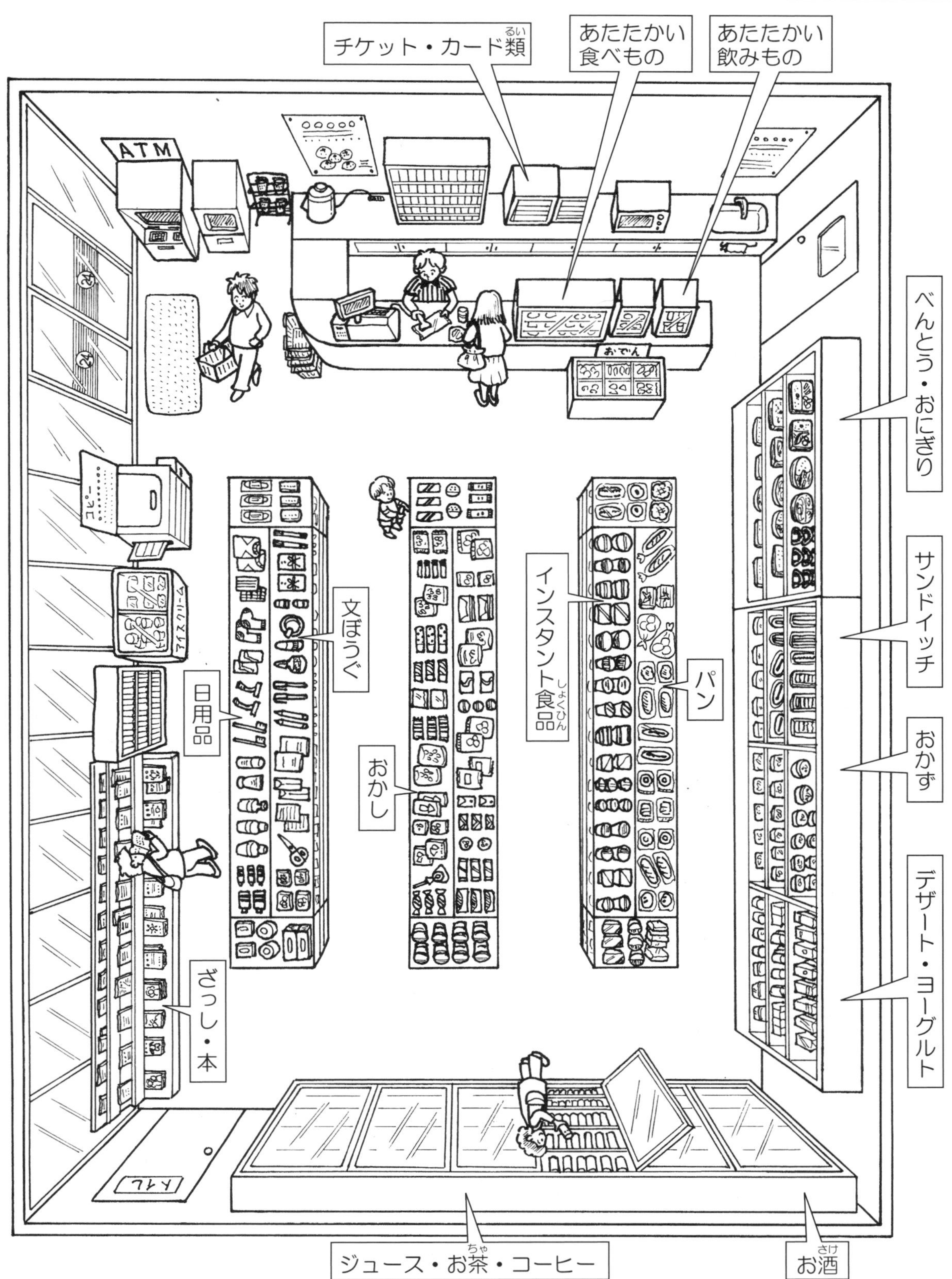
チケット・カード類
あたたかい食べもの
あたたかい飲みもの
ATM
おでん
コピー
アイスクリーム
べんとう・おにぎり
サンドイッチ
おかず
デザート・ヨーグルト
文ぼうぐ
日用品
おかし
インスタント食品
パン
ざっし・本
トイレ
ジュース・お茶・コーヒー
お酒

第 2 時 スーパーマーケットでの買い物

本時の学習のめあて

家の買い物の内容や購入理由について，調べた結果を読み取って表やグラフにまとめ話し合う。

準備物

- DVD 所収資料〔買い物調べ集約表（掲示用）〕
- 買い物調べプリント（宿題）
- 付箋（一人10枚ほどは必要）

本時のポイント 買い物調べのリサーチ結果を集約するグループ活動は，まずスーパー

板書例

スーパーマーケットでの買い物

よく買うもの	よく買っている家の数	買う「わけ」
やさい	□□□□□□□□□□□□□□□□	新せんだから
牛にゅう	□□□□□□□□□□□□□□□□□□	しゅるいがたくさんあってえらべるから
肉	□□□□□□□□□	発表を板書
魚	□□□□□□□□	
パン ⋮	⋮	

1 つかむ スーパーマーケットで何を買っているのかな。

スーパーマーケットでどんなものをよく買うのか，グループでまとめましょう。

この時間はスーパーマーケットでの買い物に焦点を定め，家庭で調べてきたことをグループで出し合い，買い物の内容をまとめさせ，これをクラス全体の統計に集約するために，まず，次のような学習活動を指示する。

おかしも買っているな。
お肉とパンと…。

①各自が調べてきた家の買い物調べプリントを見て，スーパーマーケットが対象のものを集める。
②スーパーマーケットでよく買っているものを，メモ（または付箋など）に書き込ませる。
③書いたメモ（シール）を同じ種類の品物同士に分ける。
メモや付箋は現場にあった形で種々工夫するとよい。

2 発表する よく買っているものを発表しよう。

スーパーマーケットでよく買うものには，どんなものがありましたか。グループでまとめたものを黒板に貼っていきましょう。

クラス全体の傾向を全体で共有するため，よく買うものの数を簡単なグラフにしていき，量的にわかりやすくまとめる。

魚
パン
野菜を買います。
おかずもよく買います。

児童の発言からよく買うものの欄に板書する。

「グループで品物の種類に分けたメモを，黒板に貼りに来てください。」

だいたい発言が出たら，グループの担当者がメモ（付箋）を貼りにくるよう指示する。

一品ごとに進めていくとよい。

マーケットをターゲットにします。

スーパーマーケットに行く「わけ」

・ちゅう車場が広いから

・いろいろな物が買えるから

・買う物が見つけやすいから

・安い物があるから

主体的・対話的で深い学び

前時に続いて，家庭での買い物調べの結果の中からスーパーマーケットの買い物に焦点を定め，グループ活動を通してクラス全体でグラフ化していく。集約結果から，スーパーマーケットで買うわけを話し合 って発見し，スーパーマーケットに行く理由を共有する。

スーパーマーケットでの買い物調べ

よく買うもの	よく買っている家の数	スーパーマーケットで買うわけ
やさい		新せんだから
牛にゅう		しゅるいがたくさんあってえらべるから
肉		たくさん買えるから
さかな		しゅるいがたくさんあって少しでも買えるから
おかず		おいしいから
パン		しゅるいがたくさんあってやすいから

スーパーマーケットでの買い物調べ

よく買うもの	よく買っている家の数	スーパーマーケットで買うわけ

3 話し合う スーパーマーケットで買う理由を話し合おう。

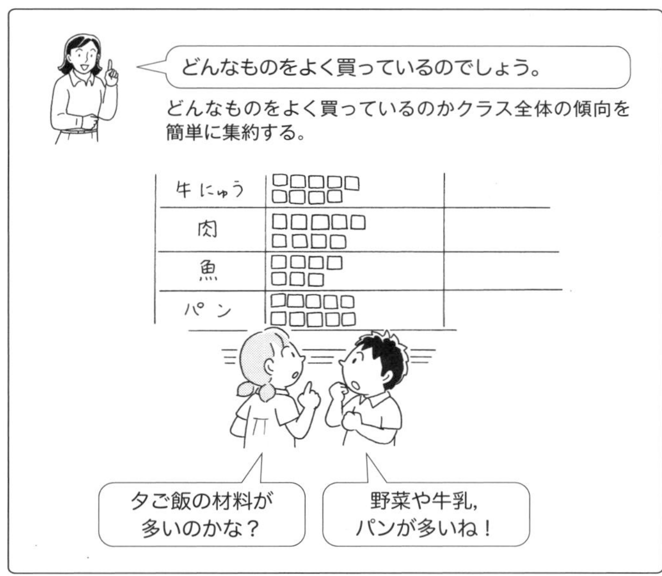
どんなものをよく買っているのでしょう。
どんなものをよく買っているのかクラス全体の傾向を簡単に集約する。
牛にゅう
肉
魚
パン
夕ご飯の材料が多いのかな？
野菜や牛乳，パンが多いね！

「野菜をよく買うわけはどうしてなのかな」

家庭で調べてきた中から，それぞれの買い物についてよく買うわけ（理由）を取り上げ，考えさせる。

たくさんあって買い物がしやすいのかな？

・“種類がたくさんあるから”とお母さんはいっていました。

・“コンビニより安い”といっていたよ。

いろいろな意見を出させ，話し合う。

4 考えて共有する スーパーマーケットに行きやすい理由はあるのかな？

スーパーマーケットに行きやすい『わけ』があるのか，考えてみましょう。
クラス全体で，普段よく買うものとその理由を共有する。スーパーマーケットに行くわけを考えさせ，話し合う。
いっぱい種類があるからじゃないかしら。
駐車場が広くて便利と言っていたような…。
種類がたくさんあると選びやすい。
いろんなものが一度に買えるよ。

「色々スーパーマーケットに行く理由が見えてきましたね。次の時間からは，買い物をしたくなる秘密があるのかどうか調べていきましょう！」

・やった～。楽しみだな！！

第3時 スーパーマーケットで見つけたよ①

本時の学習のめあて

スーパーマーケットの様子について，教科書やイラストの挿絵を見て，気づいたことをまとめる。

準備物

- DVD 所収資料〔買い物調べプリント（宿題），スーパーマーケットの売り場のようす調べ _1（掲示用)〕
- 付箋（一人１０枚ほどは必要）
- 色鉛筆

本時のポイント 大型テレビやプロジェクターで挿絵などを拡大掲示すると，児童が目

板書例

スーパーマーケットの売り場の様子を調べよう

（食べ物売り場）（食べ物いがいの売り場）（売り場いがいのところ）

Ⓓ

よく買うもの	品物があるところ	ならべかた・売りかたのとくちょう
やさい くだ物	入り口の近く	・たくさん台の上にならべてある ・れいぞうでひやしてならべてあるものもある
牛にゅう	パン売り場の近く	・れいぞうでひやしてならべてある ・会社べつにたくさん立ててならべてある
肉	一番おくの通路	発表を板書
⋮	⋮	

1 つかむ　スーパーマーケットには，どんなコーナーがあるのかな。

スーパーマーケットにはどんなところがあるか，イラストを見て見つけましょう。
DVD のプリント，または教科書のイラストに印をつける。
おかしコーナーがあります。
レジがあります。
洗剤を売っているところがあります。

品物の売り場は，個々の売り場名を発言したときに，「食べ物売り場」「食べ物以外の売り場」としてまとめて集約し，さらに「売り場以外の場所」が出てきたら，三つのパートをを大きく板書し，スーパーマーケット全体に目がいくようにする。

※導入なので，児童の発言だけの場所にとどめる。

2 見つけて確かめる　イラストから，食べ物以外の品物を確かめ，買い物に来ている人たちを見つけよう。

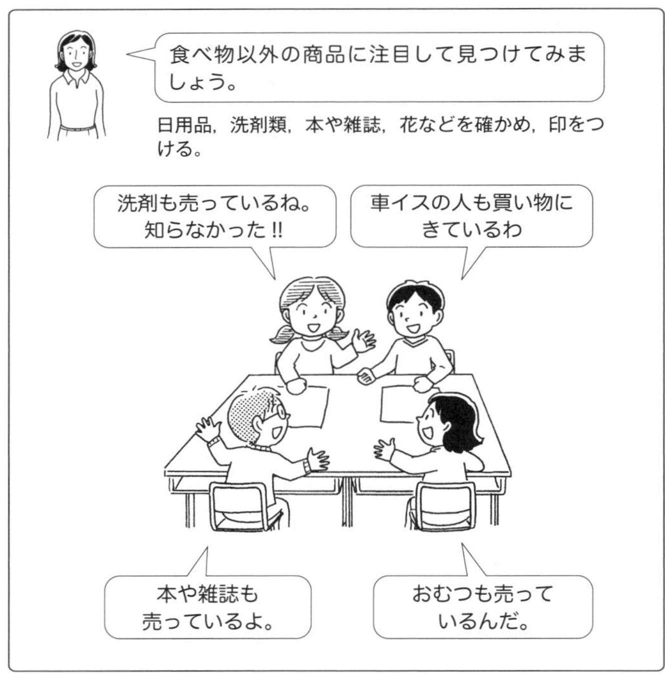
食べ物以外の商品に注目して見つけてみましょう。
日用品，洗剤類，本や雑誌，花などを確かめ，印をつける。
洗剤も売っているね。知らなかった!!
車イスの人も買い物にきているわ
本や雑誌も売っているよ。
おむつも売っているんだ。

「お客さんに注目してみましょう。どんな人が買い物に来ているかな」

- 外国の人もいるね。
- ベビーカーの赤ちゃんとお母さんがいます。
- お年寄りの人もいるよ。

的の場所を共有しやすくなります。

わかったこと

- 売り場を真ん中にして，いろいろなところがある
- いろいろな人が買い物をしている
- 食べ物のほかにも，いろいろな物が売っている
- 売り場には，いろいろな工夫がある

主体的・対話的で深い学び

スーパーマーケットを俯瞰して見ることで，客のニーズに合わせた売り場の配置や品物の様子，売り場以外の施設・設備などについて，一人ひとりの児童の経験を出して話し合いながら，店の特長をつかませるようにしたい。

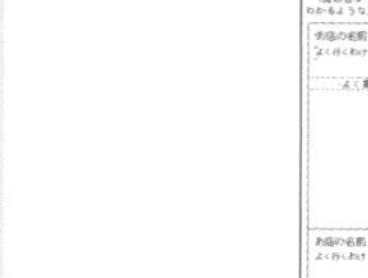

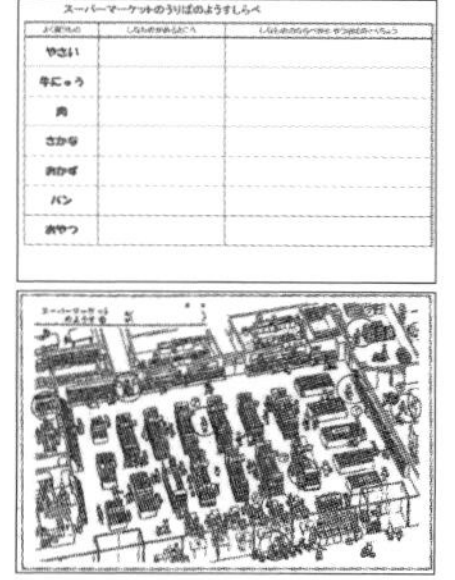

3 調べる 売り場の特徴を調べよう。

「この前調べた，家の人がよく買う品物はどんなところに置いてあるか調べましょう。」

グループで品物を担当させ，売り場の場所とその特徴（ほかの売り場とは違うところ）を見つけ出し，順次発表させて話し合わせる

野菜売り場は入り口の近くにあるよ。
特徴は品物が低い台の上に並べてあります。
なんでだろう…。
冷蔵で冷やしてあるものもあります。

吹き出しは，野菜・果物の場合です。ほかにも，おかず売場・パン売場など児童が目にしている売場を取り上げると意見がでやすいでしょう。

4 発表してまとめる 売り場の様子で気づいたことをまとめよう。

板書の順に学習を振り返り，気づいたことをまとめていく。

「売り場を見てどんなことに気づいたかな。」

- 売り場が中心でまわりにいろいろな所がある。

「お客さんについて気づいたことは何だったかな。」

- いろんな人が買い物に来ている。

今日の学習で，気づいたことをまとめましょう。売り場の様子でわからないことや不思議に思うことも出しておきましょう。
おかし売り場は入り口から遠いね。
売り場の場所にも「わけ」があるのかしら…

課題をメモ（付箋）に書くよう指示し，ノートに貼らせておく。

- おやつ売り場はなぜ入り口から遠いのだろう？
- どうして肉や魚売り場は奥の方なのだろう？

第4時 スーパーマーケットで見つけたよ②

本時の学習のめあて

スーパーマーケットの様子について，教科書やイラストの挿絵を見て，気づいたことをまとめる。

準備物

・DVD 所収資料〔売り場以外のようす調べ＿1（掲示用)〕

本時のポイント 買い物に直接関係ないようなバックヤードやサービスカウンターなど

板書例

売り場でないところの様子を調べよう

Ⓓ

売り場でないところ	どんなことをするのか
レジ	・お客さんが品物のお金をはらうところ
荷物整理カウンター	・お客さんが買いものの荷物をまとめるところ
カートおき場	・買いものカートがおいてあるところ
ちゅう車場	発表を板書
事む所	
⋮	

1 つかむ スーパーマーケットの売り場ではないところを見つけよう。

スーパーマーケットのイラストを見て，売り場以外の場所について調べます。売り場でない所は，どんなところがありましたか。
ワークシート（DVD）を配布し，記入させる。
売り場の裏側に事務所みたいな所があります。
お金を払うレジがたくさん並んでいます。
駐車場や自転車置き場があります。
銀行のお金を引き出すところもあります。

・リサイクルコーナーがあります。

「事務所，倉庫，調理場」などは，あとで「バックヤード（売り場以外で働く人の仕事場)」としてまとめておく。

2 見つけて考える 見つけたところは何をするところか考えよう。

見つけたところは何をするところか考えよう。
グループで話し合いながらプリントに書き込む。わからないところはあけておくように指示する。
調理場は魚や肉を細かくしている所だね。
サービスカウンターって何かしら。
レジはお金を払うところだ。
事務所って何をしているのかな。

机間巡視しながら，時間がかかりそうなグループにはイラストを見ながら考えるよう指示する。

の疑問は，見学まで残しておきましょう。

わかったこと

・売り場のほかにも、いろいろなところがある

・買い物に来る人が、きやすいようにしている

・売り場のほかでも、はたらく人がいろいろ仕事をしている

主体的・対話的で深い学び

スーパーマーケットを俯瞰して見ることで，客のニーズに合わせた売り場の配置，品物の様子や，売り場以外の施設・設備などについて，一人ひとりの児童の経験を出して話し合いながら，店の特徴をつかませるようにしたい。

スーパーマーケットのうりばでないところのようすしらべ（　　　　）

売りばでないところ	どんなことをするところ

スーパーマーケットのうりばでないところのようすしらべ（　　　　）

	売りばでないところ	どんなことをするところ
1	レジ	・おきゃくさんが，しなもののお金をはらうところ
2	にもつせいりカウンター	・おきゃくさんが，買いもののにもつをまとめる台
3	カートおきば	・買いものカートがおいてあるところ
4	サービスコーナー	・買いもののそうだんにのってくれるところ
5	ちゅうしゃじょう	・車をちゅう車するところ
6	じてん車おきば	・じてん車をおいておくところ
7	じむしょ	・スーパーマーケットのじむのしごとをするところ
8	ちょうりば	・にくをきったりさかなをさばいてパックにつめてしなものにするところ
9	リサイクルコーナー	・ペットボトルなどのリサイクルのため集めるところ
10	そうこ	・よびのしなものを集めてあるところ
11	ダンボールおきば	・しなものをだしたダンボールを集めてあるところ
12	エーティーエムコーナー	・ぎん行のよ金をひきだすことができるところ

3 発表して話し合う　考えたことを発表し，話し合おう。

グループで考えたことを，順番に発表しましょう。
グループごとに発表したことを，板書する。
レジはお客さんがお金を払う所です。
ATM コーナーはお金を出し入れできるところです。
荷物置き場には、予備の品物があります。
サービスカウンターは何をしているのかわかりません。

「サービスカウンターは何をしているところかな。」
- サービスをしてくれるのかな？サービスって何だろう。
- 郵送してくれたりするって聞いたような……。
- う～ん，よくわからないね。

話し合いでもわからないことはすぐに答えず，見学の時に確認するように課題としておく。

4 まとめる　わかったことをまとめよう。

売りばではない場所について調べて，わかったことをまとめてみましょう。
あまり発言が出てこない場合，「ATM コーナーがあるのはなぜだろう」と一つひとつ具体的に問いかけ，まとめていく。また教科書の写真等で，駐車所や駐輪場にも触れておくとよい。
スーパーって品物売り場だけじゃないんだ。
ATM コーナーはお金をおろせて便利ってお母さんが言っていたよ。
売り場の外でもたくさん働いている人がいる。
商品だけでない工夫がありそう。

スーパーマーケットでは，売り場も売り場以外でも，お客さんにきてもらう秘密がたくさんあるようですね。」

ひろげる

スーパーマーケットではたらく人

本時の学習のめあて

スーパーマーケットではたらく人の様子について，教科書やイラストの挿絵を見て，気づいたことをまとめる。

準備物

・色鉛筆（2色）
・グループ発表用ホワイトボード
・ボード用マーカー
・はたらく人のようすプリント

本時のポイント スーパーマーケットのいろいろな場所だけでなく，働く人たちのよう

板書例

スーパーマーケットではたらく人

DVDのイラスト

売り場ではたらく人

・品物をならべる人
・品物を運ぶ人
・レジをする人
・し食をわたす人
・サービスカウンターの人
・カートを運ぶ人

1 つかむ スーパーマーケットで働く人を見つけよう。

スーパーマーケットで働く人に注目します。教科書やイラストを見て，スーパーマーケットで働く人を見つけましょう。大きく①売り場で働く人，②売り場ではないところ（バックヤード）で働く人に分けて，グループで手分けして見つけましょう。

イラストに鉛筆で丸（①には赤，②には青）をつけていくように指示する。

レジの内にいるから，働く人だな。
この人はバックヤードで働いているから，青でしるしをつけるわ。
給食の人は①だから赤色をつけよう。
倉庫で働いている人は青色だな。

2 話し合い 考える 見つけた人たちは，どんな仕事をしているのか考えよう。

見つけた人たちは，どんな仕事をしているでしょう。

グループで話し合いながら，イラスト内のチェックを完成させる。頃合いを見て，丸をつけた人たちがどんな仕事をしているのか考えさせる。

ここにも働いている人がいるよ!!
この人は品物を運んでいるのかな。
この人は棚に品物を足しているのかな。
この人はお肉を切り分けてパックに詰めているのかな。

・事務所の人は何をしているのかわからないなあ。

「どんな仕事をしているのかわかったものを，まとめましょう。」

話し合った内容をメモやノートにまとめる。ホワイトボードを活用するのもよい。

すにも目を向けておきましょう。

売り場でないところではたらく人

- 魚を切り，パックにつめる人
- 肉を切り，パックにつめる人
- そうざいをつくる人
- 事むの人
- 仕入れた品物を運ぶ人
- ちゅう車場係の人

わかったこと

売り場やバックヤードでは
たくさんの人がはたらいている

主体的・対話的で深い学び

教科書などにあるイラストで，スーパーマーケットで働く人を見つけ，どんな仕事をしているのか想像して分類・整理していき，気をつけて工夫していることをみつけるようにする。

DVD

3 発表して話し合う　考えたことを発表し，話し合おう。

それでは，考えてまとめたことを発表しましょう。

グループごとにまとめたものを発表する。発表は，グループの中で順番を決め，書き込んだホワイトボードをチェックしたりしながら，全員が発言できるように工夫して発表するようにさせ，板書していく。

ここに品物をならべている人がいます。

- レジをしている人がいました。
- 試食品を並べているのは，宣伝している人かなあ。
- さかなを調理している人もいました。
- カートを運んでいる人もいたよ。

4 まとめながら想像する　仕事で工夫していることなどを想像してみよう。

色々な仕事をしている人が見つかりましたね。では，この人たちが仕事で工夫していることや，気をつけていることがあるかどうか，考えてみましょう。

今まで発見したスーパーマーケットの中の仕事を，順に取り上げていく。

見学のときに聞いてみないとわからないなあ。
事務所っていったい何をしている所なんだろうね。

「売り場に品物を運んでいる人はどんなことに気をつけているでしょう。」

- 品物をきれいに並ぶようにするよ。
- 棚の品物がなくならないように気をつけるよ。

仕事は教科書にあるような，魚・肉売り場やレジなどを取り上げると，工夫を見つけやすいだろう。

見学時に，他の仕事でも発見できるような視点を育てたい。

第5時

見学の計画を立てよう。

教材研究のポイント　見学の視点と共に，商品を扱う店での見学のマナーやインタビューの

本時の学習のめあて

売り場で確かめることやインタビューで確かめることをはっきりさせ，スーパーマーケットを見学に行く計画を立てる。

準備物

・DVD 所収資料
見学カード①，
見学カード②従業員用，
見学インタビューカード③お客用 _ 2

板書例

見学の計画を立てよう

スーパーマーケットではたらく人は、どのような仕事をどのようにくふうして行っているでしょうか

①売り場でたしかめること

・品物の名前やならべ方
・ねだんのつけかたや書き方
・くふうしているところ
・はたらいている人の様子、人数
・売り場いがいのもの

※見学のときは，はたらく人，

1 確認 見学で得るべき情報を確かめる。

○売り場の工夫
品物の並べ方
値段の付け方
そのほかの工夫の様子
働いている人の様子　など

○働いている人へのインタビュー
仕事の場所・内容
工夫しているところ

○お客さんへのインタビュー
どこから来たか
何で来たか（交通の方法）
買い物をするわけ
買い物で気をつけていること　など

スーパーマーケットの見学で，児童が得てくる情報が今後の授業を進めていく上での重要な材料となる。そのため，不足が出ないように上記の情報を集めてくる必要がある。
ワークシートがDVDにはいっているので活用するとよいだろう。

2 話し合って確かめる 売り場で確かめることを確認しよう。

見学の時に色々調べたいですね。グループで
①売る場で確かめる。
②働く人にインタビューする。
③お客さんにインタビューする。
この三つの方法で調べていく準備をしましょう。

“どのような仕事を，どのように工夫しておこなっているのか”というテーマを設定する。

それぞれのワークシートを使うと便利ね。

特に売り場で調べる事をきちんとまとめておこう。

「まず，①売り場を見て，調べることを考えましょう。」
・売り場の名前を見つけます。
・品物の並べ方を調べます。
・値段のつけ方や書き方も見ます。
・働く人の仕事の様子も気をつけてみます。

仕方なども丁寧におさえておきましょう。

②はたらく人にたしかめる

・どんな仕事をしているか
・どんなところで仕事をしているか
・どんなくふうをしているか

③お客さんにたしかめる

・どこから来ているのか
・何で来ているのか
・りようするわけ

お客さんにめいわくをかけない‼

主体的・対話的で深い学び

スーパーマーケットを見学して見聞きする視点を明確にさせ，記録するメモの内容などを確かめ，質問の練習を設定して効果的な活動をさせる。

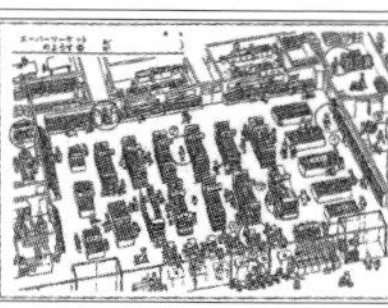

3 見つけて話し合う　インタビューで確かめることを確認しよう。

次にインタビューしたいことを考えましょう。
②働く人にインタビューする。
③お客さんにインタビューする。
この二つに分けて考えましょう。

ループのボードに書いて発表させる。内容は上記の②③に分けて考えさせる。

事務所で何をしているか，インタビューしたい。

市場ではどんな工夫があるか調べてみたいわ。

②お店の人に確かめたいこと
・どんな仕事をしているか確かめたい。
・どんな工夫をしているか聞きたいです。
③お客さんに確かめたいこと
・どこから来たのか聞いてみたいです。
・利用しているわけを聞いてみたいです。

4 発表してまとめる　インタビューの練習をしよう。

スーパーマーケットで働く人にインタビューすることや，どんなことをお客さんに聞くのか，まとめましょう。

インタビューカード（DVD 収録）を配布して書き方を確かめさせる。
効果的に質問させるために，店の人やお客さんへのインタビューの練習をする。練習は，グループを質問役と答える役に分け，挨拶や質問の内容などを考えさせ，受け答えを予想させて活動させると，より効果的だろう。

〈お客さんへのインタビュー例〉

①こんにちは，○○小学校の 3 年生です。
　今お話を聞くことができますか？
②・どこから来られましたか？
　・乗り物に乗って来られましたか？
　・店を利用するわけがありますか？
　・買いもので気をつけていることがありますか？
③ありがとうございました。

第6時 見学してきたことをまとめよう①

本時の学習のめあて

スーパーマーケットの見学で見聞きしてわかった売り場の工夫を，調べたポイントごとに整理して振り返る。

準備物

・DVD所収資料〔見学カード①，見学カード②従業員用，見学インタビューカード③お客用_2〕
・付箋（色別６～７種類ほど，一人１０枚ほどは必要）

教材研究のポイント　見学で得た情報をグループで整理するときは巡視してグループごとに

板書例

見学でたしかめたことをまとめよう

売り場で発見したことをまとめる

黄	・品物のならべ方
ピンク	・ねだんのつけ方
緑	・そのほかの工夫の様子
青	・はたらいている人の様子

1 整理する　どんな売り場があったか，見つけたことを整理しよう。

スーパーマーケットには，大きく分けて食べ物売り場と食べ物ではない売り場がありましたね。まず食べ物売り場から発表しましょう。

ワークシート（DVD）を配布し，記入させる。

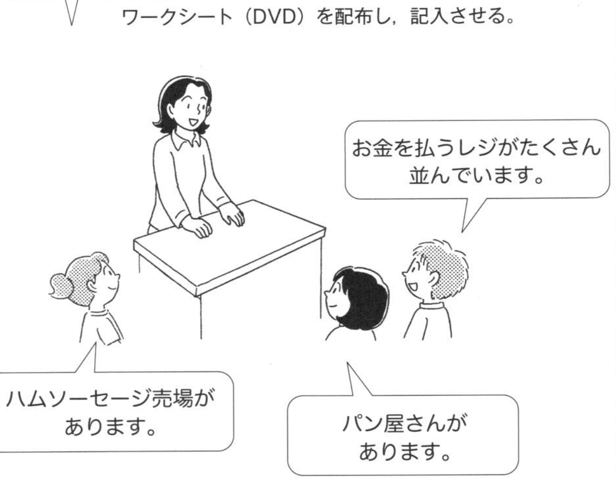

お金を払うレジがたくさん並んでいます。
ハムソーセージ売場があります。
パン屋さんがあります。

「では，食べ物ではない売り場は何があったかな。」
・日用品売り場がありました。
・トイレットペーパー売り場もあったよ。

できるだけ児童の調べてきた記録メモを基本に答えさせたい。スーパーによって多少の違いがあるだろうが，教科書などの挿絵にある売り場を想定しておけば，カバーできるだろう。

2 まとめる　売り場で発見した工夫や気づきをまとめよう。

売り場で発見した工夫や気づきをまとめましょう。

児童が調べてきた記録メモをもとに，売り場で発見したことを，個人用の付箋（メモ用紙）に書き込み，整理させる。

これは「ねだんのつけ方」だからピンクね。

野菜売り場で見つけた工夫は「しなもののならべ方」かな？

〈項目〉
☆品物の並べ方　　☆そのほかの工夫のようす
☆値段のつけ方　　☆働いている人のようすなど

この時に使用する付箋は，☆のテーマごとに色違いにしておくと，グループで整理するときに分けやすくなる。

記録した付箋は，発見したこと別に整理して，散らばらないようにノートに貼りつけていき，まとめておくように指示する。

活動を促し，丁寧に支援するようにしましょう。

インタビューの内ようを整理する

◦はたらいている人へのインタビュー

◦お客さんへのインタビュー

主体的・対話的で深い学び

スーパーマーケットの売り場の名前を発表し，見学で発見した工夫や気づいたこと，インタビューしたことをまとめてメモに記録し，発表の準備をする。この時間は，まず個人で調べたポイントごとに見学してきたことを整理する。

DVD

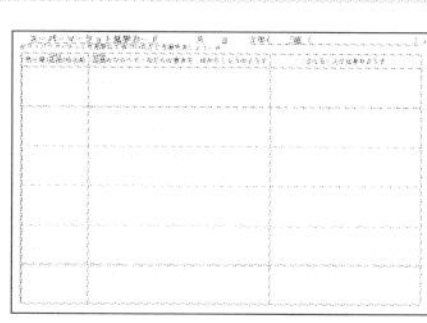

3 整理する インタビューの内容を整理しよう。

インタビューした内容を整理していきましょう。

働く人やお客さんにインタビューしたことを整理させる。グループでインタビューした場合が多いと思われるが，一人ひとりが再認識するために，記録してきた見学メモから，以下の内容を個人用の付箋（メモ用紙）に書き込ませる。

ひとつづつメモにまとめていこう。
次はインタビューの内容を整理するのね。

☆働いている人へのインタビュー

・仕事の場所や内容

・工夫しているところ など

☆お客さんへのインタビュー

・どこからきたか・交通手段・買い物をするわけ

・買い物で気をつけていること　など

4 まとめる インタビューの内容をまとめよう。

整理したものを，①働いている人へのインタビュー，②お客さんへのインタビュー，にまとめていきましょう。

記録した付箋は，働いている人のインタビューとお客さん用とに分けて別々に整理して，散らばらないようにノートに貼り付けていき，まとめておくように指示する。このインタビュー記録用付箋も，☆別に分けて配布すると，児童の混乱が少なくてすむだろう。

お客さんへのインタビューは下の方にまとめようかな。
これとこれは働く人へのインタビューね。

「次の時間は，今みんながまとめたものを，今度はグループでまとめていきますので，付箋をなくさないようにしてくださいね。」

第 7 時 見学してきたことをまとめよう②

本時の学習のめあて

スーパーマーケットの見学を通してわかった売り場の工夫を交流し，発表する。

準備物

・四つ切り色画用紙３～４種類（グループまとめ用）

教材研究のポイント　バーコードや QR コードなどの用語の説明は，事前に教科書や図書館

板書例

売り場の様子とくふう

品物のならべ方

・おかし売り場にはいろいろな会社のおかしが集まっている
・とく売コーナーがある
・たなの上まで品物がならべてある
・やさいは，バラ売りやふくろ売りなど，いろいろな売り方がある
・……………………

品物のならべ方

・品物にシールがはってある
・シールにバーコードがある
・売り場のたなにもねだんが書いてある
・……………………
・……………………

1 グループで交流しまとめる　発見した売り場の様子や工夫を，グループで交流し，まとめよう。

みなさんが発見した売り場の秘密や工夫を，グループで話し合い，まとめて発表しましょう。

学習のめあてを確かめさせ，付箋（メモ用紙）をまとめるためのボードを配布する。
ボードは，見学記録内容のポイントによって分けられるように，色画用紙などで色違いの物を３～４枚用意し，配布する。

これはここだね。
これはこっち！

「一人ひとりがまとめた付箋（メモ用紙）を，品物の並べ方，値段のつけ方，そのほかの工夫のようす，働いている人のようすなどに分けてボードに貼りましょう。」

・これは値段についての工夫だからこっちだね。

ボードに分けて貼るとき，同じ発見かどうか確かめ合いましょう。
これとこれはよく似ているけど違うよ。
これとこれは同じ発見だ !!

「ボードにまとまりましたか。ではグループの意見としてまとめて，全員で発表できるように準備しましょう。」

・私は値段の付け方を発表するね。
・ぼくは働いている人の様子を発表しよう。

見学したスーパーの売り場のようすなどの画像があれば，掲示しておく。

の本などで提示できるように準備しておきましょう。

くふうや気がついたこと

・品物おき場に大きなカンバンがある
・産地やとく長が書いてある
・　…………………………

はたらいている人の様子

・レジの人は同じエプロンをしている
・　…………………………

わかったこと

売り場にはさまざまなくふうがある
レジには計算をはやくするひみつがある

主体的・対話的で深い学び

前時を受けてこの時間は，個人がスーパ ーマーケットの見学で発見した売り場の様子で工夫しているところや気づいたことを，グループごとにボードにまとめ，グループ全員で発表できるようにする。

3 クラスへ発表する　ループでまとめたことを，クラス全体で交流しよう。

それぞれのグループでまとめたことを，順に発表してもらいましょう。発表を聞きながら，思ったことや疑問に思ったことはあとで質問しましょう。
野菜やくだもの，魚はねだんやどこでとれたかが大きく書いてありました。
次は私のばんね…

グループ順に発表をさせる。

・野菜や果物は，一つのものと袋入りがありました。
・何の売り場なのか，上にかんばんがありました。
・品物には同じような記号がついています。
・レジでは品物の記号をピッと読んでいました。

「この記号は何というのかな。」

教科書などを使い，バーコードについて説明する。

グループ発表の終わりごとに質問や意見を受け付けて話し合い，指導者は発表を板書していく。

4 まとめる　わかったことや思ったことをまとめよう。

すべてのグループの発表を見て，同じような内容を整理していきましょう。
品物を売る以外にもやっていることがありそうだね。
レジには計算を速くする秘密がありそうね。

〈品物の並べ方〉から順に点検していく。

「今までの発表から，お店の工夫についてわかったことや思ったことをまとめましょう。」

・それぞれの売り場に，工夫がたくさんある。
・品物を売ることのほかにもやっていることがある。

なおグループで発表用にまとめたボードは，後の学習でも使用できるように指導者が保管しておく。

「次の時間は，インタビューしたことをクラス全体でまとめていきましょう。」

第8時 働く人の様子と工夫①

本時の学習のめあて

スーパーマーケットの見学で，見聞きしてわかった働く人のようすや工夫を交流し，発表する。

準備物

・四つ切り色画用紙３～４種類（グループまとめ用）

教材研究のポイント 見学で得た情報をグループで整理するときは，巡視してグループごと

板書例

はたらく人の様子とくふう

〈売り場〉

・足りない品物はすぐにきかいで注文したり おくのそうこからもってきてならべる

・品物の近くに，大小のカンバンをならべる

・ねだんやとく長をわかりやすく表じする

・し食して買えるようにする　など

グループ発表を板書

1 グループで交流しまとめる　発見した働く人の様子や工夫を，グループで交流し，まとめよう。

今日は，みんながインタビューした内容を，グループで話し合い，まとめて発表しましょう。

学習のめあてを確かめさせ，付箋（メモ用紙）をまとめるためのボードを配布する。
ボードは，見学記録内容のポイントによって分けられるように，色画用紙などで色違いの物を３～４枚用意し，配布する。

こうすると
わかりやすいね。
えーと
売り場
バックヤード

「一人ひとりがまとめた付箋（メモ用紙）を，働いている人の場所（①売り場，②バックヤード）ごとに分けてボードに貼りましょう。」

・この人はバックヤードで仕事をしていたよ。

・この人は売り場でかごを運んでいたよ。

働いている人の工夫や気づいたことについて，交流しましょう。
手にコンピューターを持っている人がいたよ。
ユニフォームが違う人がいたよ。
へぇ～
売り場の人とバックヤードの人では，ユニフォームの色が違ったよ。

「ボードにまとまりましたか。ではグループの意見としてまとめて，全員で発表できるように準備しましょう。」

インタビューしているときの様子をビデオなどに収録しておき，話し合いの進み具合に応じて再生し，効果的に再確認させるのもよいだろう。

に活動を促し，丁寧に支援するようにしましょう。

〈バックヤード〉
・きかいで肉をかこうする
・魚をさばく
・くだものを切る
・事む作業をする　など

グループ発表を板書

まとめ
はたらく人は，品物をならべたり
注文・かこう・パックなど
いろいろな仕事をしている

前時と同様に，この時間は個人がスーパ ーマーケットの見学で，働く人の様子について見聞きして発見した工夫しているところや気づいたことを，グループごとにボードにまとめ，グループ全員で発表できるようにする。

3 クラスへ発表する　グループでまとめたことを，クラス全体で交流しよう。

それぞれのグループでまとめたことを，順に発表してもらいます。発表を聞きながら，思ったことや疑問に思ったことはあとで質問しましょう。
グループ順に発表させる。
この人は売り場で働いていました。手にコンピューターを持って…
次は私の番ね!!

・売り場の品物がなくならないように見回る。
・足りない品物をすぐにコンピュータで注文する。
・たなの品物は見やすいように工夫して並べる。
・魚，肉，野菜などはとりやすいように台に並べる。

グループ発表の終わりごとに質問や意見を受け付けて話し合い，指導者は発表を板書していく。

4 まとめる　発見した工夫や気づいたことをまとめよう。

すべてのグループの発表を見て，同じような内容を整理して，お店の工夫についてわかったことや思ったことをまとめましょう。
〈品物の並べ方〉から順に点検していく。
品物を並べるだけじゃなくて，注文もしているんだね。
おそうざいってこんなふうにできていたんだね。
品物を売ることのほかにもやっていることがある。
それぞれの売り場に，工夫がたくさんある。

グループでまとめたボードは，指導者がまとめて保管し，板書とともにデジタルカメラで撮影して，次時に素材として使えるようにしておく。

第 9 時
働く人の様子と工夫②

本時の学習のめあて

スーパーマーケットの見学で，見聞きしてわかった働く人のようすや工夫の理由について考え，まとめる。

準備物

・四つ切り色画用紙３～４種類（グループまとめ用）

教材研究のポイント 前時にまとめた板書などを振り返るときのために，大きく拡大印刷し

板書例

はたらく人のくふうのわけ

〈売り場〉
・足りない品物はすぐにきかいで注文したり，おくのそうこからもってきてならべる
・品物のちかくに，大小のカンバンをならべる
・ねだんやとく長をわかりやすく表じする
・し食して買えるようにする　など

前時でまとめた物

《くふうのわけ》
・お客さんがこまる
・品物を見つけやすい
・買いたい物がすぐに見つかる
・品物の味がわかる
・……………………
・……………………
・……………………

1 振り返る　前時にまとめた，工夫や気づいたことを確かめよう。

今日は働く人がいろいろな工夫をしている『わけ（理由）』を考えていくので，グループでボードにまとめた『働く人のようすと工夫』を見て，自分がインタビューしたり気づいたりした工夫や発見を確かめましょう。

前時終了後撮影しておいた，工夫などを集約したグループのボードや板書を提示する。
前の時間にまとめて保管してあるグループのボードを配布する。

〈売り場〉
〈バックヤード〉
売り場，バックヤードそれぞれに工夫があったわ。

2 グループで話し合う　グループで，確認した工夫の「わけ」を考えよう。

グループのボードにまとめてある工夫について，どうしてそんな工夫がされているのか『わけ』を考え，グループで話し合いましょう。特に，自分が気づいた工夫や発見については，グループの中で意見を出すようにしましょう。

学習問題を提起する。

味がわかるのと料理する方法もわかるからじゃない？
試食は何のためにしているのかな？
なるほど！

・大きいカンバンがあると広くても見つけやすい。
・肉は産地によって値段とおいしさが違うらしいよ。
・だから産地は大きく書いてあるのね。
・値段が大きく書いてあるとよくわかるよ。

「グループで意見をまとめていきましょう。」

たり画像を提示できるように準備しましょう。

〈バックヤード〉

・きかいで肉をかこうする
・魚をさばく
・くだものをならべる

前時でまとめた物

《くふうのわけ》

・お客さんがすぐにりょうりできる
・ひつような量だけ買える
・カートやかごで，たくさん買いものができる
・……………………
・……………………

まとめ

お客さんが新せんな物や品物をえらびやすくくふうをしている

主体的・対話的で深い学び

スーパーマーケットの見学学習の総まとめの時間として位置づける。見学で見聞きして発見した秘密や工夫していることが，お店やお客さんにとってどのような効果（よいところ）があるのか考え，話し合ってまとめ，全体で共有できるようにしたい。

3 クラスで交流する　グループでまとめたことを，クラス全体で交流しよう。

それぞれのグループでまとめた『わけ』(理由) を，順に発表してもらいます。発表を聞きながら，思ったことや疑問に思ったことはあとで聞きましょう。

グループ順に発表をさせる。

試食は，お客さんが商品の味がどんなものかわかるためです。

・「売り場の品物がなくならないように見回る」のは，買いに来たのにないと，お客さんが困るからです。
・「たなの品物は工夫して並べる」のは，見やすく，取りやすいようにしているからです。
・「魚，肉，野菜などは台に並べる」のは，取りやすく，重ねて品物が傷まないようにするためです。

4 まとめる　わかったことや思ったことをまとめよう。

すべてのグループの発表を見て，同じような内容を整理して，働く人たちが工夫しているわけについて，わかったことや思ったことをまとめましょう。

〈売り場での工夫〉から点検していき，同時にグループで発見したことを全体として再確認していく。

お客さんが買い物しやすいように色々考えているんだね。
たくさんの働く人がいろいろな工夫をしているんだね。

板書のように，お客さんが品物を選びやすくできるように工夫していることをまとめていく。

第 10 時 品物はどこから

本時のポイント 学習前に児童の各家庭の協力を得て『野菜や果物の産地調べ』をし，産

本時の学習のめあて

スーパーマーケットの品物の産地を調べ，他地域とのつながりを考え，話し合う。

準備物

- 地図帳
- DVD 所収資料（都道府県と世界白地図 _ まとめ用）
- 世界地図掛図・品物調べプリント（事前学習用）
- 色鉛筆

板書例

品物はどこから

①ラベルに色をつけよう ⟶ どれが一番多いか

- わたしたちの県（赤丸）
- ほかの県（青丸）
- 外国のもの（緑丸）

○○県	日本	外国

やさいの産地		
○○県（　　）	日本（　　）	外国（　　）
□□□□□ □□□	□□□□□ □□□□□ □□□□□	□□□□ □□□

1 集める　野菜や果物に貼ってある，産地のラベルを集めよう。（事前予備学習）

〈事前予備学習 10 分〉（次時予告や宿題説明の時間で）

「スーパーマーケットで売られている果物や野菜は，どこで作られるのか，見学で気づいたことはありませんか。」

- 野菜の袋にラベルが貼ってあった。
- ジャガイモに北海道産という大きい札があった。
- 広告ビラに産地が書いてあるといっていた。

「よく気づきましたね。それでは，野菜や果物が作られている産地がどこなのか，袋のラベルや広告ビラを集めて，次の時間学習しましょう。読めない漢字は家の人に聞いて確かめておきましょう。」

調べプリント①（DVD 収録）を配布し，家庭学習をさせる。

野菜や果物が作られている産地を家で調べます。
どれどれこれは“ながのけん”て読むのよ。
お母さんこの漢字なんて読むの？
レタス長野県
99012345678

2 調べて整理する　集めたラベルの産地を調べて整理しよう。

集めてきたラベルに色をつけましょう。①私たちの県（赤丸），②ほかの都道府県（青丸），③外国のもの（緑丸）に分けて丸で囲い，①，②，③の数をプリントに書きましょう。

野菜・果物の関係なく作業をさせていく。

あ!?このネギはぼくたちの県だ!!赤丸をつけて…
このバナナはフィリピンだから緑丸ね。

「どれが一番多かったですか，クラスで確認しましょう。まず①私たちの県の人，手を挙げてください。」

第 1 回クラス集約をする。

事前に調べプリントを持参していない児童には，指導者が準備した広告ビラを配布する。

地の都道府県や世界の国々を地図帳などで調べていきましょう。

・やさいやくだものの産地で多いのはどこかな

	1番	2番	3番
やさい			
くだもの			

まとめ
・品物は私たちの県のものだけではない
・日本中から来るものがたくさんある
・くだものは外国のものもいろいろある

くだものの産地		
○○県（　　）	日本（　　）	外国（　　）
□□□□	□□□□ □□□ □□□	□□□□ □□□□ □□□□ □□□□

主体的・対話的で深い学び

品物の産地を調べる学習は，地図帳を使って具体的な国名や地名を探っていく入門期の社会科学習の基本である。その方法を土台にして，児童が事前に資料を集め，整理した資料を基に考え，話し合って結論を導き出す活動にしたい。

DVD

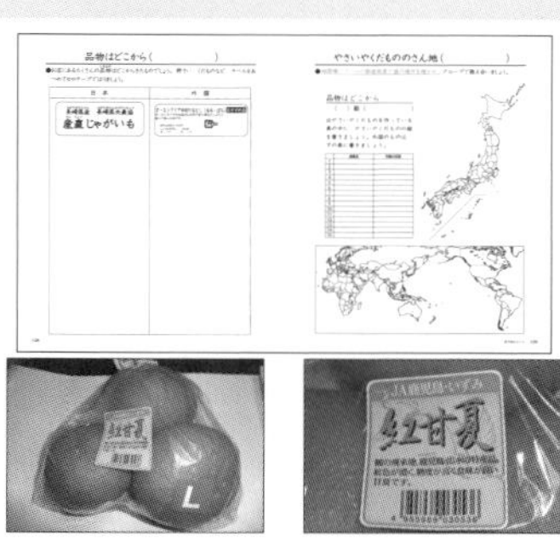

3 確かめる 野菜・果物に分けて，どこの産地が多いか確かめよう。

では野菜はどこが多いかな，予想をしてみましょう。確かめるために，皆さんが集めたラベルをプリントからはがして，前の黒板に貼っていきましょう。
①私たちの県だと思う人，
②ほかの都道府県の人，
③外国のものの人。

挙手させて人数を板書する。

やさいのさんち
日本（　）
外国（　）
くだもののさんち
○○県（　）
日本（　）

グループごとに作業していく。児童によっては，張る場所がわからなかったりする場合があるので，個別に支援する。

「次にくだものを予想しましょう！」

同じ手順でグループごとに作業していく。

4 まとめる 産地を調べて，考えたことをまとめよう。

集まったラベルの数からどんなことがわかるかな。まず数を確かめましょう。
集計していき，わかることを確かめていく。
日本中からいろいろなものが来ているね。
くだものは外国のものがけっこうあるわ。

「予想と比べて結果はどうだったかな。」
・新鮮だから私たちの県でとれていると持っていた。
・こんなに外国のものが多いのにビックリ！

予想と結果から考えられることを発表させる。
・私たちの県の品物はそんなに多くない。
・日本中あちこちからきている。
・世界の端からもきているようだ。

品物はどこから（　　　　　　　　）

●お店にあるたくさんの品物(しなもの)はどこからきたものでしょう。野さい，くだものなど，ラベルをあつめてセロテープではりましょう。

日　本	外　国
長崎県産(ながさきけんさん)　長崎県央農協(ながさきけんおうのうきょう) 産直(さんちょく)じゃがいも	オーストラリア牛切りおとし（もも・ばら）おすすめ品 オーストラリアの大自ぜんの中でぼく草をたっぷりと食べて育った牛です。 プラ トレイ ラップ ほぞん方ほう 4℃以下 しょうみきげん　05. 7.21　かエ日　05. 7.19

やさいやくだもののさん地（　　　　　　　）

●地図帳でラベルの都道府県や国の場所を確かめ、グループで教え合いましょう。

品物はどこから

（　）組（　　　　　　）

☆やさいやくだものを作っている県の中に，やさいやくだものの絵を書きましょう。外国のものは，下の表に書きましょう。

	品物名	外国の名前
1		
2		
3		
4		
5		
6		
7		
8		
9		
10		
11		
12		
13		
14		
15		

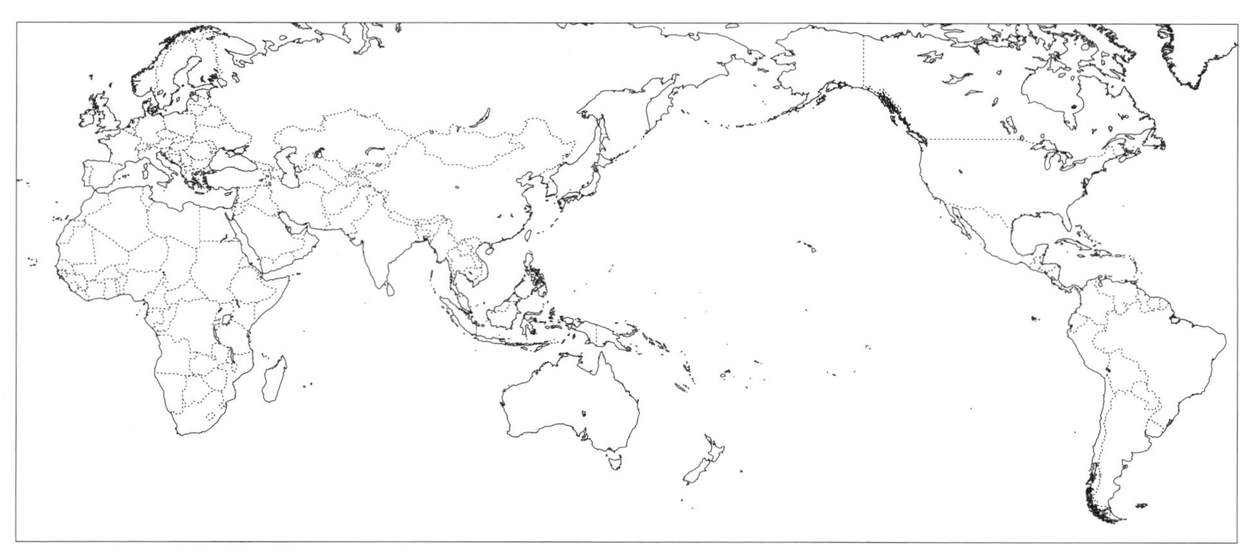

第11時 たくさんのお客さんが来るひみつ

本時のポイント 見学で得た情報をグループで整理するときは巡視してグループごとに

本時の学習のめあて

お客さんが店に求めていることと，スーパーマーケットの工夫とのつながりについて考える。

準備物

- 見学インタビューカード③お客用＿２
- 付箋（一人１０枚ほどは必要）
- グループ用発表ホワイトボード
- ボード用マーカー

板書例

たくさんのお客さんが来るひみつ

どこから

- 近く
- となりの市
- となりの校区

JR高つき駅
はん急高つき市駅
市役所
JR摂津富田駅
○○製薬
校区周辺地図
学校
はん急富田駅
○○橋
消ぼうしょ
市民プール

どうやって

- 車　・自転車　・バス
- 歩いて　・タクシー

1 振り返る　お客さんにインタビューした内容を確かめよう。

スーパーマーケットにたくさんのお客さんがくるひみつを見つけようと思います。お客さんへのインタビュープリントで，聞いてきたことを確かめましょう。

今日の学習テーマを提示し，準備させる。
準備できたら付箋（メモ用紙）を配布する。

この人も車できている。
この人はとなり町から来たんだわ。

「まず，自分が聞いたインタビューの内容を，
①どこから来たのか
②どうやってきたのか
③買いものをするわけ
ごとに付箋（メモ用紙）に書き込みましょう。」

2 整理する　グループでインタビューの内容を整理しよう。

一人ひとりがまとめた付箋（メモ用紙）を，［①どこから来たのか ②どうやって来たのか ③買いものをするわけ］ごとに分けてボードに貼り，お客さんから聞いたことを整理して，確かめ合いましょう。

えーと
この人も隣り町だよ。
車が多いね。
本当ね。
どこから来たか
どうやって来たか
買いものする「わけ」

- 僕がインタビューした人は隣の町から来たって。
- お肉や野菜の種類がたくさんあるのがいいみたい。

「グループで発表できるように準備しましょう。」

- 私はどこから来たのかを発表するね。
- このわけとこのわけは同じ意味だからまとめよう。

活動を促し，丁寧に支援するようにしましょう。

買いものする「わけ」

・ちゅう車場が広く、車できてゆったり買い物ができるから

・地元のやさいがあって安い

・魚のしゅるいがたくさんある

・パックで売っているものがありべんり

まとめ

スーパーマーケットではお客さんが来てくれるように，いろいろなサービスをしている

主体的・対話的で深い学び

お客さんから聞いたことをもとにして，グループで内容を話し合って整理してお客さんの願いや要望を取り出し，それに対応するスーパーマーケットで働く人の工夫やサービスを考えさせたい。

3 発表する グループでまとめたことを発表しよう。

それぞれのグループでまとめたことを，順に発表してもらいます。発表を聞きながら，思ったことや疑問に思ったことはあとでききましょう。

グループ順に発表をさせる。

どこから
◦近く
◦となり町
まず，どこから来たのか発表します。

・駐車場が広く車で来てゆったり買いものができる。
・地元の野菜があり，安心。
・魚や肉の種類や売り方（パック）がたくさんある。
・食品だけでなくいろいろな売り場がある。

指導者は発表内容の重複を判断しながら板書する。

板書は，次時以後の導入などで提示することがあるので，授業後にカメラで撮り，画像にしておくとよい。

4 話し合い まとめる 発表の内容を確認し，買い物をするわけを話し合い，まとめよう。

いろいろな買い物をするわけがありましたが，お客さんが来るようにはじめから店が工夫したのかな。

〈どこから来たのか〉から点検して行き，〈お客さんが来るわけ〉が，お店の工夫にあることを考えさせる。

いろいろなサービスをしているんだね。
スーパーマーケットでは，お客さんが来てくれるように。

・お客さんがこうしてほしいとお願いしたのかな。
・他の店より買いやすいように考えたのかな。

「お店の工夫をサービスといい，店ごとにいろいろなサービスをしています。」

言葉を説明して理解させ，店のサービスについてまとめる。

第12時 町の人とともに

教材研究のポイント　リサイクルコーナーなどのサービスコーナーの所在は児童の見学前に

本時の学習のめあて

スーパーマーケットでは，地域や地域に住む人たちとともに，リサイクルなど様々なことに取り組んでいることを理解する。

準備物

・DVD 所収資料（リサイクルコーナー画像など）

板書例

スーパーマーケットで品物を売ることのほかに
どのような取り組みをしているのかな

①リサイクルコーナー

・ペットボトル
・ビン
・牛にゅうパック
・プラスチック

ごみをへらすくふう

〈発見したこと〉

・リサイクルコーナー
・新聞紙を集めるところ
・エコバッグ
・車イスのかし出し
・コピーき
・銀行のコーナー
・ほじょ犬が入れる

1 振り返る　品物を売ることのほかで取り組んでいることを発見しよう。

スーパーマーケットの見学で発見したことがたくさんありましたね。自分たちの発見を思いだしましょう。見学して見つけた工夫や気づいたことの中に，品物を売ることのほかに何かしていることがないかな。何か発見しましたか。

見学時に撮影したビデオや画像をスライドショーを視聴させて思い出させる。

リサイクルコーナー
牛乳パック
ペットボトル
ビン
そういえば
リサイクル
BOX が
あったわ。

「以前学習したときのボードを配るので，グループで確認してみましょう。」

⑦時間目の学習終了後に保管したグループ用ボードを配布して，グループでの活動を促す。見学時のビデオや画像がないときには，教科書の写真や DVD の画像を示してもよいだろう。

2 話し合ってまとめる　グループで発見したことをまとめよう。

品物を売ることのほかに何かしていることがないでしょうか。

グループ巡視の後，気づいたことの中から発見したことをグループごとに順次発表させ，板書していく。

車イスが
あったのは
②のほうね。
古新聞おき場は
①のほうだね。
ちゅう車場の横に
古新聞を集める
場所がある。
サービス
コーナーに，宅配
マークがある。

「いろいろ発見しましたね。発見したことを，
①リサイクルコーナー
②お客さんが利用しやすいためのもの
に分けて詳しく調べましょう。」

次課題を提起する。この際，見学寺の写真などがあれば，よりイメージがわくだろう。

調査して，その内容を把握しておきましょう。

②りようしやすいように

・おとしよりや，体のふじゆうな人がいきやすい

・ぎんこうコーナーはあればべんり

だれもがりようしやすい店へ

まとめ

品物を売るだけでなく，地いきや地いきにすむ人びとのために，さまざまなとりくみをしている。「地いきこうけん」

主体的・対話的で深い学び

スーパーマーケットでは，品物を売ることのほかにもしていることがあることに気づき，地域も人たちとともに，地域の生活環境を守る取り組みをしていることを考える。

サービスカウンター
ATM
コピーき

リサイクル ボックス

3 調べる リサイクルコーナーについて調べよう。

リサイクルのコーナーでは，どんな物を集めていたか考えてみましょう。
リサイクルコーナーにはなにがあったのかなあ。

具体的なリサイクル品を取り上げていく。指導者が，画像や実物を準備して，意見が出ないときには提示してもよいだろう。

・ペットボトルの箱があったよ。
・牛乳パックやジュースのパック入れもある。
・食品パック入れもある。
・確か，空き缶入れもあった。
・古新聞紙を集めるところもある。
・ポイントがつくらしいよ。

4 発表してまとめる なぜ，このような取り組みをしているのか考えよう。

リサイクルの他に，お客さんや地域の人たちが利用しやすくなっていることを調べてみましょう。
お年寄り用の駐車場がある。
車いすを貸してくれる。
銀行のコーナーもある。
コピー機や宅配も扱ってくれる。

「スーパーマーケットは，どうしてこのような取り組みをするのでしょう。」
・リサイクルすることで環境を守る手助けをする。
・地域の人が安心して利用できる店づくりをしている。

「品物を売るだけでなく，地域の人々の役に立つような取り組みをしていますね。これを“地域貢献”といいます。」

第 13 時

はたらく人の工夫をまとめる

本時の学習のめあて

お客さんが店に求めていることと，スーパーマーケットの工夫とのつながりについてまとめる。

準備物

・前々時⑪板書例 _ 画像など

教材研究のポイント　学習中に出てくる用語(キーワード)は，まとめの段階でチェックして

板書例

学習問題　スーパーマーケットではたらく人は，多くの人びとが買い物をしやすくするためにどのようなくふうをしているのでしょうか。

お客さんのねがい		はたらく人たちのくふう
・車や自転車でゆったり行きたい	→	・広いちゅう車場とけいび員
・すぐに品物を見つけたい	→	・見やすくわかりやすいカンバン
・品物のさん地が知りたい	→	・見やすいフダと産地
・りょうが少しでも買えるといいな	→	・パック入りのりょうをかえる
・お金だけでなくカードで買いたい	→	・カードで買い物ができる

など

1 振り返る　お客さんがスーパーマーケットに来る『わけ』を確認しよう。

前時に“スーパーマーケットに来るわけ”としてまとめたことを思い出しましょう。

まとめた時の板書をプロジェクターなどで提示する。

地元の野菜があって安心，というのもあったわ。
駐車場が広いから，というのがあったね。
魚や肉の種類や売り方（パック）がたくさんある。
食品だけでなくいろいろな売り場やお店があり，いろいろ見てまわれるのが便利だね。

「では，学習問題を確認してみましょう。」

学習問題を板書する。

「今までの学習を振り返りながら，働く人の工夫をまとめていきましょう。」

2 見つける　確認した『わけ』から，お客さんの願いを見つけよう。

確認した“買い物をするわけ”から，お客さんがスーパーマーケットにこうなっているといいなという願いを見つけます。まず“車で来てゆったり買いものができる”ということから考えましょう。

前々時の板書例の一項目ずつ考えて発表させていく。

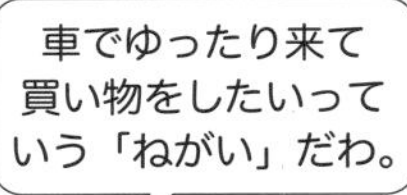

車でゆったり来て買い物をしたいっていう「ねがい」だわ。

駐車場が広いからっていう「わけ」は…。

・車で来たら，たくさんの買いものでも安心。

・車が置ければ遠くの店でも行くことができる。

「そうですね。お客さんは車やバイク，自転車の駐車場が広い方が行きやすいですね。」

一項目ずつ確かめていき，願いとして板書していく。

意味を確認し合い，児童の共通認識になるようにしましょう。

まとめ

お客さんのねがいと，はたらく人のくふうがむすびついている

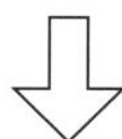

スーパーマーケットではたらく人びとはお客さんが買い物をしやすくするためにさまざまなくふうをしている

主体的・対話的で深い学び

スーパーマーケットに来るお客さんの願いや要望を確かめ，それに関連するスーパーマーケットで働く人の工夫やサービスについてグループで話し合いながら考えまとめる。

3 話し合い確かめる お客さんの願いと働く人の工夫やサービスのつながりを確かめよう。

お客さんの願いに対して，働く人たちはどんな工夫をしているのかグループで話し合いましょう。
とても少ないおかずのパックがあったね。
いろいろな量でパックしているんだね。
少ない量で買いたい人のために…。

グループで発表したはたらく人の工夫を集めたボードを配布し，問題を出し，しばらくグループで話し合わせる。

「それでは，お客さんの願いに結びつく働く人の工夫を一項目ずつ確かめましょう」

- 広い駐車場と警備員さんがいます。
- いろいろ買っても入るカゴとカートの準備がしてある。
- 見やすくわかりやすいカンバンをつける。
- お金でなくカードでも買いものができる。

4 まとめる お客さんの願いと，働く人の工夫やサービスのつながりについてまとめよう。

今まで調べてきた結果から，働く人の工夫やサービスは，どんなことをもとに考えているのかな。
お客さんの考えをかなえるようにしているね。
働く人の工夫とお客さんの願いがくっついているね。
いろいろ考えているんだなあ!!

お客さんの願いが，はたらく人の工夫やサービスを生み出していることを，つかませていく。

「そうですね。お客さんが買い物しやすいように，働く人はいろいろと工夫しているのですね。」

キーワードのチェック

「サービス」「しいれ」「産地」「品質」「地域貢献」「バーコード」など，以前から出ている言葉は再確認し，初めての言葉は具体的に共通認識できるようにする。

第14時 いろいろなお店

教材研究のポイント　地域にあるいろいろな店舗を知るとともに，プリントなどでどんな働

本時の学習のめあて

地域にあるさまざまな店の様子を調べ，その特色や私たちの生活との関わりを考え，理解する。

準備物

・DVD 所収資料
　コンポビニエンスストアのようすワークシート，
　いろいろなお店ワークシート

板書例

いろいろなお店

よく行くお店

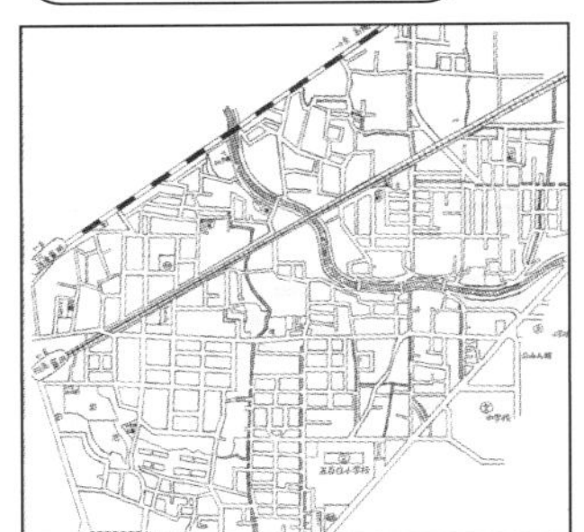

・コンビニエンスストア
・駅近くの商店がいのお店
・文具屋さん
・肉屋さん
・くだものやさん
・薬屋さん

・お店のしゅるいがたくさんある（商店がい）
・近所のお店
　自転車や歩いても行ける
　知り合いなのでおまけしてくれる

1 つかむ　地域にあるよくいく店を思いだそう。

よくいく店で，スーパーマーケットのほかにどんなお店がありましたか。
商店のイラストや写真画像を提示しながら
駅近くの商店街のお店もある。
コンビニエンスストアだ！
近くのお店（文具屋さん，肉屋さん）にもいくよ。

以前「よくいく店」の授業で作成した『校区を中心とした地域白地図』をはり出し，店の印を確かめ，グループで集約した“家の人がよくいく店”を思い起こす。

2 見つけて話し合う　近所のお店はどんなお店で，便利なところはなんだろう。

スーパーマーケットが多いですが，近所の店とコンビニエンスストアも多いですね。その店に行く理由はどんなことでしたか。
近所のとうふ屋さんは手づくりだよ。
朝早くや夜遅くでも買い物ができる。（コンビニ）
お店の種類がたくさんある。（商店街）
家の近くの店はすぐに行ける。

「近所の店は何を売る店で，いいところはどんなところしょう。」
・文具屋さん　・肉屋さん　・くだものやさん
・クスリやさん　・パン屋さん
・自転車や歩いてもいける。
・知り合いなのでおまけしてくれる。

きをしているのかを見つけられるようにします。

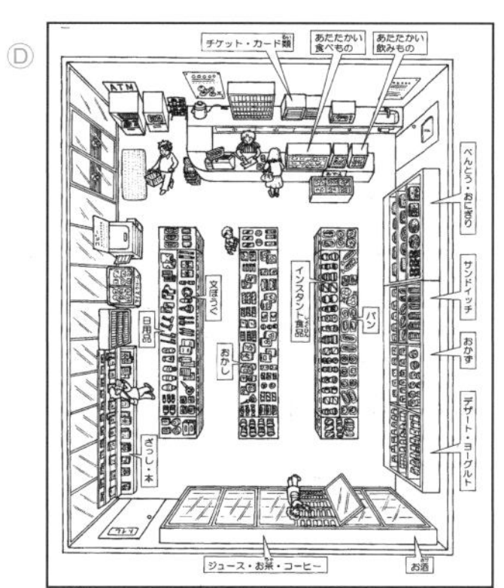

コンビニエンスストア

- 早朝や夜おそくでもあいているので，買いに行ける
- いろいろな品物を売っている
- お金を引き出せるきかいがある
- たく配びんを送れる

など

まとめ

ちいきにはいろいろなお店があり，わたしたちの生活をささえている

主体的・対話的で深い学び

スーパーマーケットのほかにも日々児童が接する機会の多い，地域にあるコンビニエンスストアなどのお店を取り上げる。プリント資料などでお店の様子や工夫を調べ，その特色や私たちの生活との関わりなどを考え，店舗の役割を考えさせたい。

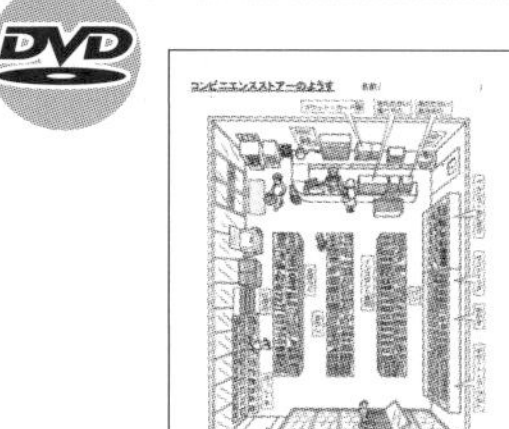

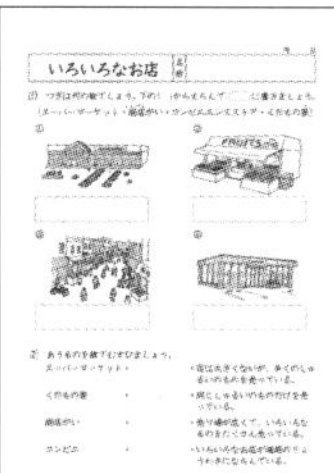

3 見つけて話し合う　コンビニエンスストアのよいところを話し合おう。

コンビニエンスストアはどんなところでしょう。みなさんの知っていることを発表してください。
夜遅くもあいているそうだ。
ものさしと定規を買いに行ったよ。
土曜日にお昼のサンドイッチを買いに行きました。
朝早くあいているので，食パンを買いに行った。

コンビニエンスストアの画像をプロジェクターで提示する。

- いろいろな品物を売っている。
- ちょっとした買いものに便利といっていた。
- お金を引き出す機械 ATM（エーティーエム）がある。
- 宅配便を送れる。

4 発表してまとめる　他のお店を調べ，様子をまとめよう。

そのほかにもいろいろなお店があります。どんなお店なのかプリントで調べましょう。
デパートもおみせなのだね。
無人販売所もあるね。
移動販売車はよくまわってくる。
朝市は，農協のところで日を決めて売っているよ。

ワークシート（DVD 収録）を配布する。

「地域にはいろいろなお店があり，私たちの生活を支えていることがわかりましたね。」

※プリントに記入して完成させ提出させる。

月　　日

いろいろなお店

	名前	

1　つぎは何の絵でしょう。下の(　)からえらんで、□に書きましょう。

(スーパーマーケット・商店(しょうてん)がい・コンビニエンスストア・くだもの屋(や))

①

SUPER MARKET

②

FRUITS

③

すし
そば
茶
果物

④

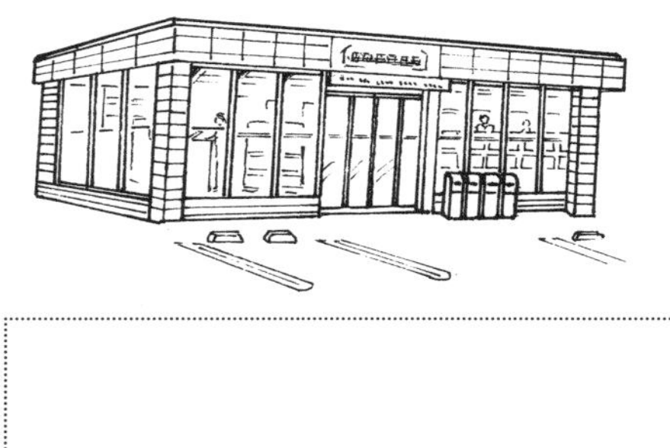

2　あうものを線でむすびましょう。

スーパーマーケット・	・店は大きくないが、多くのしゅるいのものを売っている。
くだもの屋　・	・同じしゅるいのものだけを売っている。
商店がい　・	・売り場が広くて、いろいろなものをたくさん売っている。
コンビニ　・	・いろいろなお店が道路のりょうわきにならんでいる。

3　ほかにもお店にはいろいろなものがあります。つぎは何の絵でしょう。下の説明を読んであうことばを□に入れましょう。

①

②

③

④

む人はん売所	（畑でとれた野さいなどがおいてあって、そこにある入れものにお金を入れて買う）
デパート	（町のにぎやかな通りにある大きなたてもので、いろいろな品物をきれいにならべて売っている）
いどうはん売車	（小がたトラックなどに品物をつんで、売りに来る）
朝市	（町の広場などで朝開いて、野さいや魚や特産物などを売る）

4　ほかに、たくはいサービスというのもあります。調べてみましょう。

第15時 はたらく人の様子とくふうを紹介する

教材研究のポイント　まとめ学習の表現活動がスムーズになるように，見学時の写真などを

本時の学習のめあて

スーパーマーケットの見学で発見した，働く人の仕事の様子を一つ取り上げ，絵カードを作成し紹介する。

準備物

・DVD 所収資料
働く人イラスト画像，
ポスター用下書きワークシート，
働く人ポスター用紙

板書例

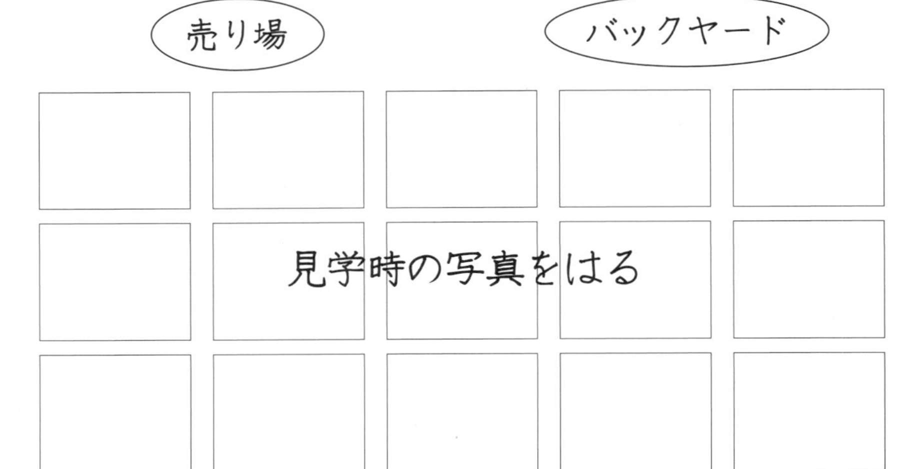

はたらく人をしょうかいしよう
売り場
バックヤード
見学時の写真をはる

1 つかむ 働く人の中から，紹介したい人を見つけよう。

いろんな仕事の人がいましたね。この中から紹介したいなと思う人を１人選んで，モデルとして絵カードをつくり，紹介することにしましょう。
教科書などのスーパーマーケットのイラストを見る。
ぼくは「魚を切り分けている人」にしようかな。
品物点検をしている人がいたよ。
私は「レジの人」を紹介したい。
バックヤードで肉を切り分けている人がいたよ。

児童の発言の内容ごとに，仕事場所を大きく売り場とバックヤードに分けて，準備イラストや仕事内容を板書していく。

2 調べる 働く人について，紹介したいことを調べよう。

紹介する人が決まったら，紹介する内容について整理して，ワークシートに記録しましょう。

児童が予備調査する記録ワークシートを配布する。
下記のように具体的に整理する内容を説明する。

①仕事の内容・詳しい説明と働いている場所。
②働いている人の服装・ユニホーム，帽子や靴，手袋など装備品も含めて思い出してメモさせる。
③仕事で使っている機械や道具，バーコード，小型パソコンなど。
④仕事で工夫していること。

包丁とまな板とエプロンと…
レジの機械と…。

利用していろいろな場面を掲示してみましょう。

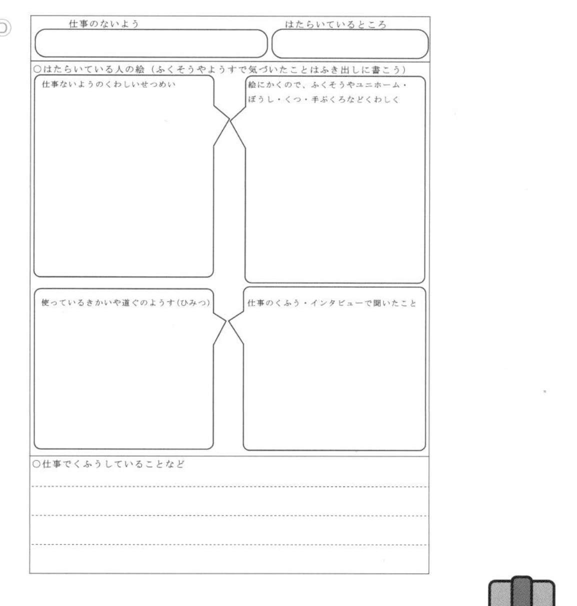
Ⓓ
仕事のないよう
はたらいているところ
○はたらいている人の絵（ふくそうやようすで気づいたことはふき出しに書こう）
仕事ないようのくわしいせつめい
絵にかくので，ふくそうやユニホーム・ぼうし・くつ・手ぶくろなどくわしく
使っているきかいや道ぐのようす（ひみつ）
仕事のくふう・インタビューで聞いたこと
○仕事でくふうしていることなど

主体的・対話的で深い学び

スーパーマーケットの見学で発見した，働く人の仕事の工夫の中から印象に残ったことを一つ取り上げ，写真や絵，吹き出しなどを使って，みんなに紹介する絵カード（ポスター）を仕上げる表現活動を通して，自分の思いをはっきりさせるようにしたい。

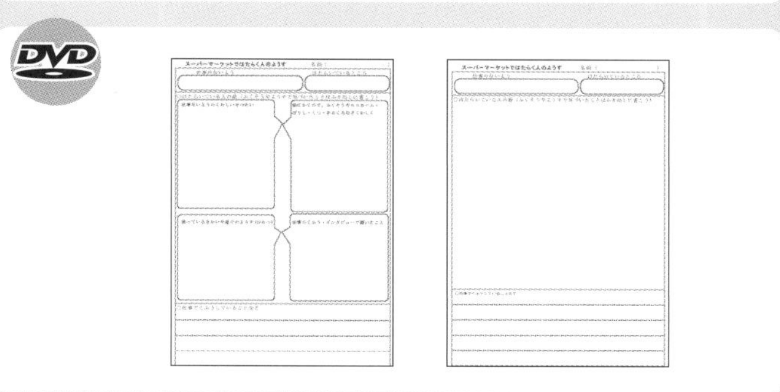
DVD

3 見つけて話し合う 紹介したい人のことを，絵カードにしよう。

紹介する内容がだいたいできたら，まず働く人の全身をポスター用紙にかきましょう。

児童が記録ワークシートに記入している進捗状況を見ながら，ポスター用紙を配布していく。

> 絵カードに描く中身を説明する。
> ①仕事の内容と，働いている場所をかく。
> ②紹介する人の絵を大きくかき，仕事の説明，服装，道具，機械，インタビューの内容などを，吹き出しで説明する。
> ③仕事で工夫していることをかく。

工夫している事や使っている機械も描くよ。
まずは全身を描いて…服装は…

机間巡視し，考えている児童には，参考イラストなどを参照させながら，個別に対応して学習を促す。

4 発表してまとめる 絵カードを発表しよう。

それでは，発表していきましょう。

絵カードの出来上がり具合を確かめながら，早めに仕上がりそうな児童には，働く人の絵の色づけをさせて完成させる。

私が紹介したい人は「レジではたらく人」です。

発表は時間内に確保できればよいが，できないときには，
①朝や下校時のホームルームで２分時間を確保し，２人ずつ発表させていくというような方法。
②総合学習の時間を確保して，２グループに分けてポスターセッションする方法。
③２クラスで発表し合う。
などの方法が考えられるだろう。

いかす

私たちの生活とさまざまな仕事とのつながり

本時のポイント 小単元で制作してきたはたらく人の様子を再確認し，わたしたちの生

本時の学習のめあて

私たちの生活と，いろいろな仕事ではたらく人とのつながりについて考える。

準備物

・児童作品（スーパーマーケットで働く人ポスター，農家の仕事絵カ ード（ポスター）など

板書例

わたしたちの生活とさまざまな仕事のつながり

私たちの生活と、さまざまな仕事のつながりを考えよう

レジではたらく人
300えん
ピッ
¥1248
すごいスピードでレジをしていた。はやいけれども、ていねいだった。

トマトのしゅうかく
ていねいに1つずつしゅうかくをしていた。

1 振り返る 今まで調べてきた働く人の工夫を振り返ろう。

スーパーマーケット（お店）や農家・工場の学習で，はたらく人の仕事のようすや工夫を，絵カードにしましたね。どんなことをかいたか思い出し，発表しましょう。

スーパーマーケットや農家・工場の仕事で書いた絵カードなどを配布する。

私は土づくりをしている人をかいたよ。

ぼくはトマトを選り分けている人の様子だった。

ぼくはレジの人だったよ。

※発表の掲示用に書画カメラ（実物投影機）とプロジェクター（電子黒板）などを準備し，児童のポスターを投影できるようにしておくとポスターが見やすい。

2 振り返る 今まで調べてきた働く人の願いを振り返ろう。

みなさんがかいた絵カードに，働く人が工夫しながら思っていること（願い）を，グループで話し合いながらつけ加え，発表しましょう。

おいしいトマトを食べて欲しいと言っていたわ。
気持ち良く買い物をして欲しいと言ってたね。
「店でお客さんがすぐに品物を見つけられるように」といっていた。
安心で安全なトマトをつくるように心がけるといっていた。

「では，順に発表してもらいます。発表を聞く人は，工夫や願いが私たちの生活にどのようにつながっているか考えながら，発表を聞きましょう。」

活とのつながりを考えさせるようにします。

はたらく人とわたしたちのつながり

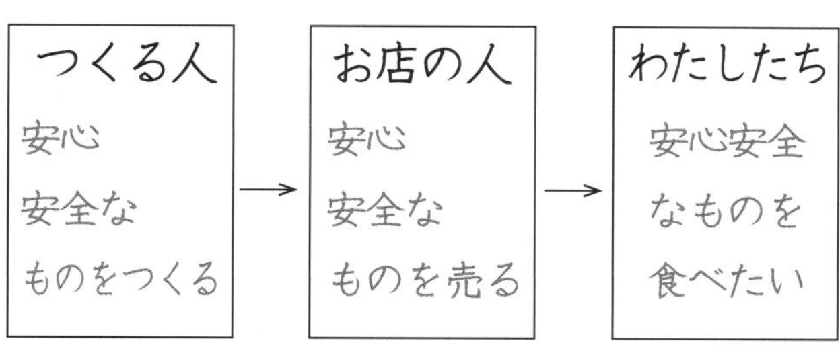
つくる人
安心
安全な
ものをつくる
→
お店の人
安心
安全な
ものを売る
→
わたしたち
安心安全
なものを
食べたい

まとめ
・地いきの人のいろいろな仕事と
わたしたちの生活がつながっている

主体的・対話的で深い学び

私たちが，今まで学習してくる中で調べた働く人たちの仕事の工夫と消費者に対する願いを振り返り，絵カードに理解したことや考えたことに付け加えて表現整理し，私たちの生活とのつながりをまとめるようにする。

3 考える 働く人と私たちのつながりを考えよう。

みなさんに発表してもらいましたが，スーパーマーケット（お店）の人たちはどんな工夫や願いが多かったでしょう。
つくる人
お店の人
私たち
お客さんが便利に買いやすいようにいろいろな工夫をしていた。
売ることだけでなく，地域の人たちの役に立つようないろいろなサービスもしていた。

「農家で働く人たちはどんな工夫や願いが多かったですか。」
- おいしいトマトをたくさんの人に食べてほしい。
- 手づくりの肥料を工夫して作り，安全なトマトを食べてもらう。

4 まとめる 働く人と私たちのつながりをまとめよう。

それでは，スーパーマーケット（お店）と，農家や工場の仕事のつながりをまとめましょう。
私たちの生活はつながっているね！
地域の人のいろいろな仕事と…
工場は食べる人のことを考えて，安心安全な品物をつくる。
お店はその品物を仕入れ，お客さんのことを考えて工夫やサービスしている。

「お店や農家・工場の仕事のつながりや私たちの生活とのつながりをまとめましょう。」
- 農家や工場で作ったパンや野菜がお店で売られて，それを私たちは買っている。
- 地域の人のいろいろな仕事と私たちの生活がつながっている。

火事からくらしを守る

全授業時間 10 時間（導入 1 時間＋授業 9 時間）

◉ 学習にあたって ◉

◇何を教えるのか　－この単元の特徴－

今ここにある危機を防ぐために，ここでの学習では，地域社会で発生する火災の防止について，消防署や警察署・市役所などの関係諸機関で働く人々が，地域の人々と協力して火災から人々の安全を守っていることや，関係諸機関が相互に連携して緊急に事態に対処する体制を取っていることを，見学・調査や資料を活用して調べ，地域社会の安全を守るために地域社会の一員として自分たちができることを考え，表現し，提案する学習を目指します。

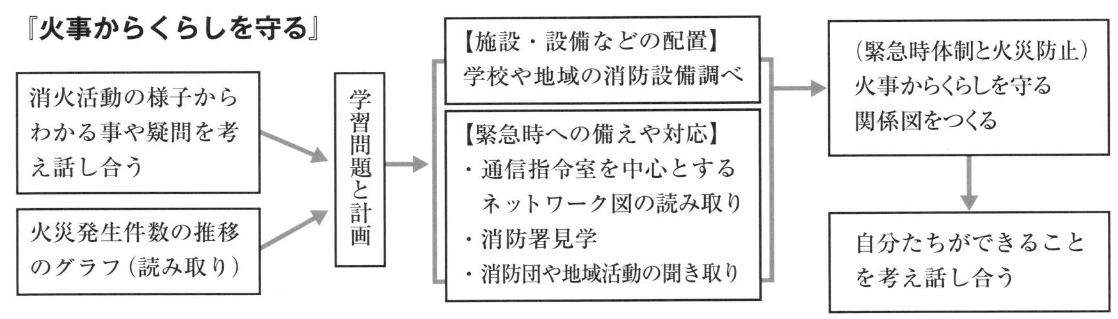
『火事からくらしを守る』
消火活動の様子からわかる事や疑問を考え話し合う
火災発生件数の推移のグラフ（読み取り）
学習問題と計画
【施設・設備などの配置】
学校や地域の消防設備調べ
【緊急時への備えや対応】
・通信指令室を中心とするネットワーク図の読み取り
・消防署見学
・消防団や地域活動の聞き取り
（緊急時体制と火災防止）
火事からくらしを守る
関係図をつくる
自分たちができることを考え話し合う

◇どのように教えるのか　－学習する手がかりとして－

まず，地域社会で発生する火災がどれくらいあるのかをつかみ，緊急時の対応と火災を未然に防止する活動について調べる学習計画を立てます。そのために，消防署や地域の消防施設を見学したり，聞き取り調査をすることが必要になります。その調査活動が，緊急時への備えや対応を知り，地域の人々の安全な生活の維持と向上を図るための法や決まりがあることに気づき，様々な施設や設備の働きや役割，人々の工夫や努力について，理解を深めることになります。

◉ 評　価 ◉

知識および技能

・火災に関係する諸機関は，地域の人々と協力して防災に努めていることや，相互に連携して緊急に事態に対処する体制を取っていることを理解する。

・火災に関係する諸機関の働きと，その機関で働く人々や地域の人々の諸活動や工夫・努力を理解している。

・見学や調査をしたり資料を活用して，災害防止のための諸活動について情報を集め読み取っている。

思考力，判断力，表現力等

・色々な災害から人々の安全を守る諸活動や工夫・努力について，学習問題や学習計画を考え表現している。

・地域の人々の生活と，人々の安全を守る関係諸機関の働きや地域の人々の工夫・努力を関連づけて考え，表現している。

主体的に学習に取り組む態度

・火災からくらしを守ることについて必要な情報を集め，読み取ったことをもとに自分の意見や疑問をもち、進んで話し合いに参加しようとしている。

◉ 指導計画　10時間（導入１時間 ＋授業９時間）◉

時数	授業名	学習のめあて	学習活動
導入	くらしを守るしくみと働く人たち 「くらしを守る」導入	・私たちのくらしの中で，どのような火災や事故・事件が起こっているのか話し合い，現場で働いている人たちの様子に関心を持つ。	・地域社会で起こるさまざまな火災や事故・事件についてどんなことが起こっているか話し合い，安全なくらしを作るためのしくみや人々の働きに関心を持つ。
1	火事が起きたら	・火災から私たちを守るために働いている人たちがいることやその取り組みを知り，関心を持つ。	・火事が起きたときに消火活動をしている人たちの様子を観察し，火事に関する諸グラフの変化から，火事を防ぐ活動に関心をもち，調べたいことを見つける。
2	学習の進め方	・火事を防ぐ取り組みについての学習問題を設定し，見学を含めた学習計画を立てる。	・一人ひとりの興味・関心から調べたいことを整理し，学習問題を話し合い設定する。問題に対する予想や調べ方などを見学カードに書き込み，見学に備えるようにする。
3	消防署の見学①	・消防署を見学して，いろいろな消防自動車の秘密や装備，仕事の様子などについて調べ，わかったことをまとめる。	・消防署の見学で調べてきたことを整理するために，各自の見学カードをもとに話し合って，発表のレポートを作成する内容を考えながらカードの内容を補う。
ひろげる	消防署の見学②	・消防署を見学して，いろいろな消防自動車の秘密や装備，仕事の様子などについて調べ，わかったことをまとめる。	・消防署の見学で調べてきたことを整理するために，各自の見学カードをもとに話し合って，発表のレポートを作成する内容を考えながらカードの内容を補う。
4	通信指令室と さまざまな人々の働き	・火災に素早く対応できる通信指令室の働きと役割や，関係諸機関との協力体制について理解する。	・教科書や資料，イラストなどを参考にしながら，通信指令室の働きと役割を確かめ，関係機関との協力の内容を考えながら，消火活動体制を理解する。
5	地域の消防施設を 探そう	・まちの中に見られる消防施設の配置の工夫について考え，火災から人々の安全を守るために配備されていることを理解する。	・まちの中に見られる消防施設を探して調べ，それらの配置の工夫について考え，火災から人々の安全を守るために計画的に配備されていることを話し合う。
ひろげる	学校を火事から 守るために	・学校の消防設備についての配置の工夫について考え，火災から児童を守るために計画的に配備されていることを理解する。	・学校の消防設備を探して調べ話し合うことで，配置の工夫などに気づき，火災から児童を守るために計画的に配備されていることをつかむ。
6	地域の人々の協力と 消防団	・消防団の働きや取り組みについて調べることから，災害から地域社会の安全を守る活動へ協力することについて考えようとする。	・消防団の倉庫や日頃の活動の写真などを活用してその働きや取り組みを調べ，災害から地域を守る組織の活動の様子をつかみ，協力することについて考える。
7	自分たちにも できること	・今までの学習を振り返りながら，火事から地域の安全を守るために，自分にできることを考え表現する。	・火事から地域の安全を守るために活動している人々の働きを振り返りながら，防火防災について自分にできることを考え，ポスターとして表現する。

導入1

くらしを守るしくみと働く人たち

単元の学習のめあて

私たちのくらしの中で，どのような火災や事故・事件が起こっているのか話し合い，現場で働いている人たちの様子に関心を持つ。

準備物

・火事, 交通事故などの画像（教科書の写真など）

本時の学習のめあて　火災や事件，事故のようすを知り，安全なくらしを守るためのしくみ

板書例

くらしを守るしくみとはたらく人たち

・火事
・交通事故
・盗難（とうなん）

⇨

● 住む所がなくなる
● けががをする
● けがをさせる

生活にこまる

1 つかむ　生活の中で起きている火災や事故・事件を考えよう。

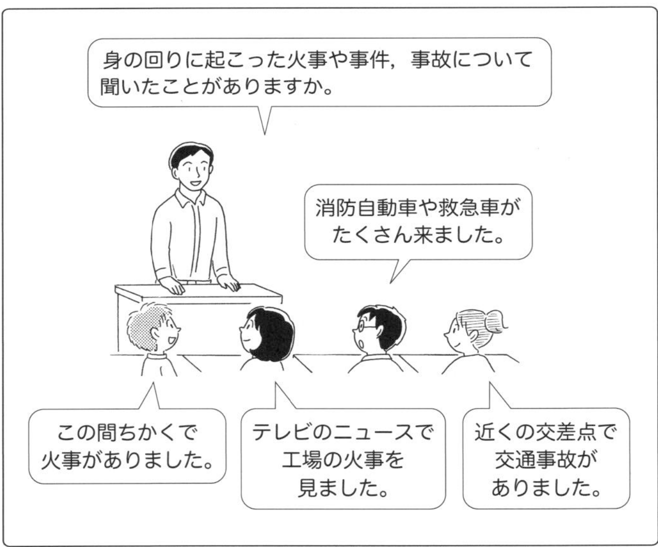
身の回りに起こった火事や事件，事故について聞いたことがありますか。
消防自動車や救急車がたくさん来ました。
この間ちかくで火事がありました。
テレビのニュースで工場の火事を見ました。
近くの交差点で交通事故がありました。

・煙がもうもうと上がっていました。
・夜中に近所の人が急病で救急車がきました。

2 話し合う　火災や事故・事件が起きるとどうなるか話し合おう。

火災や事故・事件が起きると，どんなことが起きますか。
火事が起きても住めなくなってしまうわ。
人が亡くなったりすることもある。
火事の周りでは，道路も使えなくなるよ。
火が消えても煙で住めなくなるそうだ。

・交通事故の時にも交通整理をしているね。
・怪我をしたり怪我をさせたり悲しい思いをする。
・車やバス，電車の通行もできなくなる。

や，人々の働きに関心を持つ。

【めあて】
私たちのくらしを守るために
どのような人たちが働いて
いるのでしょうか。

消防士
けいさつ官
地いきの人々

主体的・対話的で深い学び

地域社会で起こった火災や事故・事件などの写真やイラストなどの例から，地域社会で起こるさまざまな火災や事故・事件についてどんなことが起こっているか話し合い，安全なくらしを作るためのしくみや人々の働きに関心を持つようにする。

3 見つけて話し合う 地域の安全を守ってくれている人は誰かな。

地域で安全を守ってくれているのはどんな人たちか知っているかな。
消防の人や警察官，安全パトロールをしてくれている人もいるね。

・火事では消防士さんたちが駆けつけ消火している。
・事故が起こるとパトカーや救急車がきて，警察の人たちが交通整理をしている。
・救急車は，消防署の人たちがきてくれるらしい。
・交番の前で警察官が町を見張ってくれている。
・登校する時，朝パトロールや交通整理をしている地域の人たちが挨拶してくれるよ。

「たくさんの人たちが安全な生活を守るために活動してくれていますね。」

4 発表してまとめる くらしを守ることについて調べてみたいことやわからないことを出し合おう。

安全なくらしを守ることについて調べてみたいことやわからないことを考えて，出し合いましょう。
夜に火事が起きたら出勤するから，消防士さんは泊まっているのかな？
交番の人の仕事の内容を知りたいな。
救急車はだれの仕事かな。
地域の人の参加はどのようにしているのかな。

・朝パトロールや交通整理はボランティアなのかな
・どうやって災害や事件・事故を防いだり，解決しているのかな。

「それでは，それらの人たちがどのように働いているのか，これから調べていきましょう」

第1時 火事が起きたら

教材研究のポイント　副読本などにない統計資料を使いたい時，市のホームページや統計資

本時の学習のめあて

火災から私たちを守るために働いている人たちがいることや，その取り組みを知り関心を持つ。

準備物

- 火災の件数グラフ
- 火事による人の被害グラフ
- 火事の原因グラフ

板書例

火事が起きたら

- すごいけむりと火が出ている
- 屋上から人がひなんしている
- はしご車で人を助けている
- 消防自動車が何台も来てホースを出している
- ホースからすごいいきおいで水が出て火を消している
- パトカーや救急車も来ている

・119番に電話する　・5分で消防車が来て火を消すと聞いた

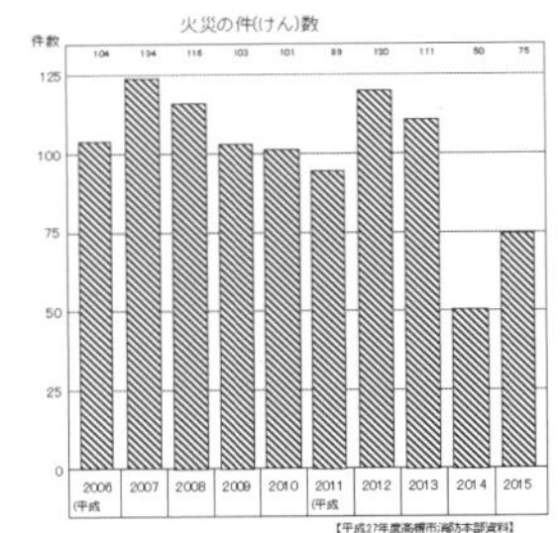

火災の件(けん)数
件数
2006
2007
2008
2009
2010
2011
2012
2013
2014
2015

- 火事の件数はふえていない
- さいきんは少ない
- 2014年は特に火事がすくなくてよかった

消防しょでは，どのふせいだりしている

1 つかむ　火事が起きたらどうなるのか気がつくことを話し合おう。

教科書の火事のイラストを見て，火事が起きるとどんなことが起こるか，気がつくことをあげましょう。
すごい煙と火が出ているね。
パトカーや救急車も来ているよ。
屋上から人が避難している。
はしご車で人を助けている。

- 消防自動車が何台もきてホースを出している。
- ホースからすごい勢いで水がでて火を消している。
- 交通整理をしたり，けが人を運んでいる。

「火事が起きたらどのように火を消していきますか」

- 119番に電話する。
- 5分で消防車がきて火を消すと聞いたことがある。
- わぁ，すごく早いね。

2 調べて話し合う　私たちの町ではどれくらい火事が起こっているのだろう。

このような火事はどうして起こるのでしょう。火事に関するグラフで調べて発表しましょう。

副読本などのグラフの見方を説明する。グラフがない場合は消防年報などから資料を見つけ，DVD所収のファイルに数をいれて作成するようにする。まずグループで話し合うと全員で認識しやすい。

火事の件数は，増している わけではないね。

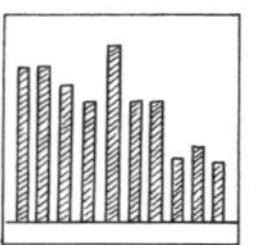

亡くなっている人もいるね…

- 2014年は特に火事が少なくてよかったね
- 火事による人の被害は毎年出ている。
- でもなくなった人がない年もあり，よかった。
- 火事の件数が減ってきているのは，火事を防ごうと取り組んでいるからではないのかな。

料などで資料を作成する。

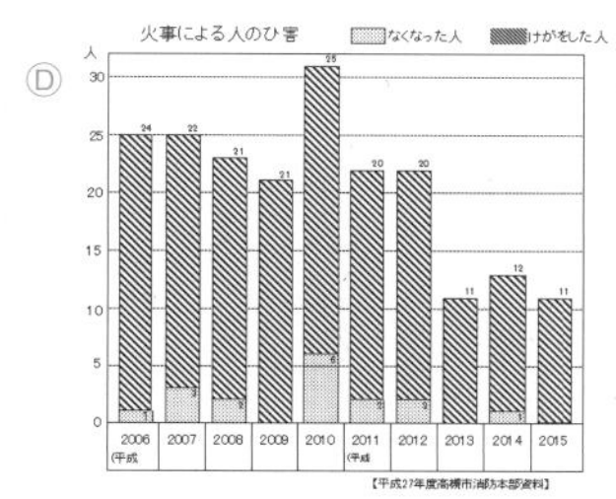

火事による人のひ害
なくなった人
けがをした人
人
2006
(平成
2007
2008
2009
2010
2011
2012
2013
2014
2015
【平成27年度高槻市消防本部資料】

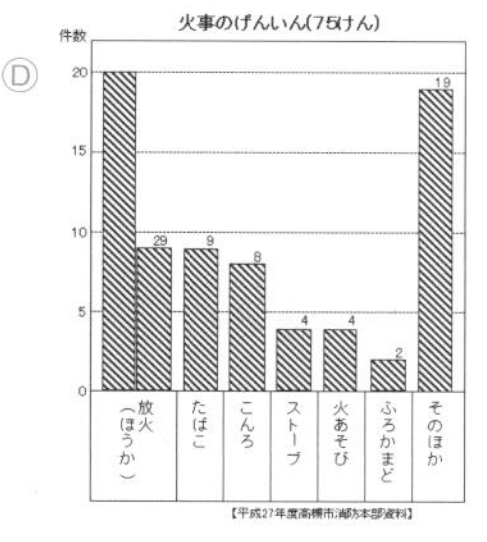

火事のげんいん(75けん)
件数
放火(ほうか)
たばこ
こんろ
ストーブ
火あそび
ふろかまど
そのほか
【平成27年度高槻市消防本部資料】

・火事による人のひ害は毎年出ている
・なくなった人がない年もあり，よかった

・放火が一番多い
・たばこの火はしっかり消す
・コンロやストーブ，ふろかまどには気をつける

ようにして火事を早く消したり，
のだろう

主体的・対話的で深い学び

火事が起きたときに消火活動をしている人たちの様子を観察し，火事に関するいろいろなグラフの変化を読み取ることから，火事の原因を突き止めて火事を防ぐ活動に関心を持たせ，今後の学習で調べたいことを見つけることができるようにする。

DVD

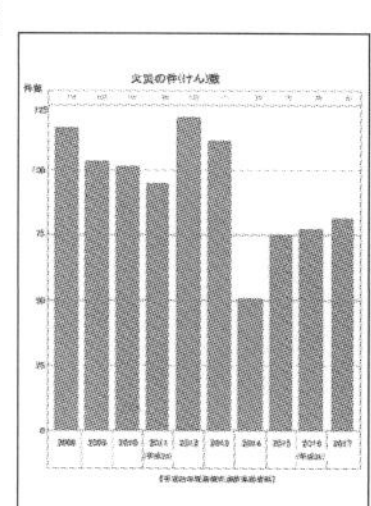

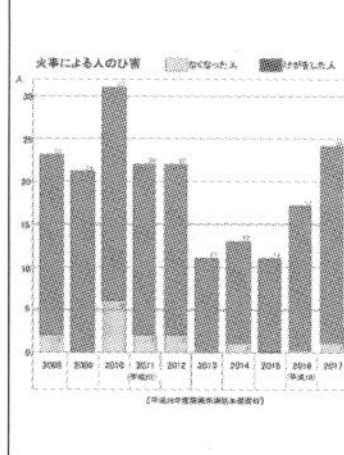

火事による人のひ害

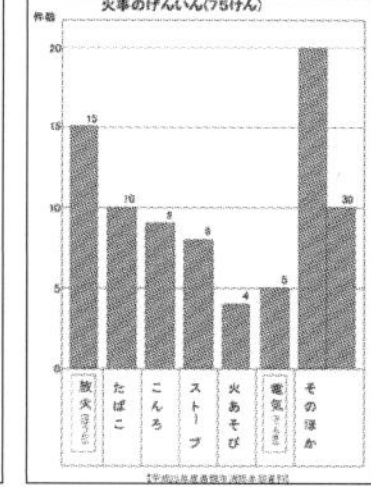

火事のげんいん(75けん)
放火
たばこ
こんろ
ストーブ
火あそび
電気
そのほか

3 調べて話し合う　どうして火事が起こるのか原因を調べよう。

火事の原因になっているのはどんなことでしょう。グラフで調べてみましょう。

火事の原因としての“放火"は，放火の疑いのあるもの（上記のグラフでは 23 件）も含んでいる統計が多い。その他には，電気配線 2 件や配線器具 2 件，マッチライター，などがある。

うわっ！
放火が一番多い!!
こんろやストーブもあるね。気をつけなくちゃ。

・たばこの火はしっかり消さないといけない。
・コンロやストーブ，風呂かまどは私たちや家の人が注意していれば防ぐことができるかも知れない。
・火遊びはしてはいけない。

4 問題を整理する　火事の消火について聞きたいことや調べたいことを出しあおう。

火事を防ぐ取り組みは消防署が中心になっていることがわかりましたね。聞きたいことや調べたいことをメモ（付箋）に書いておきましょう。

メモをノートに貼らせ，“次時に使用”を指示する。

火事を防ぐ活動の様子を調べる。

消火活動の様子を調べる。

どのようにして火事の連絡から早く現場に行き，消火するのだろう。

どのような人がどんな働きをしているのかな。

・消防自動車や服，道具の様子を知りたい。
・ふだんの消防署の人たちの仕事の様子は？
・はたらいている人たちの思い。

第 2 時
学習の進め方（学習計画を立てよう）

本時の学習のめあて

火事を防ぐ取り組みについての学習問題を設定し，見学を含めた学習計画を立てる。

準備物

・消防署見学カード

教材研究のポイント 消防署では市町村別に毎年消防年報を発行しているので，参考資料に

板書例

学習問題を考える

消火活動や火事をどんな人がどのよう

【調べたいこと】
・火事を早く消すくふう
・消防しょの仕事の様子
・消防自動車や服，道具の様子
・消防しょの人たちとほかの人たちの協力の様子
・地いきにある消防団の様子
・働いている人たちの思い

Ⓓ
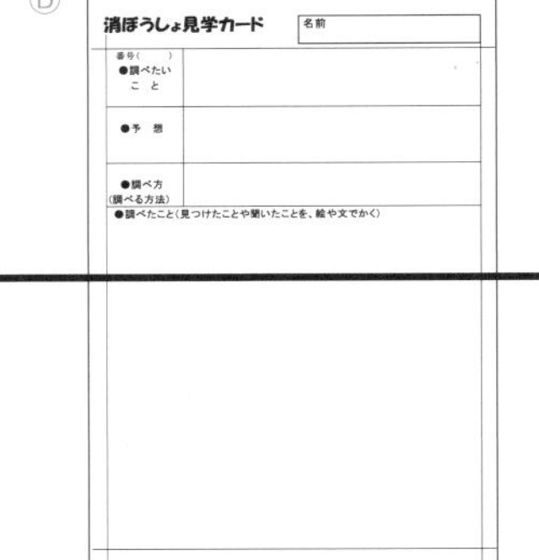
消ぼうしょ見学カード
名前

1 つかむ 『調べたいこと』メモを出しあって，話し合おう。

メモをグループボードに貼って同じ疑問や気づいたことなどみんなで話し合い，調べたいことを整理しましょう。
消防の人はどんな訓練をしているのかなあ。
どんな道具を使っているのかしりたいな。
消防自動車や服の様子を知りたい。
消防署の仕事のようす。

・消防自動車や服の様子を知りたい。
・消防署の人たちとほかの人たちの協力の様子。
・地域にある消防団のようす。
・働いている人たちの思い。

「グループごとに発表して行き，全体の『調べたいこと』メモをまとめましょう。」

一つずつ発表させ板書する。

2 見つけて話し合う 調べたいことから学習問題を考えよう。

いろいろ気づきましたね。それをもとに学習問題を考えましょう。
消火活動について調べてみたい。
私は消防士さんについて調べたいわ。
火事を防ぐことを調べる。
どんな人がどのような働きをしているのか調べる。

「出た意見をまとめて，全体の学習問題を“消火活動や，火事を防ぐためにどんな人がどのような働きをしているのだろう”にしましょう。」（板書記入する）

「学習問題を調べるために，消防署に見学に行きます。グループボードから自分が出したメモ（付箋）を集めて，調べたいことを見学カードに書きましょう。」

消防署見学カードを配る。一つの問題に対して 1 枚のカードを使うように問題の数だけ配布する。

最適である。

ふせぐために，
な働きをしているのだろう

【予想】
→119番でいろんなところへ連絡が行くと思う
→ふだんから訓練していると思う
→まちの中に消防しせつがあるのではないかな？
→いつも車や道具の手入れをしてあると思う
→直通電話があると思う
→地いきにも消防団があると思う
など

【調べ方】
① 見学
② 観察
③ 体験（やってみる）
④ インタビュー
⑤ パンフレットなどをもらう
⑥ インターネット 消防しょのサイト
など

主体的・対話的で深い学び

消防署の見学を前提にして，1人1人の興味・関心から調べたいことを整理し，学習問題まで話し合って設定し，問題に対する予想や調べ方などを見学カードに書き込み，見学に備えるようにする。

消ぼうしょ見学カード
名前

3 見つけて話し合う 整理した学習問題の答えを予想しよう。

整理した学習問題の答えを予想しましょう。
普段から訓練していると思うな。
夜も交代で火事に備えていると思うな。

「どのようにして，火事の連絡から早く現場に行き消火するのだろう。」の問題の予想は，

→ 119 番でいろんな所へ連絡が行くと思う。
→ふだんから訓練していると思う。
→まちの中に消防施設があるのではないかな？

・消防署の仕事のようすの予想は，

→いつも車や道具の手入れをしてあると思う。

・消防署の人たちとほかの人たちの協力の様子は，

→直通電話があると思う。
→地域にも消防団があると思う。

4 発表してまとめる 消防署の見学時の調べ方を確かめよう。

続いて，どのようにして調べるか，調べ方を黒板や教科書などを参考に書きましょう。
消防車の数や種類については，消防署で見学観察して調べよう。
服のようすや重さについては，着せてもらえるかなぁ？
町の消防施設については，学校のまわりを調べよう。
訓練の様子については，インタビューを見せてもらおう。

「見学の時のインタビューの順番やデジタルカメラ係なども，話し合いましょう。」

第3時
消防署の見学①

教材研究のポイント　見学時の記録を残すため，許可を得て写真撮影をしておく。児童がグ

本時の学習のめあて

消防署を見学して，いろいろな消防自動車の秘密や装備，仕事の様子などについて調べたりしてわかったことをまとめる。

準備物

・見学時の写真画像

板書例

消防しょの見学①

【調べたいこと】
- 消防自動車や服，道具の様子
- 消防しょの仕事の様子
- 火事を早く消すくふう
- 消防しょの人たちと ほかの人たちの協力の様子
- 働いている人たちの思い

Ⓓ

1 調べたことを整理する 消防署の見学で調べたことを整理しよう。

消防署の見学に行って調べてきたことを①～⑤の内容ごとに分け，分けられたら①から順番にグループで確かめ合いましょう。

見学時の写真画像を配布しておく。

①消防自動車や服，道具の様子。
②消防署の仕事のようす。
③火事を早く消す工夫。
④消防署の人たちとほかの人たちの協力の様子。
⑤はたらいている人たちの思い。

いろいろな種類の消防車があったね。
消防士さんの思いは…⑤だわ。

2 調べたことを整理する 消防自動車について調べたことを整理しよう。

消防自動車について記録してきたことをグループで話し合って確かめ合い，抜けていることがあったらカードにつけ加えましょう。
はしご車があったよ。
マンションの火事の時には必要だね。
50 mの高さまで伸びるよ。
タンクのついてるポンプ車があった。

- ポンプ車は消火栓から水を吸い上げ放水する。
- 道路にもマンホール消火栓があるといっていたね。
- 約 1500リットルの水を積めるので最初に放水する。
- 水では消火できないとき化学車がある。
- 人を助けるレスキュー隊の救助工作車もあるね。

ループで考えながらする撮影も勧めたい。

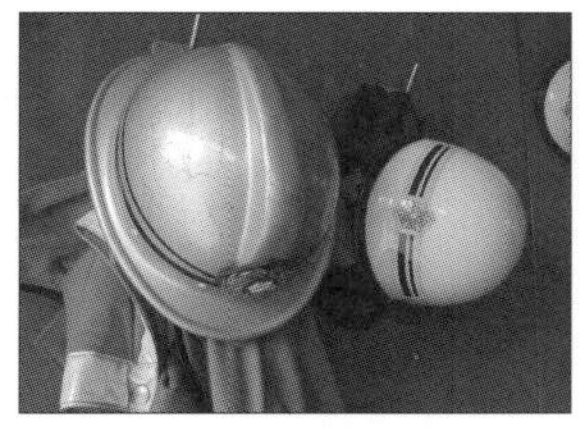

主体的・対話的で深い学び

消防署の見学で調べてきたことを整理する学習は，児童が懸命に体験を振り返りながら，話し合い思考を深める活動である。各自の見学カードをもとに話し合って，発表のレポートの内容を作成できるようにカードの内容を補っていく支援をしたい。

3 調べたことを整理する 消防服や，道具について調べたことを整理しよう。

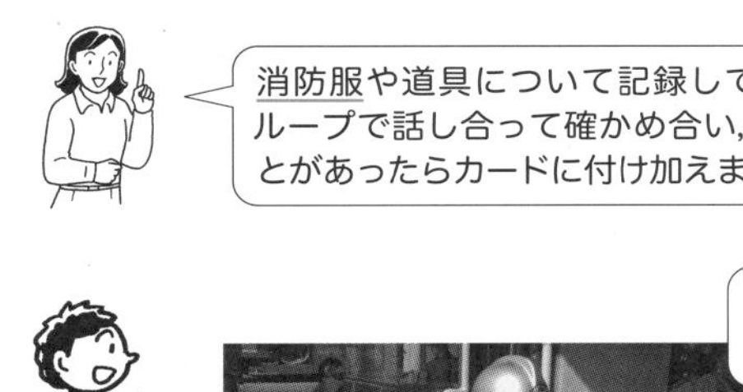
消防服や道具について記録してきたことをグループで話し合って確かめ合い，抜けていることがあったらカードに付け加えましょう。

すごく丈夫だって！
防火服はすごく重かったよ。
燃えにくいとも言っていたよ。
顔を覆うマスクも置かれていた。

・ヘルメットも入れたら 10 kg あるそうだ。
・手袋や長靴もすぐそばにそろえてあった。
・ロッカーに並べてそろえてあったね。
・消防自動車は毎朝点検するそうだ。
・それは消防自動車のところに書いておこう。

4 調べたことを整理する 消防署の施設について調べたことを整理しよう。

消防署の様子について記録してきたことをグループで話し合って確かめ合い，抜けていることがあったらカードに付け加えましょう。
車は１階に並べられ，道路に向かっていた。
消火や救助の訓練をする建物がある。
夜泊まる部屋もあるそうだ。
町の防火施設と同じ消火栓があったよ。

・寝ているときも仕事の時間なのか。
・火事はいつ起こるかわからないものね。

「消防署や消防自動車，消火で使う道具には，火事を消すための秘密がたくさんありましたね。次の時間は働く人たちに注目してまとめていきましょう。」

ひろげる

消防署の見学②

本時の学習のめあて

消防署を見学して，いろいろな消防自動車のひみつや装備，仕事の様子などについて調べたりしてわかったことをまとめる。

準備物

・レポート用画用紙Ａ４
・写真・パンフレットなど資料
・マジック，作業用色鉛筆など

教材研究のポイント 消防署には消防車で出動する消防隊と，救急車で出動する救急隊がある

板書例

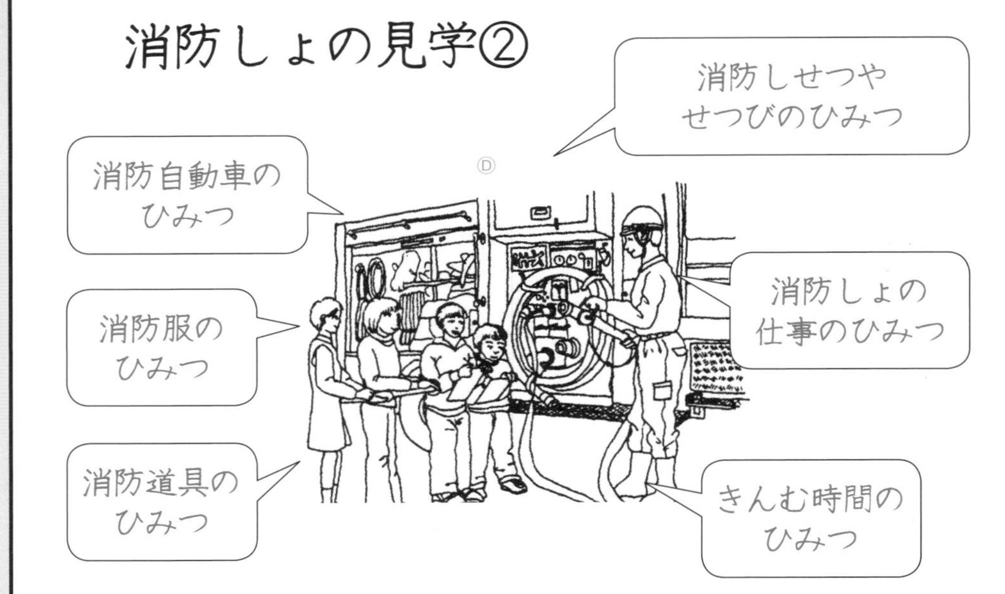

消防しょの見学②
消防しせつや
せつびのひみつ
消防自動車の
ひみつ
消防服の
ひみつ
消防道具の
ひみつ
消防しょの
仕事のひみつ
きんむ時間の
ひみつ

1 調べたことを整理する はたらく人たちの仕事について調べたことを整理しよう。

消防署で働く人の様子について記録してきたことを，グループで話し合って確かめ合い，抜けていることがあったらカードに付け加えましょう。
トレーニングもしているって言っていたよ。
消火や救助の訓練をしている。
火事が起きたら消火活動だね。
火災予防の呼びかけもしているって。

・消防自動車や道具，器具の点検をしている。
・地域に出かけて消防施設の点検をしている。
・会社や商店街などの消火訓練の指導も，大切な仕事だといわれていた。
・防火防災の計画作りやミーティングも仕事だね。
・救急車で出動する救急隊の人たちもいる。

2 調べたことを整理する 働く人たちの勤務時間について調べたことを整理しよう。

働く人の勤務時間について記録してきたことをグループで話し合って確かめ合い，抜けていることがあったらカードにつけ加えましょう。
24 時間働いているんだって！
交代勤務っていうのだね。
毎日続けて働くのではなかったね。
夜も勤務だからたいへんだと思う。

・夜に火事が起きてもすぐ出動できるようにしている。
・勤務の次の日は非番で交替しながら勤務している。
・「助けられる命を助ける，火事を最小限に食い止める」と思っているそうだ。

が，勤務が複雑なので説明は救急車の仕事があるぐらいにする。

消防しょの仕事

器具・道具の点検

消火訓練

火の用心のよびかけ

主体的・対話的で深い学び

消防署の見学で調べてきたことを整理する学習は，児童が懸命に体験を振り返りながら，話し合い思考を深める活動である。各自の見学カードをもとに話し合って，発表のレポートの内容を作成できるようにカードの内容を補っていく支援をしたい。

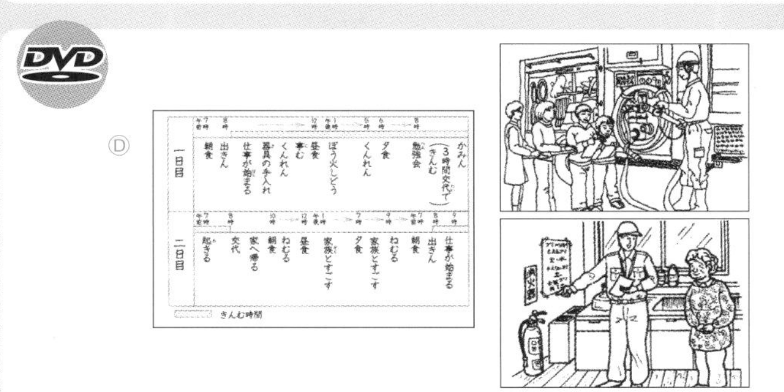

3 整理したことをまとめる　調べたことを分担してまとめよう。

今までまとめたことの中に，たくさん秘密がありましたね。調べたことを分担して“○○のひみつ”レポートシートにまとめましょう。レポートは，調べたことを整理したものだけでなく，写真やパンフレット，絵や表などで説明を加えて工夫してつくるようにしましょう。

画用紙をレポートシートとして配布し，複数枚使用していいことも話す。努力を要する児童への手立てとして，グループ内の分担を話し合う時に，レポートを協力して作成してもよいことも伝えておく。

「消防服のひみつ」にしようかな。
写真を貼ってわかりやすくしよう。

4 レポートを仕上げる　グループで『○○の秘密』レポートを完成させよう。

自分のレポートシートができあがったら，グループでまだできていない人の応援をして，完成させましょう。
“消防自動車のひみつ”は写真と説明を入れていこう。
“消防服のひみつ”は服だけでいっぱいになるよ。
“道具や器具のひみつ”で一つつくろう。
訓練の様子も“施設のひみつ”に入れるよ。

・勤務時間は説明が難しいから表にして見てもらうようにしようかな。

グループ全部ができあがったら，レポートシートを模造紙へはり完成させる。時間があれば全体で発表する機会をつくりたい。

第4時
通信指令室とさまざまな人々の働き

本時の学習のめあて

火災に素早く対応できる通信指令室の働きと役割や，関係諸機関との協力体制について理解する。

準備物

・「火事が起きたら」ワークシート

教材研究のポイント 119 番通報は，救急搬送にも対応しているので，まず「火事か救急

板書例

119 番のしくみを調べる

119 番

火事です！

通信指令（つうしんしれい）室

（出動）

（　　）

救急車

けいさつしょ

（　　）

びょういん

（　　）

1 つかむ 火事が起きたら，まずどうするのかな。

火事が起きたときどうしますか。119 番に電話をかけると，どのように伝わって消防車が駆けつけるのか，今日はその秘密を探っていきましょう。

110 番はしなくていいのかな？

119 番に電話します。

119番でいろんな所へ連絡が行くと思う。

・消防自動車以外の連絡先はどんなところだろう。

「119 番の電話は市消防本部の通信指令室につながります。119 番は火事の時だけかな。」

・救急車を呼ぶときも 119 番だよ。

2 調べる 火事の時の通信指令室の動きを調べよう。

火事の連絡が入った通信指令室ではどんな動きをするのか，教科書などで調べましょう。
電話は『通信指令室』につながるんだね！
まず『予告指令』が出されるんだね。
そのあと燃えている物や火事の大きさがわかるよ。
その規模から消防署に出動指令が出されるのね。

・もうそのときには消防士さんは消防服を着てまっているんだね。

・場所が記された指令書を受け取り出動だ！

・けが人がいれば救急車も一緒で出動する。

・そのあとも消防車からの映像を見て，目印の建物や現場の様子を確かめ，消火の作戦を伝える。

か！」をはっきりさせることを確認する。

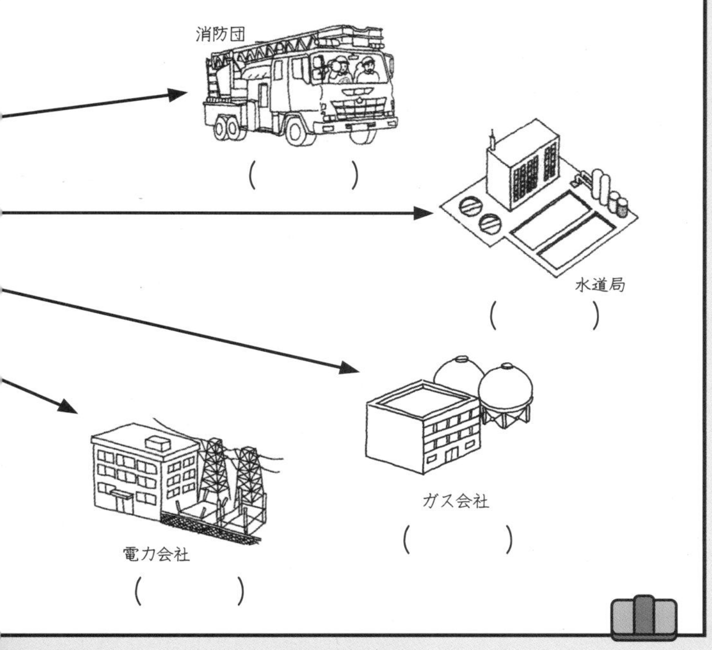
消防団
(　　　)
水道局
(　　　)
ガス会社
(　　　)
電力会社
(　　　)

主体的・対話的で深い学び

教科書や資料，イラストなどを参考にして，消防署の見学で見てきた通信指令室の119番通報以後の働きと役割を確かめる。さらに被災に際しての関係機関との連携・協力の内容を調べながら，消火活動体制が理解できるようにする。

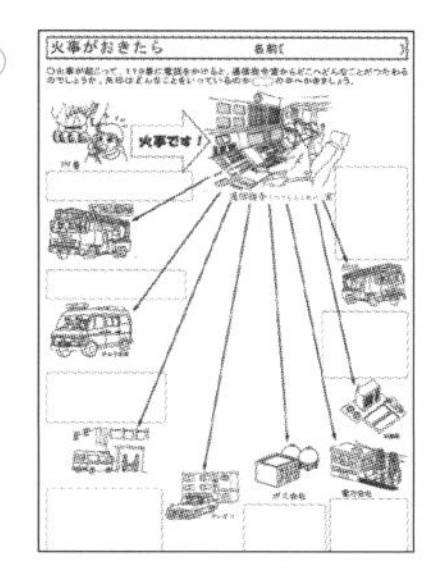
火事がおきたら
火事です！

3 調べる どこへ連絡が行き，どのように対応されるのか調べよう。

通信司令室からどこへ連絡が行き，どのように対応されるのか，教科書などで調べましょう。
警察にも連絡が行くんだ！
えっ，水道局にも連絡が行くんだ…
火事現場のまわりの交通整理が必要だと思う。
病院へもすぐに連絡している。

- 救急車のけが人の受け入れで協力が必要だと思う。
- 電力会社への連絡はなぜだろう。
- 火災場所や近所の電気を止めるのではないかな。
- ガス会社への連絡も同じでガスを止めるのかな。
- ガスが爆発したら大変だからだろう。

4 まとめる 通信指令室の働きをまとめよう。

通信指令室の連絡はどのようにおこなわれるか，連絡先ごとに内容を考えて書いてみましょう。

「火事が起きたら」のワークシート（DVD収録）を印刷して配布し，まとめに使用する。
板書でも（　）がついているところに，どんなことをいっているか発言させ，話し合いながら書き込んでいくようにすると，迷っている児童も取りかかりやすくなる。

消防自動車にはすぐに「出動！」でしょ！
救急車にも「出動！」かな。

通信指令室は消防本部内にあり，各消防署に連絡される。119番は火災だけでなく，救急搬送にも対応しているので，次の項目の確認がされる。
①火事か救急か　②発生場所や近くの目印
③火事の場合＝何が燃えているか，
　救急の場合＝意識の有無，呼吸の有無，怪我の有無など
④人の避難の状況や怪我の有無
⑤名前と電話番号

第 5 時
地域の消防施設を探そう

本時の学習のめあて

まちの中に見られる消防施設の配置の工夫について考え，火災から人々の安全を守るために配備されていることを理解する。

準備物

・地域の白地図（校区の地図）
・見学の余裕がない場合
★（下校時に可能な限り消防施設をチェックする課題を設定する方法もある）

教材研究のポイント 見学時間が確保できない時，ハザードマップや消防本部などのホーム

板書例

地いきの消防しせつをさがそう

Ⓓ

KOBE
神戸市
消火栓

さいがいじ　ひなん　ばしょ
災害時避難場所
Disaster shelter
재해시 피난장소
灾害时避难场所

1 つかむ　まちにはどんな消防施設があるかな。

まちの中にはどんな消防施設があるでしょう。
画像を提示ながら聞く
消火栓
消火栓って書いてあるね。
通学路で見たことがあるよ。

・電信柱にも消火栓のステッカーがある。
・防火水槽というのもある。
・学校の入り口に避難場所という看板が出ている。
・家の前に消防団の倉庫があった。

2 調べる　まちの消防施設を調べに行こう。

まだありそうですね。これから調査に出かけましょう。クラスで分担してさがしますので，グループで担当するところを相談してください。担当が決まったので出かけます。校区の消防施設を探して，マークを校区地図に入れていきましょう。

白地図に分担する地域を大まかに分けて相談させる。校区地図は，生活科の校区探検で使用する白地図を印刷して各自に持たせ，書き込むようにする。

あっ，ここにもあるよ。
避難場所だから■のマークね。
災害時避難場所

保護者の協力などを得て，時間を確保してできるだけ調査活動をさせたい。手分けしてグループの行き先を決めてカメラなど活用して活動させる。

ページの防災地図を活用して確認する方法がある。

FIRE HYDRANT
消火栓
41-20

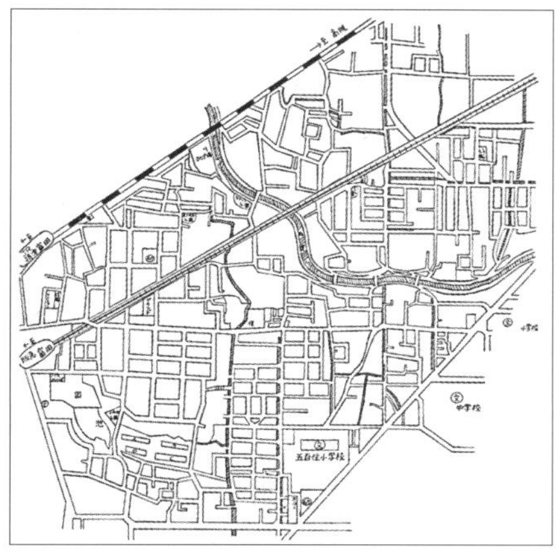

【消防しせつなどのマーク】
●消火せん　▲防火水そう　■ひなん場所
㋛消防団　ⓐ AED（応急手当てのせつび）

主体的・対話的で深い学び

日ごろ児童が目にしている地域の消防施設を探してみんなで確かめ，まちの地図に表現することを大事な活動として位置づける。さらにそれらの配置の工夫について考え，火災から人々の安全を守るために計画的に配備されていることを話し合えるようにしたい。

DVD

さいがいじ　ひなん　ばしょ
災害時避難場所
Disaster shelter

FIRE HYDRANT
消火栓
41-20

3 地図に表現する　調べてきた消防施設を地図に書き入れよう。

調べてきた消防施設を地図の上に入れていきましょう。消防施設は簡単にマークで，●消火栓，▲防火水槽，■避難場所，㋛消防団，と書きましょう。

各グループごとにマークを確認後，大きな校区地図に印を入れていく。

消火栓は道路に沿ってあったね。
消火栓はとてもたくさんあるよ。
模様や色が目立つから，すぐにわかるね。
地下の防火水槽が公園や広場の入り口にあったよ。

・地面の下に水槽があるのだろう。
・プールの横にもホースをつなげるところがあったね。防火水槽の役目を果たすと思う。
・消防団の前に消火器の箱があった。

4 発表してまとめる　まちの消防施設を調べて気づいたことやわかったことをまとめよう。

まちの消防施設を調べて気づいたことやわかったことを発言して，みんなで話し合いましょう。

消火栓がたくさんあるのは，どこで火事が起きてもすぐに火を消すことができるからだと思う。
タンク車の水だけでは，とても足りないからあるのかな。

・消火栓のマークは赤くてとても目立つね。
・災害時避難場所は私たちの学校や中学校，図書館にもかいてあった。
・広くてよく知っているところだね。
・消防団の所に大きなスピーカーがあった。
・放送に使うのかな。
・消防団の倉庫には何があるのだろう。

ひろげる

学校を火事から守るために

教材研究のポイント　地域での見学活動ができにくいとき，学校内の消防設備を調べる学習

本時の学習のめあて

学校の消防設備についての配置の工夫について考え，火災から児童を守るために計画的に配備されていることを理解する。

準備物

・校舎内配置図（各校）

板書例

学校を火事から守るせつび

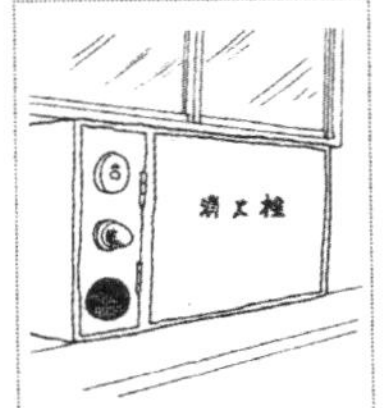

消火栓

25

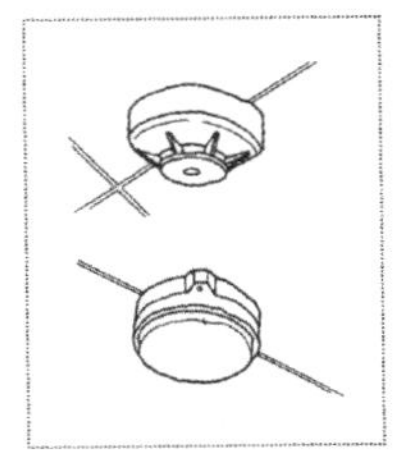

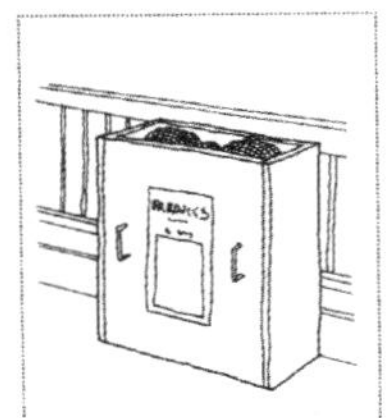

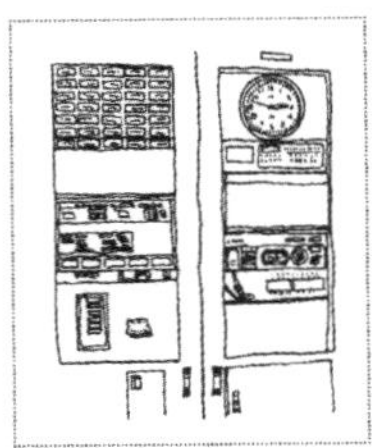

Ⓓ

- 消火器……赤色
- 消火せん……水色
- 防火とびら……茶色
- ひじょう階段……きみどり色

1 つかむ　学校にはどんな消防設備があるのか見つけよう。

学校にはどんな消防設備があるのか，イラストの画像を参考に見つけてみましょう。

一つ一つ見ていく。事前に校舎内の設備の写真を撮り，大画面に投影して確かめてもよい。

消化器は廊下の端にあったよ。
あっ，これは教室の天井にあるね。

- 廊下にびっくりするほどうるさくなる機械がある。
- あれが火災報知器だ！
- 横に消火栓と書いてある。
- 中に消防車のようなホースが入っていた。
- 救助袋は3階から5年生が滑って訓練していたね。
- 階段の入り口をふさぐ扉がある。
- 煙を上げない防火扉だよ。

2 調べる　学校内の消防設備を調べよう。

- 職員室には火災警報装置があるらしいよ。
- 廊下の外に避難訓練で使う非常階段があるよ。
- プールの横にも消火栓の口がついているね。
- プールの水も消火に使うからいつも水がある。

グループで学校内の消防設備を調べて確かめましょう。調べる場所を決めて校舎の配置図を持ち，ある場所に設備の名と印をつけていきましょう。

グループの調査場所を決める。
授業中の場合は静かに行動することを徹底する。時間的余裕がないときには，板書の校舎配置図から問題を設定してあるDVD内所収のワークシートで，考えさせることもできる。

ここに消火栓があるよ。
メモしておくね。
消火栓

は社会科の学びを深める学習活動の一助になる。

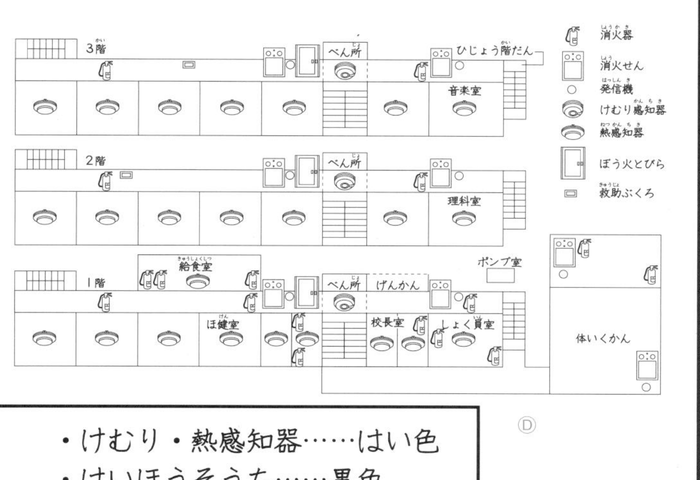

3階
べん所
ひじょう階だん
音楽室
2階
べん所
理科室
1階
給食室
ポンプ室
べん所
げんかん
ほ健室
校長室
しょく員室
体いくかん
消火器
消火せん
発信機
けむり感知器
熱感知器
ぼう火とびら
救助ぶくろ

・けむり・熱感知器……はい色
・けいほうそうち……黒色
・救助ぶくろ……黄色

主体的・対話的で深い学び

学校の消防設備を探して調べ話し合うことで，グループの自主的活動を促し，配置の工夫などに気づき，火災から児童を守るために計画的に配備されていることをつかませる。

DVD

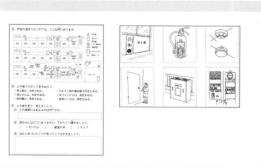

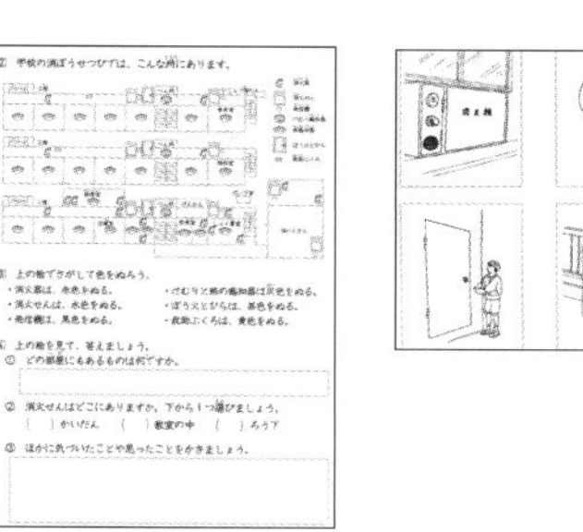

3 確かめる 校舎の配置図で学校内の消防設備を確かめよう。

調べてきた消防設備をクラス全体でまとめましょう。校舎配置図に書き入れ，色分けしてみましょう。
火災報知器はすべての部屋にあるね。
給食室には消火器がたくさんあるわ。

・消化器……赤色
・煙・熱感知器……灰色
・警報装置……黒色
・消火栓……水色
・非常階段……黄緑色
・防火扉……茶色
・救助袋……黄色

「どの部屋にもあるものはなんでしょう。」

・煙・熱感知器もあるね。

「家でも火災報知器をつけることが法律で決まっているんですよ。」

4 発表してまとめる 学校内の消火設備を調べて気づいたことやわかったことをまとめよう。

学校内の消火設備を調べて，気づいたことやわかったことを発表して，まとめましょう。
家庭科室や理科室はたくさんあったね。
火を使うときには気をつけなければいけない！

・火災報知設備はどの部屋にもある。
・消化器や消火栓はどの階も同じ位置にいる。
・非常階段を使う避難訓練もしっかりやらなければいけないね。

「火事が起きてもすぐにわかるように，また消火活動や避難ができるようにしてありますね。」

第 6 時
地域の人々の協力と消防団

教材研究のポイント　地域の消防団なのでできれば見学するのがよいが，下見して最新情報

本時の学習のめあて

消防団の働きや取り組みについて調べることから，災害から地域社会の安全を守る活動へ協力することについて考えようとする。

準備物

・消防団倉庫の写真など

板書例

消防団の取り組み

【消防団の新聞】Ⓓ

「我がまちは我々が守ってみせる」
宇治田原町消防団
かわらばん
団員募集

【消防団の倉庫の様子】Ⓓ

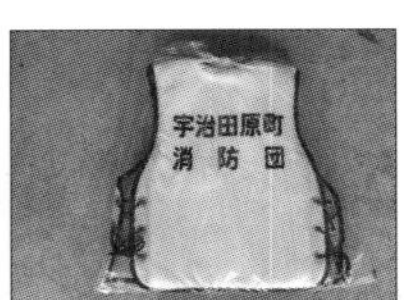
宇治田原町
消防団

●消防士とのちがい
・地いきの人がつくる団体（組織）
・ふだんはみんな別の仕事をしている

1 つかむ　消防団の倉庫を見学して見よう。

まちの消防施設を見学したとき，消防団の倉庫がありましたね。消防団について知っていることはありますか。

見学して調査活動をすることがベストであるが，今回は指導者が分団の見学をし，インタビューして教材にする方法で授業を設定している。

お祭りの時警備に来ていたよ。
火事があったとき，消防車が出動した

・近所に団員の人がいるけど，会社へ勤めているよ。
・消防団の広報が入っていた。
・放水訓練をするって書いてあった。
・「我が町は我々が守ってみせる」てかいてあったよ。

2 調べる　消防団の役割とその働きを調べよう。

消防団はどんなことをしているのか，先生が倉庫を見学してお話を聞いてきました。倉庫の様子を写真でみてみましょう。

はじめはスライドショー的に様子を見ていき，児童の興味関心を喚起し，続いて疑問に答える形で団員の活動を考えさせていく。

消防団

倉庫の中には何が入っているんだろう？

鐘がついているのは『火の見やぐら』だよ。

・消防車が入っているんだ！
・後ろにもポンプが置かれている。
・中は消火に使うホース等，きちっと整理してある。
・消防署にある消火活動の道具が置かれている。
・昔の道具も残っているみたいだね。
・火事の時に消火活動もできるようにしているね。

を教材化する授業も計画したい。

消防団の役わり

●消防しょと協力して活動する

・火事にそなえる→（消火訓練）
・火事の予防→（新聞を出すなど）
・災害訓練→（水防（すいぼう）訓練）

「自分たちのまちは自分たちで守る」

わたしたちにできることは

主体的・対話的で深い学び

町中に消防団の倉庫など見かけるが，その活動はあまり知られていない。消防団の倉庫を見学し，施設の様子や日頃の活動の写真などを活用してその働きや取り組みを調べ，災害から地域を守る組織の活動の様子をつかみ，協力することについて考える。

Ⓓ

3 調べる 消防団のいろいろな取り組みを調べよう。

写真で見た倉庫の様子や広報新聞から，消防団の役割や取り組みを考えてみましょう。

火事の時に応援に行くんだね。
火災を予防する広報新聞もつくっているね。
そのための訓練もしっかりしているんだな。
災害の時も消防署に協力して救助活動をする。

・地域で火事や災害が起きたらすぐに駆けつけて，消火や救助活動をする。
・災害の時に，救助活動ができる人が足りないから，地域の安全に重要な役割があると思う。
・だから器具の点検や整備の取り組みが必要なんだ。

4 まとめる 消防団の取り組みについてまとめよう。

消防団の人たちがいつも心がけていることはどんなことでしょう。

「我がまちは我々が守ってみせる」という言葉。
「自分たちのまちは自分たちで守る」ということです。

「消防団の取り組みをまとめてみましょう。」
・いざというときのための消火訓練や救助訓練。
・そのための機械や道具の整備と点検。
・火災予防を呼びかける新聞やポスターコンクールなどの活動。

「私たちにはどんなことができるでしょうか。」

消防団は，消防本部や消防署と同様，消防組織法に基づき，それぞれの市町村に設置される消防機関であり，火災や大規模災害発生時に自宅や職場から現場へ駆けつけ，その地域での経験を生かした消火活動・救助活動を行う，非常勤特別職の地方公務員と位置づけられている。全国 86 万人の消防団員が消防防災活動を通して，地域の安心安全を守る役割を担っている。

教材研究のポイント 「自分たちにもできること」は，社会だけでなく図工や総合，国語な

第7時 自分たちにもできること

本時の学習のめあて

今までの学習を振り返りながら，火事から地域の安全を守るために，自分にできることを考え，表現する。

準備物

- ポスター用画用紙
- ポスター下書き用中質紙

板書例

私たちにできること

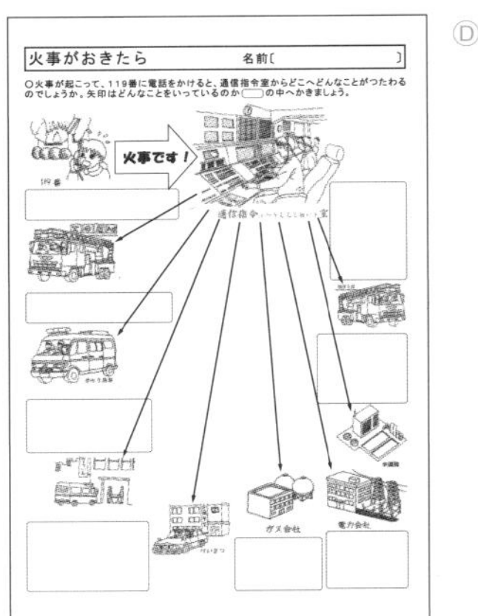

火事がおきたら
名前〔 〕
火事です！

【火事から私たちの安全を守る】

- 消防隊（たい）
- 救助隊（じょたい）
- 消防団
- けいさつ
- ガス会社
- 電力会社
- 水道局
- 病院

1 つかむ 火災から地域の安全を守る人々の活動を振り返ろう。

火事から地域の安全を守るために，どんな人たちがどんなことをしていたでしょう。
たくさんの人たちの働きで，火事から守られていたね。
消防士さんたちの消火出動。
人命救助のための救急車の出動。病院。

- 通信指令室の人は情報のやり取りをしていました。
- 警察官の出動と交通整理が必要。
- ガス会社や電力会社の人たちの働き。
- 水道局の働きもある。
- 消防団の人たちの出動もあった。

2 考える 防火について自分たちにできることを考えよう。

火災を起こさないために，日頃から私たちが気をつけることを考えてみましょう。
火災の起こる原因をなくせばいいよ。
そのためにできる事って何があるだろう。

「いい意見ですね。火事の原因は何でしたか？」

- 「①放火」は，外で火をつける？ことだから，燃えやすい物を家のまわりに置かないようにする。
- 「②たばこ」は，寝たばこやポイ捨てをしないで，火が消えるまでみんなで確かめる。
- 「③こんろ」は，前に人がいない時には火を止める。
- 「④ストーブ」は，まわりに燃える物を置かない。
- 「⑤火遊び・たき火」はしない！

どとも関連させて活動させる。

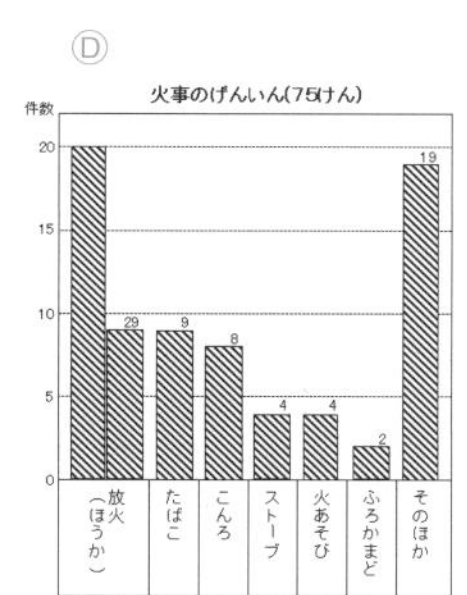

Ⓓ
火事のげんいん(75けん)
件数
20
15
10
5
0
29
9
8
4
4
2
19
放火（ほうか）
たばこ
こんろ
ストーブ
火あそび
ふろかまど
そのほか
【平成27年度高槻市消防本部資料】

【私たちが考えたこと】

・もえるものを置かない
・ねたばこ×　　・ポイすて×
・コンロは目をはなさない
・たき火・マッチ，火遊び×
・電気器具は正しく使う

【私たちにできること】

・ポスター　　・標語
・火災予防（よぼう）運動へ参加

主体的・対話的で深い学び

火事から地域の安全を守るために活動している人々の動きを振り返りながら，児童一人ひとりが防火防災について自分にできることを考え，ポスターとして表現する。

DVD

3 発表の原案を練る 防火についてのポスターの原案を考えよう。

防火について，みんなに伝えるためにできることを考えてみましょう。

下書き用に中質紙を配布してラフ案を作成させる。時間的に余裕があれば，標語を一緒に考えていくのもいいだろう。

よーし！火事が起きないようなポスターを作るぞ！
私は活動してくれている消防士さんを描くわ！
家でも防火について話し合いをする。
「火の用心」のスローガン(標語)をつくる。

4 まとめて仕上げる 防火についてのポスターを仕上げよう。

内容が決まったら簡単な下書きをかいて，よければ画用紙に取りかかります。彩色は図工の時間にしましょう。

画用紙を配布し，ポスターに取りかからせる。取りかかりのゆっくりな児童など，机間巡視しながら個別指導する。

うちはストーブを使うから，まわりに燃える物を置かない絵にする。
消防士さんがホースで消火している絵にしよう。
消防自動車のはしご車を書こう。
火が怖い顔をしている絵はどうかな？

・火災予防運動への参加呼びかけをする。
「いろいろな方法がありますね。今回は防火活動のためのポスターをつくることにしましょう。まず，かく内容を考えましょう。」

事故や事件からくらしを守る

全授業時間９時間

◉ 学習にあたって ◉

◇何を教えるのか　－この単元の特徴－

本単元は，地域社会で発生する事故や事件の防止について学習していくために位置づけられています。この学習で警察署や交番，地域の諸施設を見学調査したり，グラフなどの資料を活用したりして調べることで，安全を守るための関係諸機関の働きと，そこに従事する人々や地域の人々の連携と協力体制や工夫や努力について考えていきます。

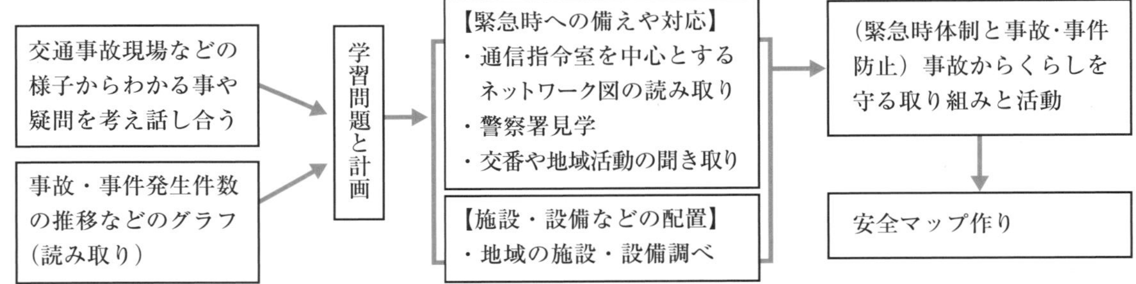
『事故・事件からくらしを守る』
交通事故現場などの様子からわかる事や疑問を考え話し合う
事故・事件発生件数の推移などのグラフ（読み取り）
学習問題と計画
【緊急時への備えや対応】
・通信指令室を中心とするネットワーク図の読み取り
・警察署見学
・交番や地域活動の聞き取り
【施設・設備などの配置】
・地域の施設・設備調べ
（緊急時体制と事故・事件防止）事故からくらしを守る取り組みと活動
安全マップ作り

◇どのように教えるのか　－学習する手がかりとして－

まずは，地域社会で発生する事故や事件の防止について，警察署を中心に消防署・市役所などの関係諸機関で働く人々が，地域の人々と協力して事故や事件から人々の安全を守っていることや，関係諸機関が相互に連携して緊急に事態に対処する体制を取っていることを，見学・調査したり資料を活用して調べます。それを基に地域社会の安全を守るために地域社会の一員として自分たちができることを考え，表現し，提案する学習をめざします。そのために，事故や事件から安全を守る人々の活動を観察し考察すると共に，社会の実情に応じた法と決まりのありかたを理解し，自分にできることを考えるような社会へ参画する学習を大切にしたいです。

◉ 評　価 ◉

知識および技能

・事故や事件に関係する諸機関は，地域の人々と協力して防災に努めていることや，相互に連携して緊急に事態に対処する体制を取っていることを理解する。

・安全を守るために関係する諸機関と，その機関で働く人々や地域の人々の諸活動及びそのための工夫・努力を理解している。

・見学や調査，資料を活用して，事故や事件防止のための諸活動について情報を集め，読み取っている。

・調べたことをカードや作品などに整理してまとめている。

思考力，判断力，表現力等

・色々な事故や事件から人々の安全を守る諸活動や工夫・努力について，学習問題や予想・学習計画を考え表現している。

・地域の人々の生活と，人々の安全を守る関係諸機関の働きや地域の人々の工夫・努力を関連づけて考え，表現している。

主体的に学習に取り組む態度

・事故や事件からくらしを守ることについて必要な情報を集め，読み取ったことをもとに自分の意見や疑問をもち、進んで話し合いに参加しようとしている。

◉ 指導計画　9時間 ◉

時数	授業名	学習のめあて	学習活動
1	身近な地域の あぶない場所	・イラストなどの町の様子を見ながら，危ない事故や事件がどのような所で起きやすいのか考え，安全を守るしくみに関心を持つ。	・教科書やイラストの町の様子から事故や事件が起きやすい場所を見つけ，その原因や理由を考え，身近にある危ない所を校区地図で確かめ，安全を守るしくみに関心をもつ。
ひろげる	事故や事件が 起きないように	・身近な町の交通事故の件数やけが人の人数を資料から読み取り，まちの安全について考え，学習問題をつくる。	・市の交通事故の件数やけが人の人数のグラフを読み取り，変化の様子から二つのグラフの特徴をつかみ，変化の原因を考え，学習問題を設定して調べる。
2	警察の人の仕事	・事件や事故に対する警察官の交番勤務の一日を調べ，警察が地域の安全を守るためにさまざまな仕事をしていることを理解する。	・資料から地域で起こるいろいろな事件を知り，事件や事故に対処する交番などの警察官の仕事を調べ，どのように事故や事件を減らす仕事をしているのか考える。
3	事故が起きたら	・事故や事件に素早く対応できる警察や通信指令室の働きと役割や，関係諸機関との協力体制について理解する。	・教科書や資料，イラストなどを参考にしながら，警察や通信指令室の働きと役割を確かめ，関係機関との協力の内容を考えながら，事故の処理体制を理解する。
4	学校のまわりを 調べよう	・事故を防ぐ取り組みの一環である交通安全の施設を調べ，そこで示されている交通ル ールにより安全が守られていることを考える。	・学校の周りで，事故を防ぐための交通安全の施設や標識を調べ，そこで示されている交通ルールにより私たちの安全が守られていることを考え，自分を振り返る。
5	地域での取り組み	・地域の人たちが，まちの安全を守るためにいろいろな取り組みを進めていることに気づき，まちの安全を守るしくみについて考える。	・家庭や地域の人たちの色々な取り組みを調べ，まちの安全を守るためのしくみについて考え，自分たちにできることを話し合ってまとめる。
6	交通事故を防ぐ 取り組み	・事故の資料から，交通事故をふせぐためにふだんから行われている取り組みについて調べ，地域の安全が保たれていることを知る。	・子どもの事故のグラフや表から対策を考え，事故を防ぐ様々な取り組みをしていることを調べ，それらの活動を通して事故を減らす努力をしていることを知る。
ひろげる	まちの安全マップを つくろう①	・学習してきたことをもとに地域の安全について安全マップをつくり，自分たちにもできることをまとめる。	・学習してきたことをもとにして，家族にもインタビューして危険な場所などを確かめる方法を話し合い，地域の安全の現状を安全マップにまとめる準備をする。
ひろげる	まちの安全マップを つくろう②	・学習してきたことをもとに地域の安全について安全マップにまとめ，自分たちにもできることをまとめる。	・学習してきたことや家族にインタビューしてきたことをもとに地域の安全の現状を安全マップにまとめ，自分たちにできることもまとめて表現し，発表する。

第1時 身近な地域のあぶない場所

教材研究のポイント　身のまわりのあぶない場所を話し合うことで認識し，地図に表現でき

本時の学習のめあて

イラストなどの町の様子を見ながら，危ない事故や事件がどのようなところでおきやすいのか考え，安全を守るしくみに関心を持つ。

準備物

・まちのイラスト（まるごと社会科3・4年上 P10）
・校区白地図

板書例

身のまわりのあぶないところ

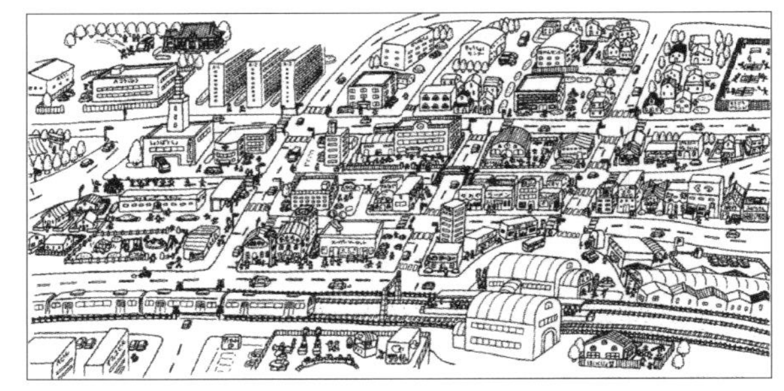

・交差点（四つ角）
（三本交差）
・信号のない角
・せまい道
・せまい歩道
・線路下のトンネル道

【理由】
・信号のないところは小さい子がとび出すと思う。
・止まれ！のマークがないから。
・へいばかりの四つ角は車が見えない。
・せまいのに車や自転車がスピードを出しすぎている。

1 つかむ　イラストの絵を見て危ないところを見つけよう。

「まちの中で“危ないなあ”と思ったことはありませんか。」
・歩いていて，曲がり角で人とぶつかった。
・けががなくてよかったね。
・信号を無視した自転車が右側を走ってきた。

教科書やイラストの絵を参考にして，事故や事件が起こりそうな危ないところを見つけて○をつけましょう。」
付箋メモに書く。イラストは DVD に収録
ここの交差点も見通しが悪くて危なそうよ。
信号のない通り道は危ないね。
信号のない狭い道もあぶない！
まわりが塀ばかりの四つ角は，みえない。

・狭い道のT字型の三叉路
・幅の狭い歩道
・線路下のトンネル道
・駐車場の入り口

2 考えて話し合う　見つけた場所がなぜ危険だと思うのか考えて話し合おう。

見つけた場所をグループボードにかき，見つけた場所がなぜ危ないと思うのか話し合いましょう。
ここは“止まれ”のマークがないよ。
本当だ危なそうだね。
ここにはミラーがないね…
信号のない所は小さい子が飛び出すと思う。

・狭い道は，車がすれ違うのにいつも苦労している。
・ドアミラーがひっかかったりしている。
・運転が難しいのだと思うな。
・周りが塀ばかりの四つ角は車が見えないよ。
・車からも見えないと思う。

話し合いの手順はいろいろあるが，メモをグループボードに貼ってまとめ，話し合いのテーマをきめて順に話し合う方法もある。

るようにしたい。

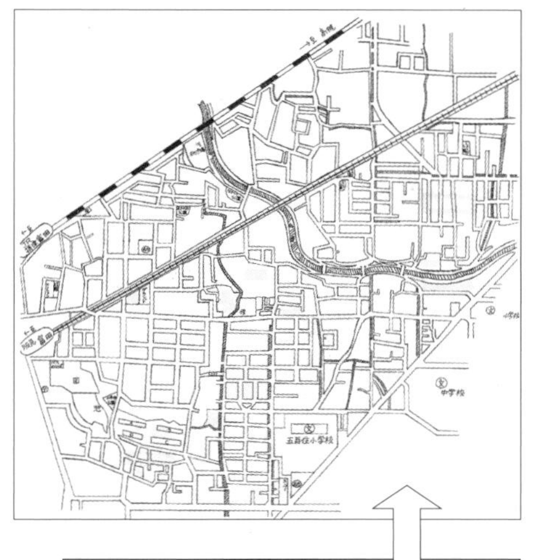

・神社の森の公園
・ていぼうの坂道

主体的・対話的で深い学び

教科書やイラストの町の様子から，事故や事件が起きやすい場所を見つけ，その原因や理由を考え話し合って発表する。その上で身近にある地域の事故が起こりそうな危ない所を探して校区地図で確かめ，安全を守るしくみに関心を持てるようにしたい。

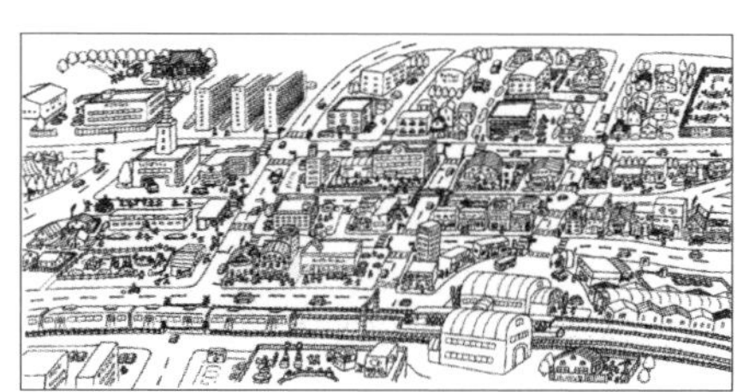

3 話し合って発表する　危険な場所と理由を発表しよう。

グループで話し合った危ない場所と理由を，順に一つずつ報告していきましょう。
ここの交差点が危ないと思いました。理由は…

発表のしかたは，クラスの実情に応じて行う。

・狭いのに車や自転車がスピードを出しすぎている。
・三叉路をいったん止まらずに曲がっていく。
・自転車は自分が車だと思っていないのではないか。
・狭い歩道を自転車が走ってくる。
・自転車が交通違反して右側通行してくる。
・線路下のトンネル歩道の暗い所に人が立っている。
・人が乗った車が長い時間止まっている。

4 校区で見つける　校区で事故が起こりそうな所についてさがしてみよう。

今度は私たちのまちで調べましょう。校区の地図を見ながら危ないと思う場所を探して発表し，印をつけておきましょう。
あそこの交差点は一度危ない思いをしたよ。
あそこのトンネル道も暗くて少し怖いわ。

・交差点　・信号無視
・三叉路の飛び出し
・狭い道（歩道以外を歩く）
・自転車の右側通行は危ないよ！

校区の白地図は校区探検などで使用したものでよいだろう。今回使用した地図は，学習のまとめの「まちの安全マップ」作りの資料にしていくようにする。

ひろげる

事故や事件が起きないように

教材研究のポイント 交通事故やけが人の数などの資料は，毎年都道府県の交通白書がはっ

本時の学習のめあて

身近な町の交通事故の件数やけが人の人数を資料から読み取り，まちの安全について考え，学習問題をつくる。

準備物

・市の事故件数の変化グラフ
・市のけが人の人数の変化グラフ

板書例

事故やけが人の数を調べる

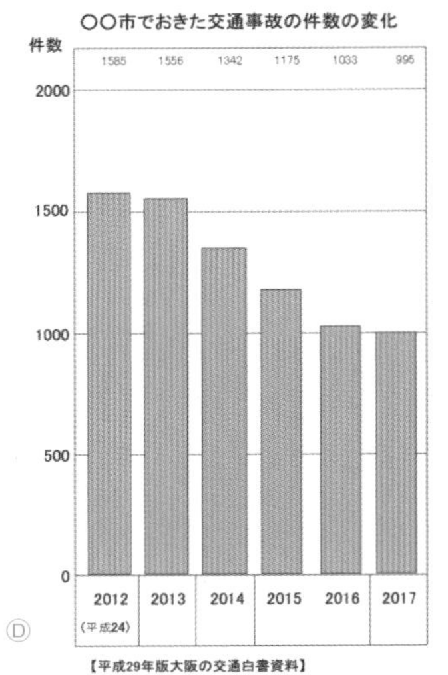

○○市でおきた交通事故の件数の変化
件数
1585
1556
1342
1175
1033
996
2000
1500
1000
500
0
2012
2013
2014
2015
2016
2017
(平成24)
【平成29年版大阪の交通白書資料】

【事故の件数(けんすう)】
・2012年はおよそ(1600)件
・2013年はおよそ(1600)件
・2014年はおよそ(1400)件
⋮

【特ちょう】
・多い2012年，少ない2017年
・毎年1000件をこえる事故

【変化の様子】
・少しずつへっている

1 つかむ 市では，どれくらいの件数の交通事故が起きているのだろう。

前の掲示したグラフからわかることを調べます。まず何のグラフでしょうか。

グラフをプリントして配布する

タイトルに書いてあるね。

“市でおきた交通事故の数の変化”です。

「縦と横の軸は何を表しているのでしょう」
・縦軸は交通事故の件数，横軸は年です。
「おおよその件数を読み取りましょう。」
・2010年はおよそ（1600）件。
・2011年はおよそ……。

2 読み取る 市の事故のけが人の数の変化はどうなっているだろう。

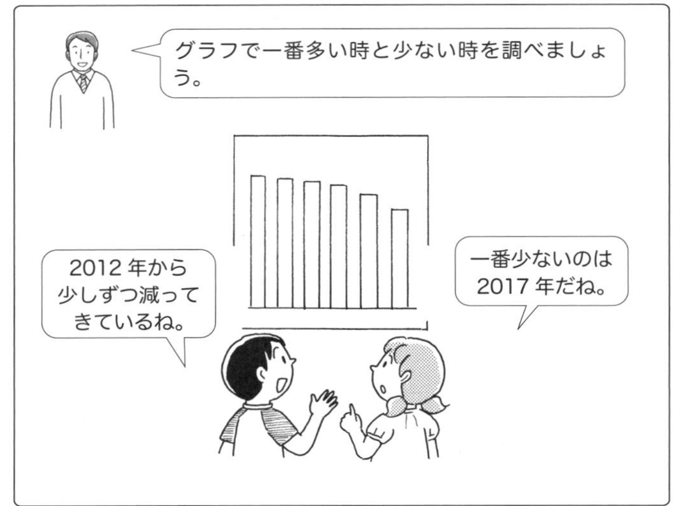

グラフで一番多い時と少ない時を調べましょう。
2012年から少しずつ減ってきているね。
一番少ないのは2017年だね。

多いのは（2010）年，少ないのは（2015）年，毎年（1200）件を超える事故が起きています。
「グラフの変化から事故の件数はどのように変わってきているといえますか。」
2014～15年は200件ずつぐらい減っている。
「では事故のけが人の数はどうかわっているのか，次のグラフでおよその人数を読み取りましょう。」

【グラフの読み取りについて】 二つのグラフから関連性を読みとる学習は，順序立てて行いたい。
①タイトルからグラフのテーマを確かめる，②縦軸と横軸の項目を確かめる，③主内容の数を読みとる，④グラフの大まかな特徴をつかむ，⑤変化の仕方を考える，⑥二つのグラフの関連性を考える，と丁寧に指導したい。

こうされているので参照し活用したい。

○○市でおきた交通事故のけが人の数

件数

2012	2013	2014	2015	2016	2017
1838	1800	1552	1344	1222	1182

(平成24)

【平成29年版大阪の交通白書資料】

【けが人の人数】
- 2012年はおよそ(1838)人
- 2013年はおよそ(1800)人
- 2014年はおよそ(1552)人

⋮

【特ちょう】
- 多い2012年，少ない2017年
- 毎年1000人をこえるけが

【変化の様子】
- 少しずつへっている

【学習問題】
けいさつや地いきの人々は事故や事件をふせぐためにどんなことをしているのか。

主体的・対話的で深い学び

市の交通事故の件数やけが人の人数のグラフを読み取り，変化の様子から２つのグラフの特長をつかみ，変化の原因を話し合いながら考え，学習問題を設定できるようにする。

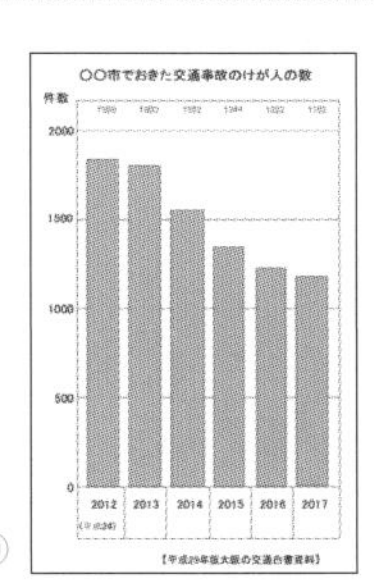

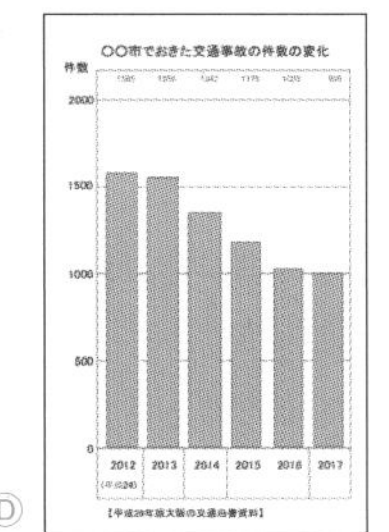

3 比較して考える　事故の件数とけが人の数のグラフの相違点を見つけよう。

「グラフで一番多い時と少ない時を調べましょう。」

多いのは（2012）年，少ないのは（2017）年，毎年（1000）人を超える人がけがをしています。

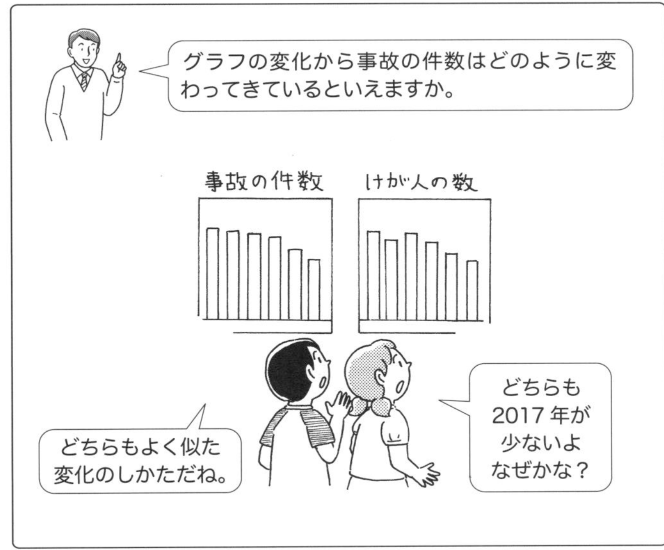
グラフの変化から事故の件数はどのように変わってきているといえますか。
事故の件数
けが人の数
どちらもよく似た変化のしかただね。
どちらも2017年が少ないよなぜかな？

- 2012年から減ったり増えたりしていた。
- 2014年は250人，2015年は200人減っている。

「事故の件数とけが人の数の変化で似ているところとちがうところを見つけましょう。」

2014～2015年で急に減っているわけがあるのかな。

4 発表してまとめる　地域のあぶない所や市の事故の様子から学習問題をつくろう。

事故の件数やけが人が減ってきているのは，どんな理由があると思いますか。
警察署の人が努力しているからかな。
事故の処理をするのは警察の人だけかな。
事故を減らすために地域の人たちも協力して取り組みをしていると思う。

「事故や事件からくらしを守るための学習問題をつくり，学習の見通しを立てましょう。」

- 「警察や地域の人々は，事故や事件をふせぐためにどんなことをしているのか」というのはどう？
- 調べることは警察署の仕事だね。
- 事故や事件を防ぐしくみや取り組みも，調べなきゃならないね！

第2時 警察署の人の仕事

本時の学習のめあて

事件や事故に対する警察官の交番勤務の一日を調べ，警察が地域の安全を守るためにさまざまな仕事をしていることを理解する。

準備物

- 市でおきたいろいろな事件（グラフ）
- 交番の警察官の一日（表）

教材研究のポイント 警察官の勤務形態は，都道府県によって多少の違いがあるので，念の

板書例

けいさつの人の仕事

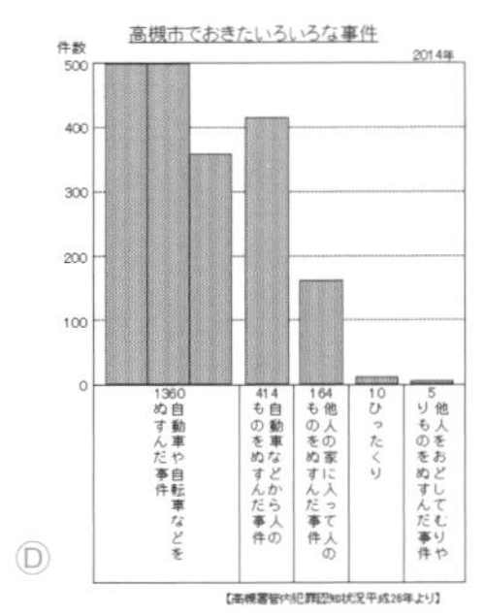

高槻市でおきたいろいろな事件
件数
500
400
300
200
100
0
2014年
1360 自動車や自転車などをぬすんだ事件
414 自動車などから人のものをぬすんだ事件
164 他人の家に入って人のものをぬすんだ事件
10 ひったくり
5 他人をおどしてむりやりものをぬすんだ事件
【高槻署管内犯罪認知状況平成26年より】

【いろいろな事件】
- 自動車や自転車をぬすむ
- 自動車から物をとる
- 人の家にはいってぬすむ

⋮

交番のけいさつかんの一日

時刻	仕事のないようなど
午前 9:30	前日のひきつぎをして，おまわりさんのしごとのスタート
10:00	受け持ちの地いき内のパトロール
12:00	昼食
午後 1:00	市民の道案内などの相談(そうだん)を受けたり，おとしものをあずかったりする
3:00	事件があると現場を調べたり，犯人(はんにん)のついせき捜査(そうさ)をする
4:00	少年に声をかけたり通学路をパトロール
5:00	交通量がふえる時間は，交差点にたって交通ルールを守らせる
6:00	夕食
9:00	夜のパトロール
11:00	早く家に帰るよう声をかけたり，家の人に連絡する
午前 2:00	真夜中のパトロール 交代して休む
8:00	通学路で交通しどう

【千葉県警察本部キッズページより】

1 つかむ 交通事故のほかにどのような事件が起きているのだろう。

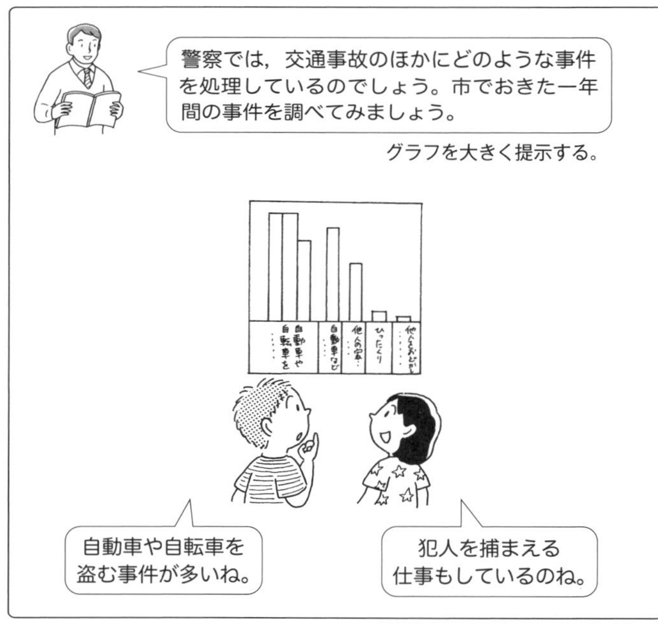

警察では，交通事故のほかにどのような事件を処理しているのでしょう。市でおきた一年間の事件を調べてみましょう。
自動車や自転車を盗む事件が多いね。
犯人を捕まえる仕事もしているのね。

グラフを大きく提示する。

- 車を盗む事件数の944件を365日で割ると，1日に2～3台ぬすまれている計算になる。
- 人の家に入ってぬすんでいくのは泥棒だね。
- 自販機から盗むのもあるんだ。

「このような事件で警察に通報すると，警察の人が事件として犯人を捕まえたり，再び事件が起こらないように地域をパトロールしています。」

2 調べる 交番の警察官の一日を調べよう。

地域の交番の警察官の人たちが，どんな仕事をしているのか，調べてみましょう。

時間があれば，地域の警察署を見学したり交番でインタビューする学習をさせたいが，ここでは次善の策として「一日の仕事表」（DVD 収録）から調べることにした。

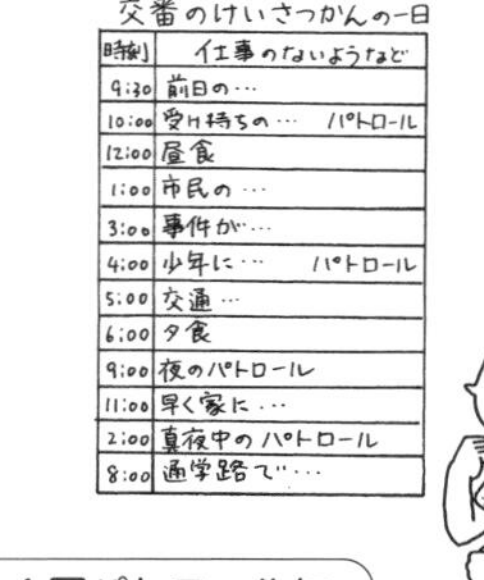

交番のけいさつかんの一日
時刻 仕事のないようなど
9:30 前日の…
10:00 受け持ちの… パトロール
12:00 昼食
1:00 市民の…
3:00 事件が…
4:00 少年に… パトロール
5:00 交通…
6:00 夕食
9:00 夜のパトロール
11:00 早く家に…
2:00 真夜中のパトロール
8:00 通学路で…

1日中仕事があるんだ！大変だね。

4回パトロールに行っているんだね。

- 朝交番に行き，前日の人と引継して交代する。
- 早速地域のパトロールに出かける。
- お昼の後，交番で仕事や道案内の相談などをする。
- もし管内で事件があると出動だね。
- いつも気を張っていなければならないと思う。

以下翌朝まで調べる。

ためにＨＰなどで確認する。

【交番の仕事】
・朝，交番に行く
・前日の人と引きつぎして交代
・地いきのパトロール
・いつもとかわったことを調べる
　お昼ごはんのあと
・交番で落とし物の受けつけ

⋮

【けいさつ官の仕事】
地いきの人と協力しながら事故や事件をへらす仕事をしている。

主体的・対話的で深い学び

資料から地域で起こるいろいろな事件を知り，事件や事故に対処する交番などの警察官の仕事を調べ，どのように事故や事件をへらす仕事をしているのか見つめていく学習方法を設定し，学びを深めるようにしてみたい。

Ⓓ

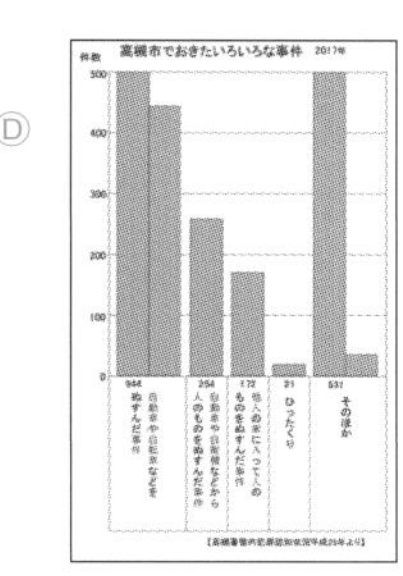
高槻市でおきたいろいろな事件

3 整理して発表する　交番の警察官の働きを整理し，思ったことを発表しよう。

「一日の仕事を細かく調べて，気づいたことや疑問に思ったことがあったら発言してください。」
消防士の人たちと似た勤務時間になっていそうだね。
道をよく知っていなくちゃ道案内ができないね。
朝から次の日の朝まで仕事をしているよ。
夜も交代で仮眠を取るのは同じだね。

・休みの日はいつだろうな。
・仮眠をするとき，片方の人は真夜中のパトロールをすることもあるから大変だと思う。
・交番の前に立っているのも仕事の一つだというのが大変だ。

4 まとめる　地域の安全を守るためにしている仕事をまとめよう。

交番の仕事のほかに地域の安全を守るためにしていることを調べ，警察官の仕事をまとめましょう。

教科書や事件の件数のグラフなどを参照させる。
・交通安全教室や防犯教室で教えてくれた。
・交通事故の処理をしている。
・駐車違反の取り締まりをしていた。
・パトロールカーや白バイがサイレンを鳴らして走っていた。
・グラフでも事件の数が減ってきている。
・地域の人と協力しながら事故や事件をへらす仕事をしていると思う。
・地域の人たちの取り組みも探してみようかな。

警察官の勤務形態は都道府県により多少の差異はあるが，おおむね毎日勤務者（刑事課・交通課）と交代勤務者（交番・機動隊）である。交代勤務は１日目朝～２日目朝勤務で勤務終了後は非番（休み），３日目は週休か日勤でシフトしていく。交番の一日表は，Web サイトの大阪府警察キッズコーナーと，千葉県警キッズコーナーを参考に作成している。ふだん事故や事件がなければ，地域のパトロールが主たる仕事になる。

第 3 時
事故が起きたら

本時の学習のめあて

事故や事件に素早く対応できる警察や通信指令室の働きと役割や，関係諸機関との協力体制について理解する。

準備物

・「事故が起きたら」ワークシート

教材研究のポイント 警察本部の通信指令からの通信先が，消防署の 119 番通報と少しず

板書例

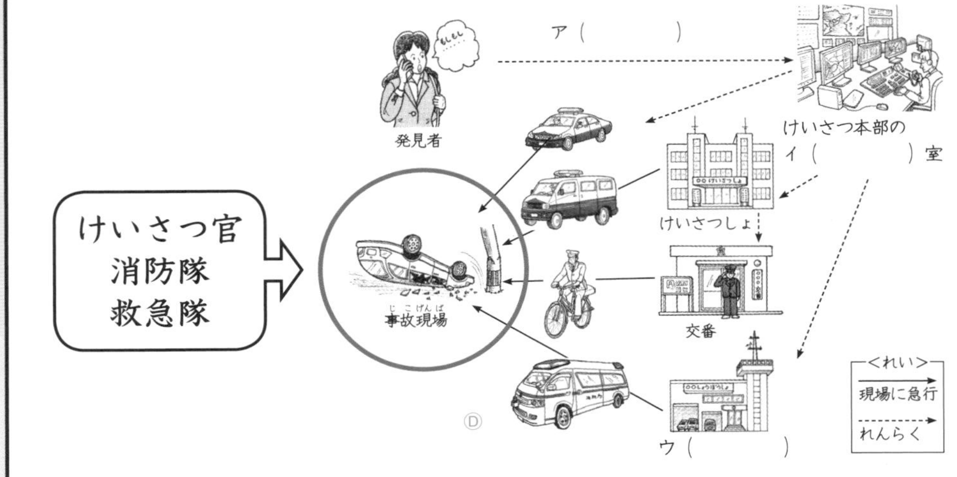

事故が起きたら
ア（　　　）
発見者
けいさつ本部の
イ（　　　）室
けいさつしょ
けいさつ官
消防隊
救急隊
じこげんば
事故現場
交番
ウ（　　　）
<れい>
現場に急行
れんらく

1 つかむ 交通事故の写真を見て気づいたことを話し合おう。

交通事故現場で働く人たちはどんな人たちなのか，教科書の写真やイラストから見つけましょう。
救急隊の人もいるしたくさんの人が来ているね。
パトカーと警察が来ているよ。
警察官だけではないようだ。
消防自動車や消防士もいる。

・発見者や事故を起こした人がいる。
・けがをした人を救うのが一番大事だ。
・火事の時と同じように協力して対応するのだね。

「交通事故はどのように処理されるのか，教科書や資料を見ながら調べていきましょう。」

2 調べる 交通事故が起きてしまったらどうするのか調べよう。

事故が起こったら，発見者はまずどこへ何を連絡しますか。
110 番へ電話！
通信指令室でたくさんの人たちが働いているよ。
場所と事故の様子をいう。
自分の名前や電話番号も必要だね。

「110 番の電話は警察の通信指令室につながります。けが人がいる場合もあるので落ち着いて連絡します。」

・火事と一緒ですぐにパトカーが来る。
・事故車が燃えることもあるね。
・けが人がいたら救急車が必要だ。
・何があったのか見に来る人もいる。

つ異なる点を理解するようにしたい。

○交通整理をする
・こんざつをふせぐ
・こんざつで起こる次の事故をふせぐ

○救急車
・けが人を運ぶ
・おう急手当

○聞き取り
・運転手から話を聞く

事故はいろいろな人の協力によって
しょりされている

主体的・対話的で深い学び

教科書や資料，イラストなどを参考にしながら，警察や通信指令室の働きと役割を確かめ，関係機関と協力していく一つひとつの内容がどうして必要なのかを考え，事故の迅速な処理が行われていることを理解できるようにしたい。

Ⓓ

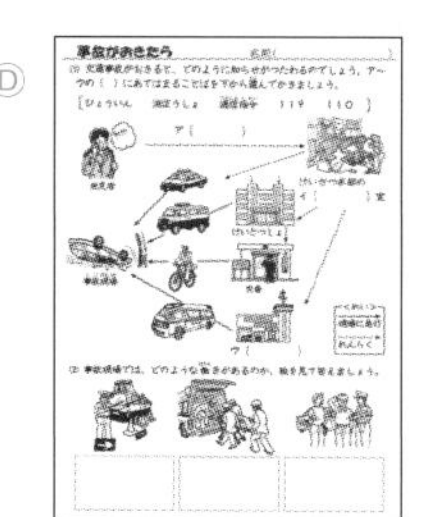

3 整理する 110 番のしくみと役割を整理しよう。

信司令室からどこへ連絡が行き，どのように対応されるのか，教科書などで調べましょう。
現場に近い警察署へ連絡が行くのね。
最寄りの消防署にも連絡が行くんだ。
パトカーや白バイは直接現場に行くんだ。
近くの交番からも警察官が急行！

・けがをしている人を救う救急車が必要だからだ。
・ともかく一刻も早く！救うことだね。
・ガソリンが燃えるかも知れないとき消防車もいる。
・制服のちがう警察の人は何をするのだろう。
・道が通れないから交通整理が必要とおもう。
・事故の原因を聞く警察官もいると思うよ。

4 まとめる 事故現場で働く人たちのようすをまとめよう。

「事故が起きてからの流れをまとめましょう。」
「事故が起きたら」のワークシートを配布し（DVD収録），まとめに使用する。
発見者は（110 番）、（通報）。
警察本部の（通信指令室）だね。
けがの状況がわかれば付け加えると思う。
消防と同じで場所と事故状況が必要だわ。

板書でも（　）がついているところに，どんな場所に連絡しているのか話し合いながら書き込んでいくようにすると，迷っている児童も取りかかりやすくなる。

110 番の通報は，都道府県警察本部の通信指令室に繋がる。市町村消防本部の通信指令室と異なる点である。通報を受けながら，事件・事故の発生現場付近の住所，目標物，電話番号等がコンピューターに入力されると，それを元に現場から最も近いパトカーと管轄警察署に無線指令の場合は，検問などを行うよう緊急配備が発令される。

第4時 学校のまわりを調べよう

教材研究のポイント　学校近辺の交通標識は，児童に関連するものが多いので，時間をとっ

板書例

学校のまわりを調べよう

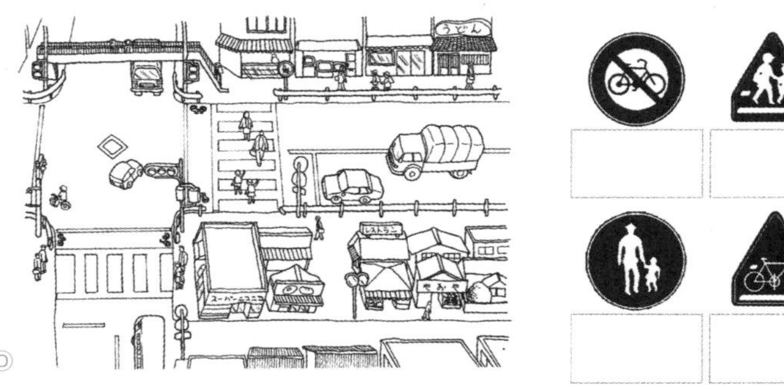

【交通安全のしせつ】

・歩道のガードレール
・横だん歩道
・交通標しき
・自転車の横だん歩道帯
・信号や歩行者用信号
・カーブミラー・歩道橋

本時の学習のめあて

事故を防ぐ取り組みの一環である交通安全の施設を調べ，そこで示されている交通ルールにより安全が守られていることを考える。

準備物

・交通安全の施設プリント
・交通安全のための標識
・学校のまわりの白地図

1 つかむ　まちの中の交通安全の施設を見つけよう。

まちの絵の中にある交通安全の施設に丸をつけ，どんな施設か話し合って書きましょう。

プリントを配布し，絵の中の施設の名前を話し合う。

ガードレールがあるよ。
カーブミラーもそうだね。
横断歩道がある。
交通標識がある。

・自転車の横断歩道帯もある。　・歩道橋もあるよ。
・信号や歩行者用の信号もある。

「学校の近くにある標識が何を表しているのか，もう一枚のプリントに書き込み確かめましょう。」

学校のまわりの地図を配布し，見学ボードにつけて調査見学の準備をさせる。校門のまわりの調査などで十分発見できる。

2 調べる　学校のまわりの交通事故を防ぐための施設を調べよう。

今から，学校のまわりの交通事故を防ぐための施設を調べます。見学ボードに学校のまわりの地図をつけ，施設がある所に目印をいれましょう。

ここにカーブミラーがあるね。
地図に書かなくちゃ。

・歩道と車道の境にガードレールがある。
・通学路の印と標識が立っている。
・道路にスクールゾーンの印と時間帯が書かれている。この時間は自動車があまり通らないね。
・押しボタン式の信号機がある。

単元の最後に安全マップを作成するので，調査活動の練習をかねて活動させるようにしたい。

て実際に確認させたい。

【交通ルールをたしかめる】

●歩くとき
- 道の右側を歩く
- 急にとび出さない
- まわりをよく見て歩道をはみ出さない
- 道路で遊んだりふざけたりしない

●自転車に乗るとき
- 歩道はゆっくり走る
- 二人乗りはしない
- ならんで走らない
- 信号や標しきの指じを守る
- ヘルメットをかぶる
- 暗いときライトをつける

主体的・対話的で深い学び

学校のまわりで，事故を防ぐための交通安全の施設や標識を調べ，そこで示されている交通ルールにより私たちの安全が守られていることを知り，自分たちの歩行や自転車走行を振り返って話し合い，生活を見直すようにする。

DVD

Ⓓ

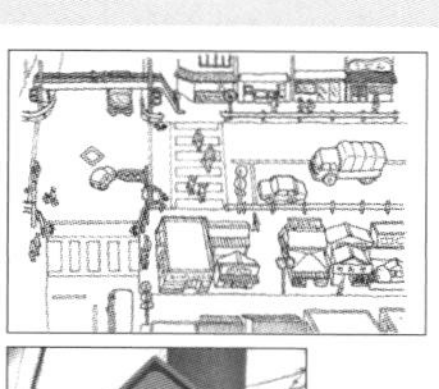
Ⓓ

Ⓓ

3 整理する 調べてきた交通事故を防ぐための施設を整理しよう。

交通事故を防ぐ施設が必要なわけを話し合いながら，目印に説明を入れて整理しましょう。
カーブミラーがたくさんあったね。
見えない所を見えるようにして“飛び出し”に気をつけるためじゃないかな。
“学校・幼稚園・保育園あり”標識があちこちにあったのは，子どもに気をつけてということだね。
スクールゾーンは登下校の時，車が少ないから安心して歩きやすいよ。

- 学校に遊びに行くとき，自転車専用道路があると走りやすいね。
- 点字ブロックは，目の不自由な人が安心して歩くことができると思う。

4 まとめる 施設が示している交通ルールを確かめ，自分の行動を見直そう。

私たちが，交通ルールを守って安全な歩き方や自転車の乗り方をしているか，確かめてみましょう。
歩くとき、道の右側を歩く。
急に飛び出さない。
周りをよく見て，歩道をはみ出さない。
道路で遊んだりふざけたりしない。

- 自転車に乗るとき，左側の端をゆっくり走る。
- 二人乗りはしない。
- ならんでしゃべりながら走らない。
- 信号や標識の指示を守る。
- ヘルメットをかぶる。
- 暗くなったらライトをつける。

第 5 時
地域での取り組み

本時の学習のめあて

地域の人たちが，まちの安全を守るためにいろいろな取り組みを進めていることに気づき，まちの安全を守るしくみについて考える。

準備物

・パトロールステッカー（画像）
・地域での取り組み例（イラスト・画像）

教材研究のポイント　事前に「こども 110 番の家」活動など，都道府県警察のホームペー

板書例

地いきでの取り組み

防犯
パトロール

けいさつ
市役所
学　校
地いき

【地いきの取り組み】
・ぼうはんパトロール
・通学路の交通安全見守り隊
・こども 110 番の家
・PTA の見守り活動

知らせ合って
協力する

1　つかむ　地域の人々の交通事故や事件をふせぐ，地域の人々の取り組みをみつけよう。

写真のようなプレートを見たことがありませんか。どんなことに役立っているのでしょう。
防犯
パトロール
あっお母さんの自転車にも付いているよ。
付いていると『防犯していますよ』と感じるね。

・防犯パトロールと書いてあるから，自転車が盗まれないと思う。
・2，3 台で走ったら「犯罪を見てますよ」って思わせるかも知れない。

「みなさんの安全を守る地域の人たちを見たことはありませんか。」

・通学路で交通安全や見守り中の旗をもって，登下校の安全を見てくれている。

2　調べる　「子ども110番」や「パトロール中」ステッカーの活動を調べよう。

このほかに，地域の交通事故や事件をふせぐようなものを見たことはありませんか。
こども
110番
こども 110 番や通学の時，安全を見てくれている人もいるわ。

・こども 110 番の家もある。
・家やお店の前に看板があるよね。
・駅前のタクシーにも「子ども 110 番のくるま」のステッカーが貼ってあった。

「“こども 110 番の家”はいざというときに助けを求められるところです。」

ジで確かめておく。

【私たちの取り組み】
「5 つのやくそく」

① 一人で遊ばない
② 知らない人についていかない
③ あぶないときには大声を出して“こども 110 番の家”へにげこむ
④ だれとどこで遊ぶのか家の人にいって出かける
⑤ 友だちがあぶないときは，すぐに大人の人に知らせる

主体的・対話的で深い学び

家庭や地域の人たちのいろいろな取り組みを調べ，まちの安全を守るためのしくみについて考え，自分たちにできることを話し合ってまとめるようにする。

DVD

3 調べる 交通安全指導やボランティアの活動を調べよう。

教科書などで，地域の人たちの安全を守る活動や施設を調べてみましょう。
防犯カメラを設置している商店街もあるよ。
防犯パトロールはボランティアなのね。

- 市のまちづくり計画で，街灯を増やしていくことが出ているみたいだね。
- 自分たちで気をつけなければいけないことがあると思う。
- 防犯ブザーもいつもかばんにいれて持っている。

4 まとめる 安全を守る人々の活動をまとめよう。

それでは，自分にできることを考えて話し合い，ノートにまとめましょう。
一人で遊ばない。
知らない人についていかない。
連れて行かれそうで危ないときには，大声を出して“こども１１０番の家”へ逃げ込む。
だれとどこで遊ぶか，家の人に言って出かける。

取りかかりがゆっくりなグループや児童に，大阪府警が出している“5 つの約束”の標語などを配布し，参考にさせるとよいだろう。

平成 17（2005）年 11 月以降，幼い子どもが誘拐され殺害されるという大変痛ましい事件が相次いで発生したことをきっかけにして，全国の警察や地域を中心に「こども 110 番の家」活動が進められている。これは子どもが危険な目にあいそうになったと助けを求めてきたとき，児童を保護すると共に，警察，学校，家庭などに連絡などして，地域ぐるみで子どもたちの安全を守っていくボランティア活動として位置づけられている。（警察庁対応マニュアルより）

第6時 交通事故を防ぐ取り組み

本時の学習のめあて

事故の資料から，交通事故をふせぐためにふだんから行われている取り組みについて調べ，地域の安全が保たれていることを知る。

準備物

- 子どもの時間別事故発生件数グラフ
- 小学生の事故の主な原因表

教材研究のポイント 交通事故などの市町村単位の資料は，各警察署の生活安全課に問い合

板書例

交通事故をふせぐ取り組み

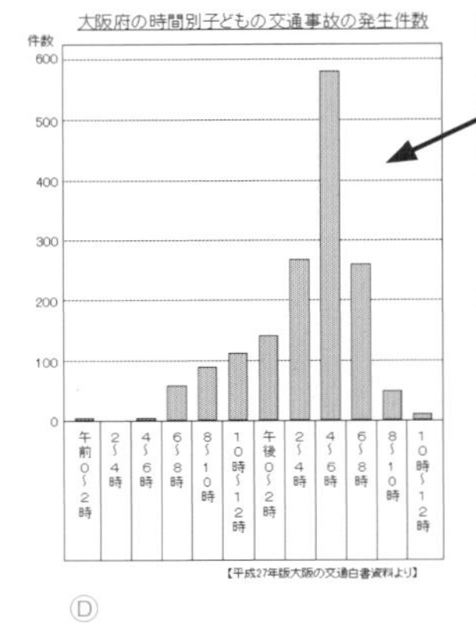

大阪府の時間別子どもの交通事故の発生件数
件数
【平成27年版大阪の交通白書資料より】

- 朝の登校時は多くない
- 午後４時～６時が一番多い
- 外で遊んでいるとき
- ２時～４時は下校時間
- 午後６時～８時は自転車でもライトをつける

小学生の交通事故のおもなげんいん

(2015年)

げんいん	けがをした人	なくなった人
○自転車の事故	604人	1人
安全を確かめない	332	1
一時停止をしない	57	0
信号無視(むし)	14	0
そのほか	201	0
○歩行中の事故	309人	1人
とび出し	114	1
自動車の直前・直後の横断(走行中をふくむ)	20	0
横断歩道外の横断	36	0
信号無視(むし)	22	0
そのほか	117	0
合　計	913人	2人

【大阪の交通白書(平成27年版)より】

- 自転車の事故が多い！
- なくなっている人もいる
- “安全を確かめない”“一時停止をしない”が多い
- 歩行時のとび出しが多い
- 交通ルールを守らないと事故になる

1 つかむ 子どもの交通事故はいつ起こっているのかな。

子どもの交通事故はいつ起こっているのでしょう。次のグラフを見て考えましょう。
グラフのタイトルや縦横の項目と見方を復習しながら説明する。
朝はそんなにおおくないね。
午後４時～６時がすごい！いつも遊んでいる時間だ！

- 学校から帰って，いろいろなところに行く時間だ。
- ２時から４時は低学年が帰る時間だね。
- 外で遊んでいる時に事故に遭うことがあると思う。
- 夕方５時から８時は自転車でもライトがいる。

「では事故の原因はどんなことが多いと思いますか。」

- 自転車に乗っているとき。
- 道路で遊んでいてボールを取りに行くとき。

2 話し合う 子ども（小学生）の交通事故の原因について気づいたことを話し合おう。

小学生の交通事故の原因の表を見て話し合い，気づいたことや考えたことを発表しましょう。
表を配布し気づいたことを付箋に書き込み，グループボードに貼って話し合いを促す。クラスの状況でグループ発表か個人かを選択する。
やっぱり自転車の事故が多いね。
“安全を確かめない”という原因が一番多いよ。
自転車に乗る時は気をつけないといけない！
一時停止をしなくて走ってしまうと思う。

- 歩いているときの飛び出しが多い。
- 車の前後は，ほかの車から見えないからかな。
- 交通ルールを守らないと事故になると思う。

わせると入手できる。

【事故をふせぐ取り組み】

・事故の起きやすいところに，信号や道路標しき，ガードレールをつけている
・朝や夕方に，けいさつ官が交差点に立っている
・パトロールもしている
・登下校のとき，地いきの人たちが交通安全指どうで立ってくれている
・春や秋の交通安全週間で，事故をなくすようによびかけている
・信号や標しきをしっかり見て，交通ルールのような法やきまりを守る

主体的・対話的で深い学び

子どもの事故のグラフや表を読み取り，事故に対する対策を考え，事故を防ぐさまざまな取り組みが行われていることを調べて話し合う。そして警察や地域の人たちの活動を通して，事故を減らす努力が続けられていることを考えさせたい。

DVD

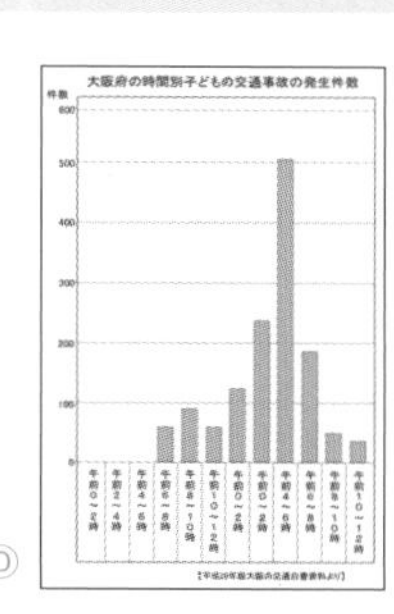
大阪府の時間別子どもの交通事故の発生件数
件数
600
500
400
300
200
100
0

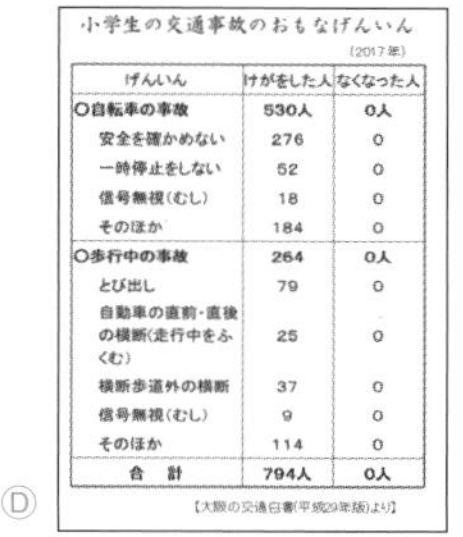

小学生の交通事故のおもなげんいん

（2017年）

げんいん	けがをした人	なくなった人
○自転車の事故	**530人**	**0人**
安全を確かめない	276	0
一時停止をしない	52	0
信号無視（むし）	18	0
そのほか	184	0
○歩行中の事故	**264**	**0人**
とび出し	79	0
自動車の直前・直後の横断（走行中をふくむ）	25	0
横断歩道外の横断	37	0
信号無視（むし）	9	0
そのほか	114	0
合　計	794人	0人

【大阪の交通白書（平成29年版）より】

3 調べる 子どもの事故を防ぐための警察の対策を調べよう。

「子どもの事故を防ぐために，警察はどんな対策をしているでしょうか。教科書や警察のホームページで調べてみましょう。」
交通安全指導をしてくれているんだ。
事故が起きやすい所に安全対策をしてくれているんだね。
朝や夕方に警察官が交差点に立っているよ。
パトロールもしている。

・事故の起きやすいところに，信号や道路標識，ガードレールをつけているそうです。
・登下校の時，地域の人たちが交通安全指導で立ってくれている。
・春や秋の交通安全週間で事故をなくすように呼びかけているね。

4 まとめる 交通事故を防ぐ取り組みについてまとめよう。

私たちはどのようにして交通事故を防いでいくのか考えてみましょう。
まず交通ルールのような法や決まりを守ること。
学校から帰るときや遊んでいるとき気をつける。
信号や標識をきちんと見て，守ることが大切だ。
道路標識があるそうだけど，知っている？

・通学路のマークしか知らない。
・交通ルールもよくわかっていないかも知れない。
・私たちのまわりの道路標識や，歩くときや自転車の交通ルールを，もう一度確かめなければいけないね。

ひろげる

まちの安全マップをつくろう ①

本時のポイント　見学にいくとき，児童が気づいたことを画像に残していく撮影などの

板書例

まちの安全マップづくり①

【安全マップに入れること】

●あぶない場所
① 交通など
② こわいところ
（あぶないわけ）

○安全なところ
・こども 110 番の家
・交番
・交通指どう員の立つ場所
・パトロール
・目立つ標（ひょう）しき

【マップのやくそく】
・こども 110 番の家…家マーク
・通学路…緑の線
・ボランティアの方が立つところ
…ニコマーク
・交差点注意・赤●マーク
・自動車多し…自動車マーク
・自転車多し…自転車マーク
・暗がりきけん…×マーク
・理由わけ…色分けカード

本時の学習のめあて

学習してきたことをもとに地域の安全について安全マップをつくり，自分たちにもできることをまとめる。

準備物

・校区白地図（グループ用）大判
・校区白地図プリント（下書き，家族インタビュー用）
・理由を書く色画用紙

1　つかむ　自分の通学路について安全を確かめよう。

まちで危険だと思う所はどんなところでしょう。反対に安全の工夫がされている所はどんな所でしょう。
自動車や自転車がたくさん通る狭い道。
見通しの悪い四つ角などの交差点。
人の通りが少ない細い道。
公園のトイレのまわりや茂った木陰。

・駅前の交番。
・こども 110 番の家。
・人通りが多くて広い安全な歩道や場所。
・大きな街灯がついている明るいところ。

「自分の通学路で危険場所や工夫されている所をチェックしましょう。」

校区白地図プリントを配布する。

2　話し合う　安全マップに書き込む内容を話し合おう。

グループで安全マップを作ります。マップに入れる内容をみんなで考えましょう。
交通事故が起きそうな危ない場所を入れよう。
子供 110 番の家も知っておく必要があるね。
あぶないわけをカードに書いて貼ろう。
事件が起こりそうなこわいところ。

・安全なところは，交番だね。
・登下校で交通ボランティアの方がいる場所。
・通学路と先生ののパトロールの道。
・交通標識はどうしよう。

「学校のまわりの標識を調べたので，目立つものを入れるようにしましょう。」

活動をすすめたい。

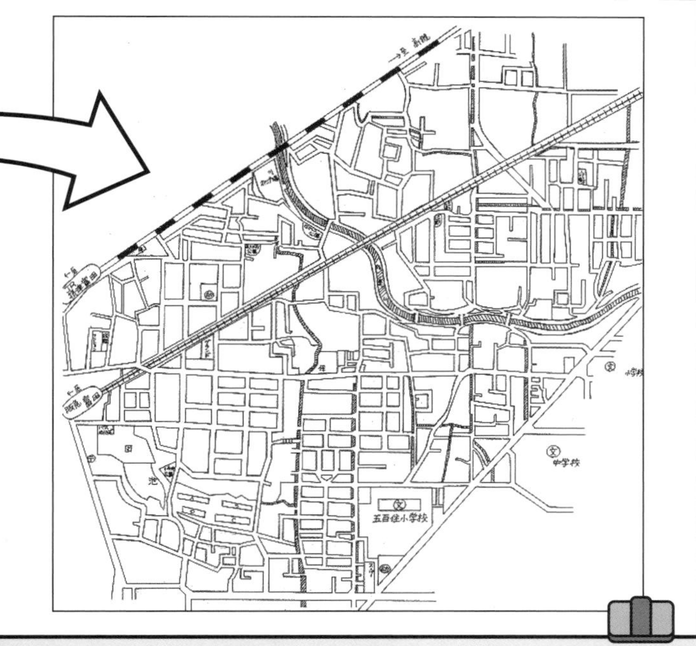
五百住小学校
中学校

主体的・対話的で深い学び

学習してきたことをもとにして，家族にもインタビューして危険な場所などを確かめる方法を話し合い，地域の安全の現状を安全マップにまとめていく学習活動をする。そのためにグループの活動のル ールを決めて，準備をする。

3 話し合う 担当を決め，家族にインタビューする内容を話し合おう。

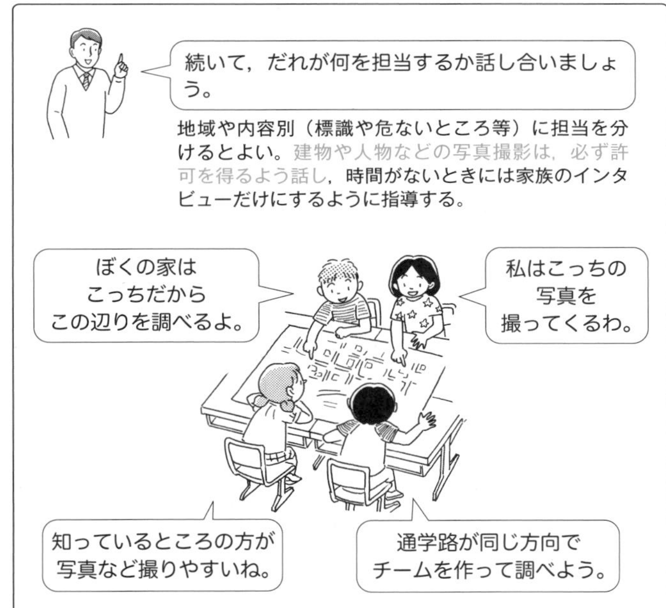
続いて，だれが何を担当するか話し合いましょう。
ぼくの家は
こっちだから
この辺りを調べるよ。
私はこっちの
写真を
撮ってくるわ。
知っているところの方が
写真など撮りやすいね。
通学路が同じ方向で
チームを作って調べよう。

地域や内容別（標識や危ないところ等）に担当を分けるとよい。建物や人物などの写真撮影は，必ず許可を得るよう話し，時間がないときには家族のインタビューだけにするように指導する。

「割り当てができたら，家族にインタビューする内容を話し合ってください。」
- 安全マップに入れる危ない所と安全な所を聞くね。
- 夜のことがわからないから聞いてみよう。

4 話し合い 準備する グループの安全マップ作りの約束を決めて，準備をしよう。

グループの安全マップの白地図の準備をします。地図に書き入れる色線や印，記号やマークなどの約束を“凡例”といいますが，決めてください。
四つ角の交差点は
あぶないから赤信号！
自動車が多い
所は自動車の
絵にしよう。
朝の高校生の自転車は
自転車マークでいこう。
暗がり危険は濃い
×マークだね。

校区探検時に作成したマークや約束を例にするとよい。

- こども 110 番の家は，家の絵にしたらどうかな。
- 通学路は緑の線でいいと思う。
- ボランティアの方が立つところはニコちゃんマークがいい。

ひろげる

まちの安全マップをつくろう ②

本時のポイント　安全マップの掲示場所は，教室の後ろだけでなく，学年でも相談して

本時の学習のめあて

学習してきたことをもとに地域の安全について安全マップにまとめ，自分たちにもできることをまとめる。

準備物

- 校区白地図(グループ用)大判
- 校区白地図プリント（下書き，家族インタビュー用）
- （あれば）写真
- 理由を書く色画用紙
- はさみ・のり・マジック

板書例

まちの安全マップづくり②

【安全マップに入れること】

●あぶない場所
① 交通など
② こわいところ
（あぶないわけ）

○安全なところ
- こども 110 番の家
- 交番
- 交通指どう員の立つ場所
- パトロール
- 目立つ標（ひょう）しき

【マップのやくそく】
- こども 110 番の家…家マーク
- 通学路…緑の線
- ボランティアの方が立つところ…ニコマーク
- 交差点注意・赤●マーク
- 自動車多し…自動車マーク
- 自転車多し…自転車マーク
- 暗がりきけん…×マーク
- 理由わけ…色分けカード

1 確かめる　家族にインタビューしてきたことを確かめ合おう。

家族にインタビューしてわかった所について確かめ，わけなどについて話し合いましょう。
お母さんこの辺りで夜，外灯がない場所を教えて。
そうねえ…

- 近くの公園は街灯が少ないから暗がりが多い。
- 近道でも遠回りして帰るらしい。
- 通学路の通称“くらやみ階段”は昼でも薄暗い！
- 狭くてまわりから見えにくい道だよ。
- 電車の下の地下道は，ライトがあっても人通りが少なく気持ちが悪い。
- 昼間でも走って通り抜けるよね。

2 地図に書き込む　調べたことを地図やカードに書き込もう。

分担して調べたところを白地図に書き入れていきましょう
まず通学路を緑色で塗って…
ここの交差点は「見通しが悪くて危ない」と言っていたよ。
交番は地図記号でかいておこう。
交通ボランティアの人の場所はニコマーク。

- 角の向こうが見通せない四つ角の交差点。
- 理由は四つ角の道路が微妙にずれているから。
- 交通ボランティアの人がいつも困っている。
- 暗がりや危険場所はいろいろ聞いてきたから，理由も書いて貼っていこう。
- 線路下トンネルは薄暗く周りから見えないので，親と一緒に通る。

事前に割り当てておくようにする。

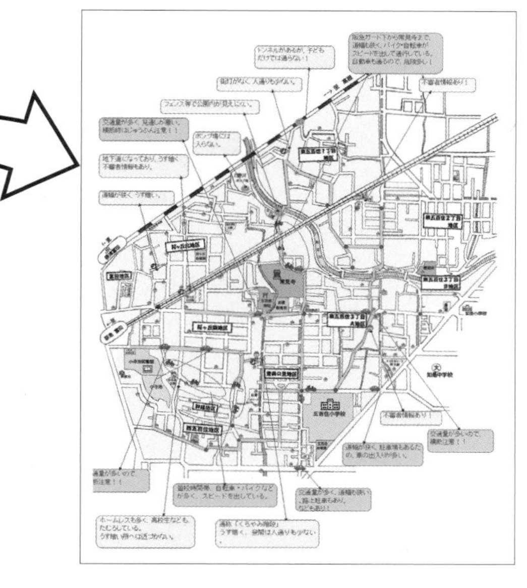

主体的・対話的で深い学び

学習してきたことや家族にインタビューしてきたことをもとに，地域の安全の現状を安全マップにまとめていく学習活動をする。グループで準備したことを地図に書き込み，自分たちにできることもまとめて表現し，協力して発表する。

DVD

3 協力して仕上げる 危険箇所は理由も書き入れ，内容を確かめあいながら，地図を仕上げよう。

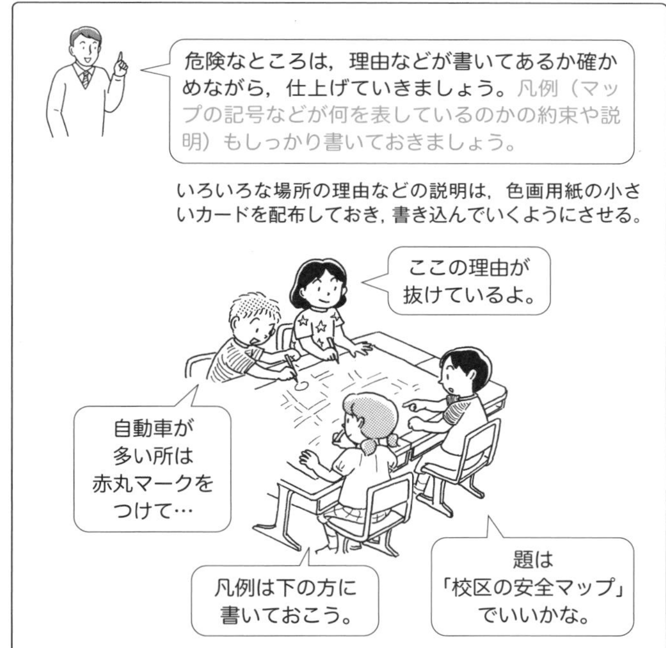
危険なところは，理由などが書いてあるか確かめながら，仕上げていきましょう。凡例（マップの記号などが何を表しているのかの約束や説明）もしっかり書いておきましょう。
いろいろな場所の理由などの説明は，色画用紙の小さいカードを配布しておき，書き込んでいくようにさせる。
ここの理由が抜けているよ。
自動車が多い所は赤丸マークをつけて…
凡例は下の方に書いておこう。
題は「校区の安全マップ」でいいかな。

・お寺さんの前の道の危ない理由は，「道幅が狭く，自転車やバイクの量が多い」でいいね。
・グループ名とメンバーも書き入れておこう。

4 発表する 仕上げた地図を貼りだし，発表しよう。

それぞれ撮影してきた写真なども貼って，工夫して紹介するようにしましょう。
グループで撮影してきた写真などがあったら，プリントして配布しておく。
写真を貼って…
マークや写真で表すとわかりやすいね。

「できあがったところから廊下にはっていき，他学年の人にも見てもらいましょう。難しい漢字はふりがなをつけておいてください。」

市の様子のうつりかわり

全授業時間 13 時間（導入 1 時間＋授業 12 時間）

◉ 学習にあたって ◉

◇何を教えるのか　－この単元の特徴－

この単元は，児童が社会科の学習で初めて触れる歴史認識を育てる内容の単元です。３年生後半から４年生にかけて，事物や事象を同時代的なとらえ方だけでなく，過去から現在に連続的につながるものとしてとらえられるように育てていくために，自分の家族や祖父母への聞き取り，地域の博物館や郷土資料館などを見学して，市の昔の写真や地図などを見比べたり古い道具を観察し，そのころの生活の様子を聞き取ったり体験したりすることから人々の生活のうつりかわりを知り，変化の様子を考え，表現する活動を設定したいです。

◇どのように教えるのか　－学習する手がかりとして－

その第一歩として，まず地域の昔の写真や航空写真，祖父母や父母の年代の写真などを見比べて市の変化を大まかにつかませます。その後，道路や交通，公共施設，土地利用や人口，生活の道具などの時期の違いに着目して，市役所や博物館などを見学し，聞き取り調査をしたり地図などの資料で調べたりして，現在の私たちの生活と比較し，人々の生活の知恵や工夫，生活の向上などについて考えます。さらに，人々の生活のうつりかわりを時間の流れでとらえ，市のうつりかわりを年表などに表現していく活動を通して，生活のうつりかわりを丁寧に学ばせましょう。

◉ 評　価 ◉

知識および技能

- 市の様々な地形，土地利用の様子，主な公共施設，交通の様子，人口、くらしの道具などのうつりかわりを知り，時間の経過に伴いうつりかわってきたことを理解している。
- 土地利用や道路，交通，人口，公共施設，くらしの道具の変化などの観点に基づいて観察や聞き取り調査をしたり，地図や写真などの資料を活用したりして，市の様子のうつりかわりについて必要な情報を集めて読み取り，時系列に整理して年表などにまとめている。

思考力，判断力，表現力等

- 土地利用や人口，交通や主な公共施設，交通の様子の変化や，生活の道具などの時期による違いに着目して，学習問題や予想を立て，学習計画を考え表現している。
- 土地利用や人口，交通や主な公共施設，交通の様子の変化や，生活の道具の変化を時系列に整理し，市の様子は時間の経過に伴い変化してきていることを考え，適切に表現している。

主体的に学習に取り組む態度

- 市の様子のうつりかわりについて必要な情報を集め，読み取ったことをもとに自分の意見や疑問をもち、進んで話し合いに参加しようとしている。

◉ 指導計画　　１３時間（導入１時間＋授業 12 時間）◉

時数	授業名	学習のめあて	学習活動
導入	昔と今を比べると「市のうつりかわり」導入	・私たちの市の様子で、昔と今との様子を比較し、どのようにかわってきたのかを知り、未来について考えるための関心を持つ。	・教科書やイラストから，祖父母の子どもの時代，父母の子どもの時代，そして現在と，それぞれの時代を比較して社会の変化を見つけて話し合う。

1	かわってきた 私たちの市の駅	・昔と今の駅の写真を見比べその相違に気づき、身近な人の昔の話などから，駅のまわりの変化について関心を持つ。	・市にある駅の昔と今の様子を比べたり，身近な人の昔の話などから，気づいたことをみんなで話し合い，どのようにかわっているのかを知り，関心を持つ。
2	かわってきた 私たちの市	・市の様子のうつりかわりについて，疑問に思うことや不思議に思うことを話し合い，学習問題をつくる。	・昔と今の地図を比較し，市の様子のうつりかわりについて学習問題をつくり，調査内容や方法を話しあって考え，学習計画を立てる。
3	道路や鉄道の うつりかわり	・市の交通の様子のうつりかわりについて調べ，疑問に思ったことなどを話し合い，どのように整備されてきたのかを理解する。	・交通（道路や鉄道）の変化を，それぞれの時代の地図を比較しながら見つけて話し合い，調査項目ごとに時系列に簡単な年表に整理する。
4	土地の使われ方の うつりかわり	・市の土地の使われ方のうつりかわりについて調べ，気づいたことや疑問に思ったことなどを話し合い，変化の様子を理解する。	・市の全体的な土地の使われ方の変化の様子を，それぞれの時代の地図を比較しながら見つけて話し合い，調査項目ごとに時系列に簡単な年表に整理する。
5	人口のうつりかわり	・市の人口のうつりかわりについて調べ，気づいたことや疑問に思ったことなどを話し合い，変化の様子を理解する。	・市の人口のうつりかわりの様子を何種類かのグラフで調べてその特徴をつかみ，時系列に簡単な年表に整理し，現在の人口構成の特徴と課題を理解する。
6	公共しせつの うつりかわり	・市の公共施設のうつりかわりについて調べ，気づいたことや疑問に思ったことなどを話し合い，変化の様子を理解する。	・市の公共施設のうつりかわりの様子を学校のうつりかわりを中心に調べ，公共施設ができた時期を時系列に簡単な年表に整理し，そのでき方を理解する。
7	道具とくらしの うつりかわり① ～見学の準備～	・古い道具が昔の生活の中でどのように使われ，くらしがよくなるためにどのようにうつりかわってきたのか調べる。	・博物館や郷土資料館などを見学して，古い道具について見聞きしながら，使い方や工夫の様子，道具の使用された時代などを調べる計画を立てる。
ひろげる	道具とくらしの うつりかわり② ～まとめる～	・古い道具が昔の生活の中でどのように使われ，くらしがよくなるためにどのようにうつりかわってきたのか調べてまとめる。	・博物館や郷土資料館などを見学して，古い道具について見聞きし調べた事をグループごとに発表するなど，一人ひとりの活動の場を設定する。
8	市のうつりかわりを まとめてみよう	・市のうつりかわりについて調べてきた内容を振り返り，それぞれの年表を整理して一つにまとめ，気づいたことを話し合う。	・市のうつりかわりについて，いろいろな項目の観点から調べた年表を一つに整理し，考えたことやわかったことを話し合い，いろいろな項目のつながりに気づく。
9	市の発展のために	・市のこれからのためにどのような取り組みが行われているのか調べて話し合い，みんなに伝えるためにポスターを作製して発表する。	・市のこれからのためにどのような取り組みが行われているのかを調べて話し合い，市のこれからについて伝えたいことをポスターに表現して，発表する。
ひろげる	道具とくらしのうつりかわりをまとめる①	・いろいろな道具のうつりかわりから，生活が変化してきたことを考え，調べた古い道具を時代ごとに年表にまとめる。	・いろいろな道具のうつりかわりのようすを共有し，くらしが変化してきたことを話し合って考え，道具とくらしのうつりかわりを表す年表をつくる準備をする。
ひろげる	道具とくらしのうつりかわりをまとめる②	・いろいろな道具のうつりかわりから，生活が変化してきたことを考え，調べた古い道具を時代ごとに年表にまとめる。	・いろいろな道具のうつりかわりのようすを共有し，くらしが変化してきたことを話し合って考え，道具とくらしのうつりかわりを表す年表をつくる。

導入

昔と今を比べると

本時の学習のめあて　祖父母や父母の子どもの頃と現在を比較しながら，それぞれの時代の特徴を考え

単元の学習のめあて

私たちの市の様子で，昔と今との様子を比較し，どのようにかわってきたのかを知り，未来について考えるための関心を持つ。

板書例

昔と今を比べると

おじいさん，おばあさんの子どものころ	お父さん，お母さんの子どものころ
・駅小さい	・駅大きくなる
・じょうききかん車	・電車になり，新かん線が走る
・火の見やぐら	・しょうぼうしょのかんしとう
・１～２階建ての家	・３～４階だてのビル
・お店やさん，ろ店もある	・交通信号とおうだん歩道
・運送（自動車，リヤカーや船）	・運送（自動車が増える）
・交通信号がない	・歩道が分けられている
・砂浜の港	・港の岸がかべになっている
	・田畑がへり，自ぜんがへる

1 つかむ　祖父母が子どもの頃の町の様子のイラストから，今との相違点を見つける。

教科書のおじいさんおばあさんが子どもの頃の町の様子をみて，気がついたことを話し合いましょう。
駅のまわりまで田畑が広がっています。
線路が１本しかないです。
鉄道の駅が小さく，すぐ横まで水田です。
列車の機関車が煙を出す蒸気機関車だ。

・消防署は火の見櫓が建っている。
・ほとんどの家が１階か２階で，高いビルがない。
・リヤカーで物を運んでいる。
・商店街は家だけでなく，露店がある。
・電信柱が立ち，信号がほとんどない。
・港は砂浜の端で，小さい船が並んでいる。
・川の中を，船で荷物を運んでいる。

2 見つけて話し合う　父母が子どもの頃の町の様子のイラストと祖父母の頃を比べて，相違点を見つける。

お父さんお母さんが子どもの頃の町の様子をみて，前と違うことや気がついたことを話し合いましょう。
駅が大きくなり，プラットホームもできている。
道路も舗装されているね。
新幹線が通っている。
線路が２本になり，複線化している。

・駅の建物も大きくなっている。
・学校の建物が鉄筋校舎に替わっている。
・建物が３，４階建てになっているよ。
・お寺はほとんど変わっていないようだ。
・自動車の数がふえている。
・信号がつけられ，横断歩道がかかれている。
・港は，砂浜がなくなり大きな船が着いている。

変化を読み取る。

わたしたちの今

- 鉄道が高架(こうか)になり，ホームも二階にある
- 踏切がなくなって，車は走りやすい
- 自動車がとても増え，信号やおうだん歩道も増えた
- 田畑はなくなり住宅になり，新しい町ができた
- 町の中心部は，高層ビルがたちならんでいる

【変わってきたこと】
- 道路や鉄道など交通のようす
- 建物などのようす
- 土地の使われ方のようす
- 人口のようす
- 道具やくらしのようす

主体的・対話的で深い学び

まだ長い時間的感覚のない３年生に，祖父母の子どもの時代，父母の子どもの時代，そして現在とそれぞれの時代を比較して，社会の変化をとらえさせる最初の授業です。交通手段一つをとっても，それぞれの時代の特徴を考え，変化を読み取れるようにしたいです。

3 見つけて話し合う　父母の子どもの頃の町の様子のイラストと今とを比べて，相違点を見つける。

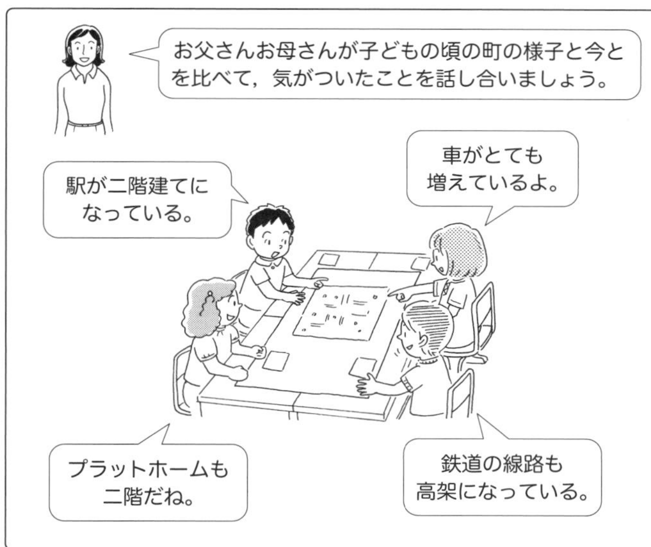
お父さんお母さんが子どもの頃の町の様子と今とを比べて，気がついたことを話し合いましょう。
駅が二階建てになっている。
車がとても増えているよ。
プラットホームも二階だね。
鉄道の線路も高架になっている。

- 踏切がなくなって道路が走りやすくなった。
- 線路の下は，お店や駐車場かな。
- 学校も新しい建物になっている。
- 田畑は住宅になり，新しい町に変わっている。
- 自動車の数がもっと増えて，信号の数も増えた。
- 中心の建物は高いビルになってきている。
- まわりに町が広がり，高い建物も建っている。

4 発表してまとめる　市の様子で，どんなことが変わってきたのか考えて，発表してまとめる。

今と昔では，どんなことが違うのでしょうか。何が変わってきたのか話し合って発表しましょう。
それは人口が増えてきたということかなぁ？
田畑が減り，住宅が増えた。
つまり道路や交通の様子が変わってきたことね。
鉄道や車のようすがどんどん変わってきた。

- 町の中心部の建物の様子がかわった。
- お寺や神社のように変わっていないものもある。
- 田畑が減り，自然の様子も変わってきている。
- 住宅が増え，新しい町ができ，土地の使われ方が変わって来たんだ。
- 道具も変わってきたと思う。

第1時 かわってきた私たちの市の駅

本時の学習のめあて

昔と今の駅の写真を見比べ，その相違に気づき、身近な人から昔の市の様子を知り、駅のまわりがどのようにかわってきたのか関心を持つ。

準備物

・昔の駅前の写真（何枚か）
・昔の地図（写真の年代と重なるものがいい）
・昔を知る人のインタビュー，またはお話

教材研究のポイント　事前に地域の副読本や「私たちの百年」などの本から昔の駅の写真を集め、

板書例

かわってきた私たちの市の駅

芥川小学校
湯浅電池
大阪医科大学
高槻駅
保健所
高槻市駅

1 つかむ　昔と今の駅の写真を比べて気づくことを見つけよう。

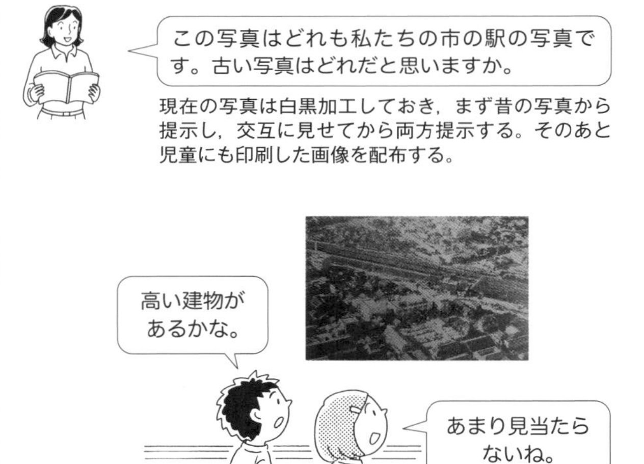

この写真はどれも私たちの市の駅の写真です。古い写真はどれだと思いますか。
高い建物があるかな。
あまり見当たらないね。

現在の写真は白黒加工しておき，まず昔の写真から提示し，交互に見せてから両方提示する。そのあと児童にも印刷した画像を配布する。

・先に見た２枚の写真が古いです。

「よくわかりましたね。正解です。そう思う理由を発表してください。」

・今の駅の北には，高い双子のビルがあります。
・今の駅は階段を上がって二階にあります。
・南側には広いロータリーがあるね。
・古い写真は，あまり高い建物がないよ。

2 見つけて話し合う　昔と今の駅の写真や地図を比べて，気づいたことを話し合おう。

昔の写真と地図は今から50年ほど前の物です。どんな様子か写真と地図を比べて気づくことを話し合いましょう。
地図は昔の地図だね。
今はとても高い建物がたくさんあるけれど…
駅は線路をまたいでプラットホームのある所だね。
高い建物でも３～４階建てぐらいだ。

昔の駅周辺の地図を配り比較対照させ，現在との相違点を見つけさせる。

・地図で駅の南側の建物の記号を見ると市役所だよ。
・その横の記号は警察署だね。
・郵便局も記号がある。
・みんな今とは全然違うところにあるね。

プリントや大きく提示する画像などにしておくようにしましょう。

Ⓓ

～近くに住むおばあさんの話～

せんそう中よりも終せん後のほうが食りょうなんでした。食べ物はすべてが配給で、おなかいっぱい食べられることは、ほとんどありませんでした。運動場はいも畑にかわりました。道路わきも土手の上も、畑になりました。

さつまいものくきや葉っぱ、たんぽぽ、はこべなど、食べられるものはなんでも食べました。豆やいもの入ったぞうすい（おかゆ）が食べられたらいい方でした。

国鉄（JR）高槻駅のまわりは、ぞうすいを売る食どうがたくさんできました。けれども、いつも長い行列ができていました。

【思ったこと＝まとめ】
・せんそう後､駅前で行列でならんでおかゆを食べる時があった。
・駅のまわりの建物はあまり高くなかった。
・がんばって今の町にかわってきた。

主体的・対話的で深い学び

市にある駅の昔と今の様子を比べながら，気づいたことをみんなで話し合い，どのようにかわっているのかを知る。さらに，身近な人から昔の駅のまわりの様子を聞き取り，戦後どのような状況から市が再出発したのか理解できるようにしたい。

～近くに住むおばあさんの話～

せんそう中よりも終せん後のほうが食りょうなんでした。食べ物はすべてが配給で、おなかいっぱい食べられることは、ほとんどありませんでした。運動場はいも畑にかわりました。道路わきも土手の上も、畑になりました。

さつまいものくきや葉っぱ、たんぽぽ、はこべなど、食べられるものはなんでも食べました。豆やいもの入ったぞうすい（おかゆ）が食べられたらいい方でした。

国鉄（JR）高槻駅のまわりは、ぞうすいを売る食どうがたくさんできました。けれども、いつも長い行列ができていました。

3 話を聞いて考える 昔の市の様子について，身近な人の話から考えよう。

近くに住むおばあさんの話があります。それを読んで昔の様子を知り，今との違いを考えましょう。
昔の話を聞くことができる人へのインタビューや，教科書や副読本からお話を取り上げ，プリントして配布し，今との違いを考える。
ゲストティーチャーに，昔の様子がどうだったか教えてもらいましょう。

・戦争っていつだったの？
・ひいじいちゃんの頃って聞いたことがある。
・今，令和だから平成→昭和と遡るといつかな。

「1945 年（昭和 20 年）戦争が終わり日本が負けました。」

・今から 75 年近く前だね。
・負けたから食料がなかったんだね。
・お店のメニューが雑炊（おかゆ）だって。
・それを食べるにも，長い行列で待つなんて。

4 まとめる 昔と今の駅のうつりかわりの様子について、思ったことをまとめよう。

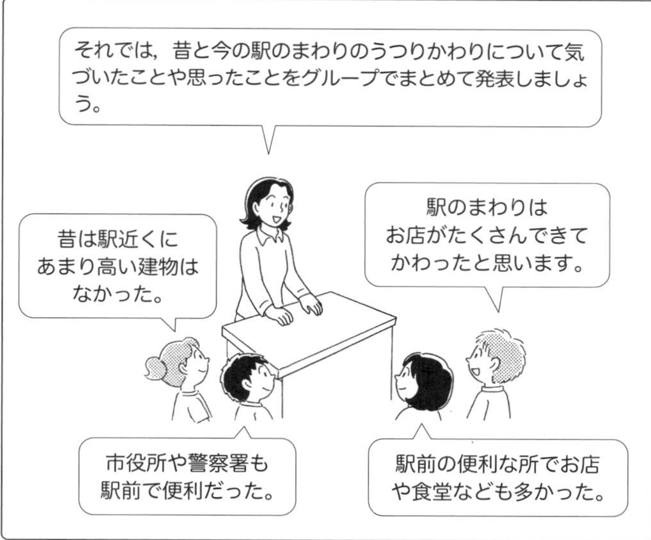
それでは，昔と今の駅のまわりのうつりかわりについて気づいたことや思ったことをグループでまとめて発表しましょう。
昔は駅近くにあまり高い建物はなかった。
駅のまわりはお店がたくさんできてかわったと思います。
市役所や警察署も駅前で便利だった。
駅前の便利な所でお店や食堂なども多かった。

・○○商店街のアーケードも写っている。
・駅のまわり以外は，どのようにかわってきたのだろう。

「次の時間から，市のいろいろなうつりかわりについて調べていきましょう」

第2時
かわってきた私たちの市

本時の学習のめあて

市の様子のうつりかわりについて，疑問に思うことや不思議に思うことを話し合い，学習問題をつくる。

準備物

- 市町村地域土地利用図（現在）
- ５０～６０年前の市町村地域土地利用図

教材研究のポイント　私たちの市の変化を示す地図は、過去に発刊された副読本の地図など

板書例

かわってきた私たちの市

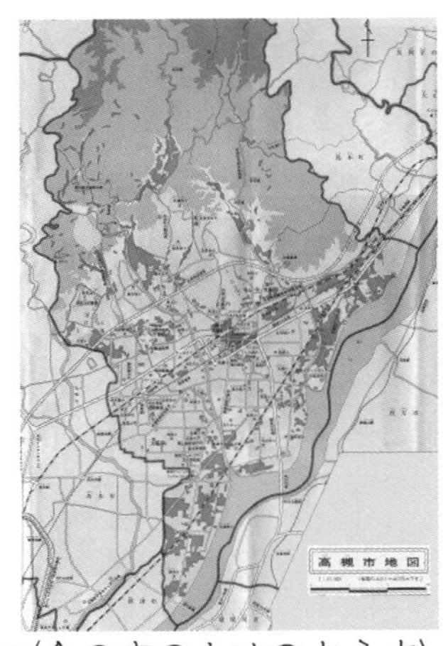

高槻市地図

Ⓓ〈今の市の土地のようす〉

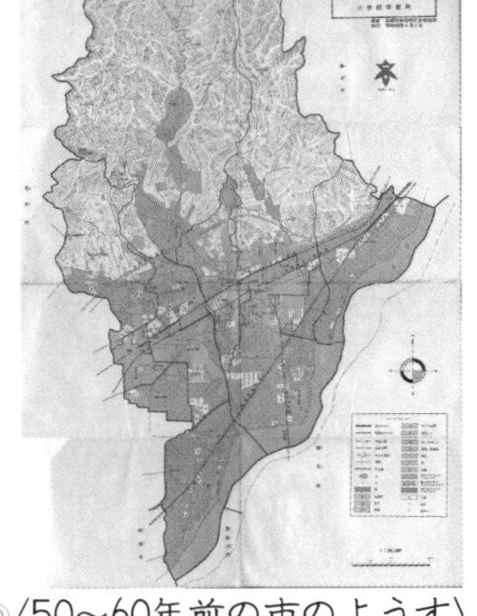

高槻市地図

Ⓓ〈50～60年前の市のようす〉

1 つかむ　駅のまわりは，どんなことが変わってきたのか思いだそう。

駅のまわりは，どんなことが変わってきたのか思い出し発表しましょう。

前時に活用したイラストや写真などを提示して，どんなことが変わってきたのか思い出すようにする。

駅のまわりは
高いビルばかりに
なってきました。

- 駅の施設も高架になり，ホームも二階になった。
- どんどん高い建物が建てられてきた。
- イラストでは田畑がへってきたね。
- 私たちの市の土地の使われ方はどうだろう。
- 田畑が減って住宅が作られ，新しい町になっていったのだろうか？
- 道路や鉄道も変わっていったと思う。

2 見つけて話し合う　今から６０年ほど前の地図から，気がつくことを見つけ話し合おう。

昔と今の地図を比べ，私たちの市はどのようなことが変わったのか，続けて考えて話し合いましょう。

60 ～ 50 年前の地図をグループ数ほどプリントして配布し，グループの話し合いを促す。

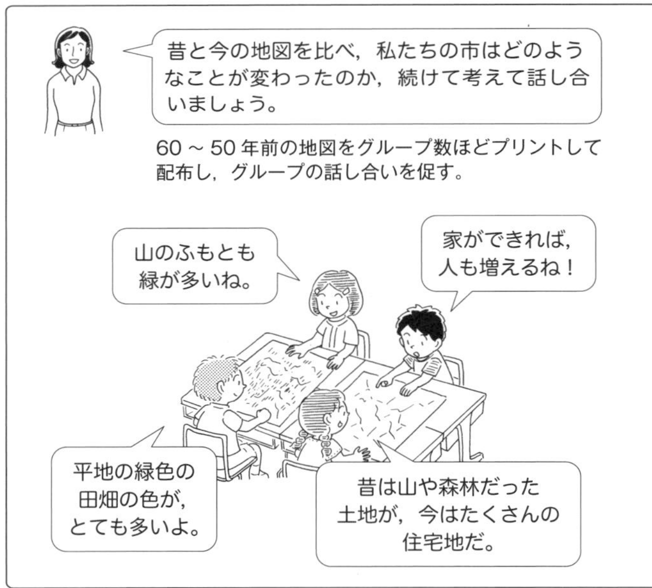

山のふもとも
緑が多いね。
家ができれば，
人も増えるね！
平地の緑色の
田畑の色が，
とても多いよ。
昔は山や森林だった
土地が，今はたくさんの
住宅地だ。

- 地図でも土地の使われ方の様子が確かめられるね。
- 鉄道で隣町にある駅が昔の地図にはない。
- 昔，田畑が広がる所にまっすぐ道路ができている。
- 鉄道や道路の変わり方も，地図ではっきりするよ。
- 昔の町や村の中には，お寺や神社がある。

を入手して提示できるようにしておきましょう。

【学習問題】
私たちの市は，いつごろ，どのようにかわってきたのだろうか。

（調べること）
- 鉄道や道ろは，どのようにかわってきたか。
- 土地の使われ方は，どのようにかわってきたか。
- 人の数は，どのようにかわってきたか。
- 学校などの公共しせつは，いつごろできたか。
- くらしの道具は、どのようにかわってきたか。

（調べ方）
- 昔のことにくわしい人に聞く。
- はく物館やきょう土資料館に見学にいく。
- 市役所（ホームページ）などに聞きに行く。

主体的・対話的で深い学び

市のうつりかわりを調べる学習は，初めての歴史学習として位置づけられる。3年生の児童にとって、長い年月に対する時間的感覚や認識はほとんどない。そこで調査項目ごとに時系列に整理していく方法を学び整理していくことを，学習方法として身につけさせたい。

DVD

3 整理して学習問題をつくる　市のうつりかわりについて調べたいことを整理して，学習問題をつくろう。

市のうつりかわりについて出てきた事を整理して，どんなことを調べたいか学習問題をつくりましょう。
田畑も長い間かけて減ったと思うな。
一度にすべて変わったのではないと思う。
新幹線や高速道路が開通した頃だろうか？
土地の使われ方は，いつ頃変わってきたのだろう。

- 新しい住宅地が増えたのもその頃かな？
- 住宅が増えたら，学校も建てないといけない。
- 公共施設は，どのように増えてきたのだろう。

「まとまってきましたね。キーワードは『いつ頃から』と,『どのように』ですね。では,『私たちの市は，いつ頃，どのように変わってきたのでしょうか』としましょう。また学習内容が時間のうつりかわりなので，まとめ方は年表にします。年ごとにどんなことがあったのか記して，うつりかわりをまとめるのです。」

4 学習計画を立てる　市のうつりかわりについて調べていく学習計画を立てよう。

それでは，調べることや調べ方などをどうするか,学習計画をグループでまとめましょう。まず，調べることから，相談しましょう。
土地の使われ方の変わり方も調べることだよ。
鉄道や道路の変わり方は必要だね。
住宅が増えたら，人の数の変わり方もいるね。
学校などの公共施設の変わり方の様子も調べよう。

- 炊飯器などの道具も変わっているから調べよう。
- 調べ方は，昔のことに詳しい人に聞こう。
- 博物館か郷土資料館・図書館などはどうだろう。
- 市役所などの人は詳しいと思う。
- ホームページも見て調べよう。

第3時 道路や鉄道のうつりかわり

本時の学習のめあて

市の交通の様子のうつりかわりについて調べ，疑問に思ったことなどを話し合い，どのように整備されてきたのかを理解する。

準備物

- 130年ほど前の市町村地域地図（復元したもの）
- 60年～50年前の市町村地域土地利用図
- 市町村地域土地利用図（現在）

教材研究のポイント　市のうつりかわりを調べるための古地図は，国土地理院のホームペー

板書例

道ろや鉄道のうつりかわり

	130年ほど前	90～80年前
道路や鉄道のできごと	京都⇔高槻⇔大阪間 (国鉄)鉄道開通(1877) 淀川に外輪船	新京阪電鉄(阪急)(1928) 国道171号(1928) 日の出バス(1928)

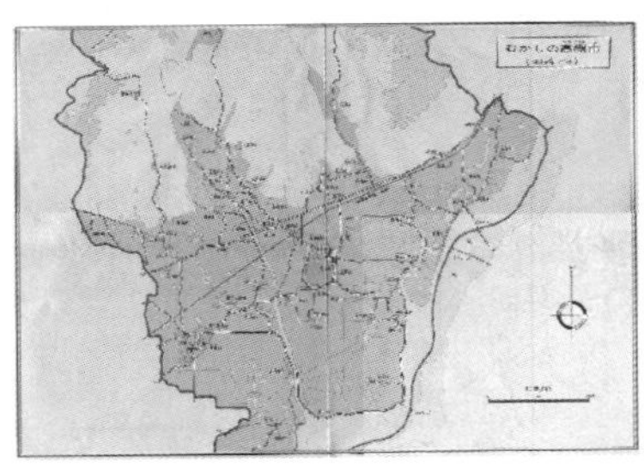
Ⓓ【130年ほど前の地図】

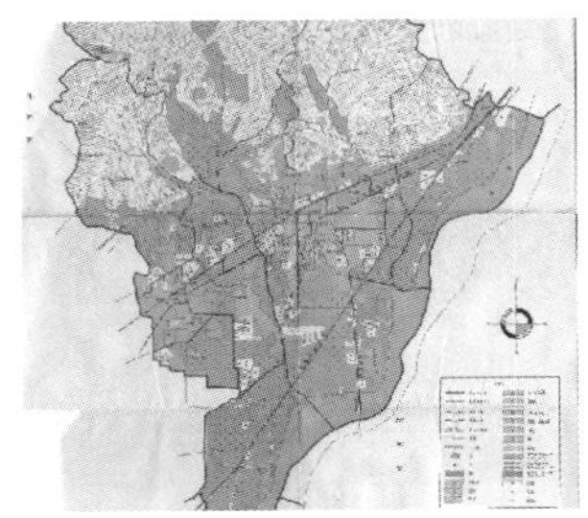
Ⓓ【60～50年前の地図】

1 つかむ　130年ほど前の地図を見て，交通の様子はどうなっているのか見つけよう。

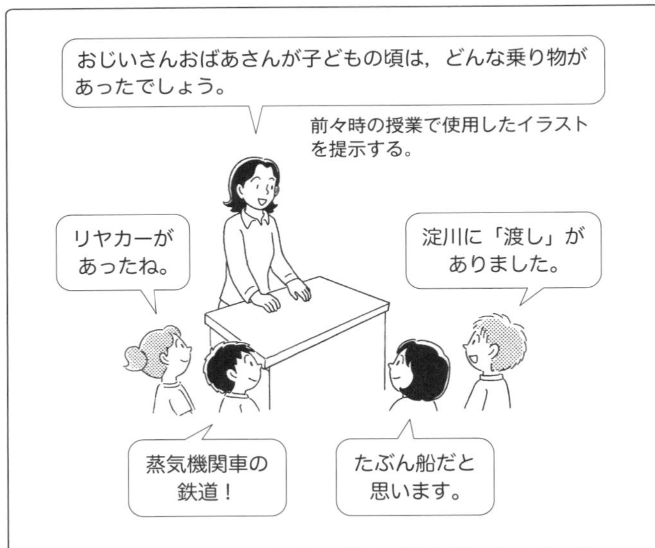
おじいさんおばあさんが子どもの頃は，どんな乗り物があったでしょう。
前々時の授業で使用したイラストを提示する。
リヤカーがあったね。
淀川に「渡し」がありました。
蒸気機関車の鉄道！
たぶん船だと思います。

「そんな乗り物が通った私たちの市の道路や鉄道の様子を，おじいさんのおじいさんの頃130年ほど前の地図で調べましょう。」

明治時代の復元図を提示し，どんな交通があるか調べる。

- わぁ，田畑ばっかりだ。
- 鉄道は，国鉄（今のJR）しかない。
- 道路は西国街道が東西に走っている。

「この鉄道は，明治10年（1877）に開業しました。」

2 調べて話し合う　60～50年前の地図と比較しながら，交通の様子の変わり方を調べよう。

今度は60～50年前の地図も一緒に見て，どんな交通があったのかグループで調べ，鉄道と道路に分けて気づくことを話し合いましょう。

鉄道と道路に分けて気づくことを話し合いましょう。

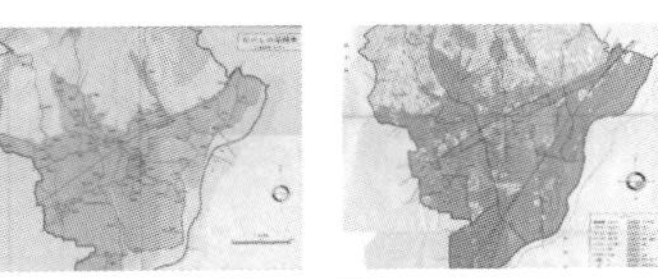

京阪神急行電鉄というのが増えている。
今の阪急電車だね。

- 交通の方法も増えている！
- 東海道新幹線も東から南にまっすぐに走っている。
- 新幹線は60年前には通っていたんだね。
- 道路も，広い道路が走っている。
- 交差するまでまっすぐ走っているから，町や家よりも先にできたのかな。
- 名神高速道路も東西に通っている！

ジから購入できますのでぜひ学校で購入しておきましょう。

60〜50年前	今
市バス始まる(1954) 国道170号(1963) 名神高速道路(1963) 東海道新かん線(1964)	高槻インターチェンジできる(2017)

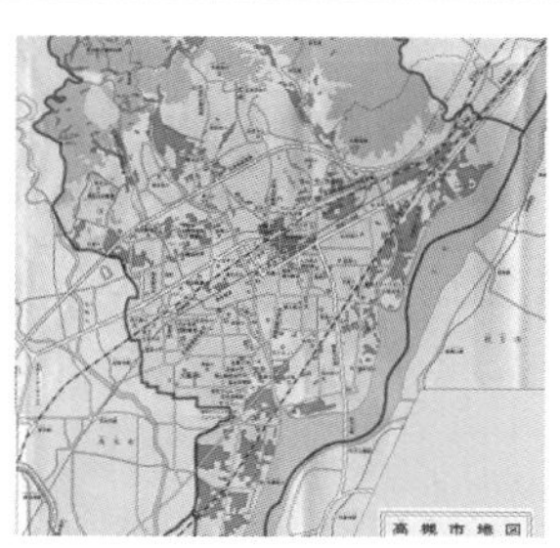

Ⓓ【今の地図】

変わってきたこと

・鉄道や道路が人や物の移動をさかんにしてきた。

・道路がつくられて住宅ができ，住む人が多くなってきた。

・道路のまわりに工場がふえ，物の動きが多くなってきた。

主体的・対話的で深い学び

市のうつりかわりを調べる学習は，初めての歴史学習として位置づけられる。その手始めに，一番わかりやすい交通（道路や鉄道）の変化を，それぞれの時代の地図を比較しながら見つけて話し合い，調査項目ごとに時系列に簡単な年表に整理していくことができるようにしたい。

DVD

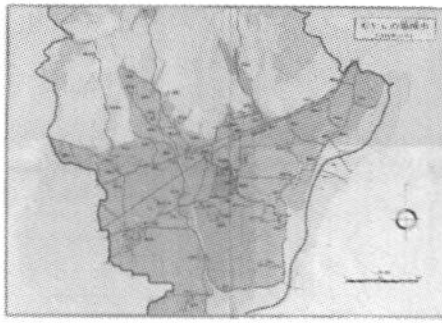
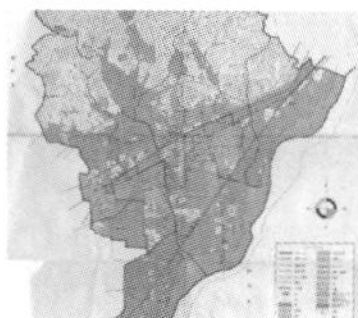

3 調べて話し合う 前の地図と比較しながら，現在までの交通の様子の変わり方を調べよう。

続いて今の地図を並べて見て，交通の様子がどのようになってきたのか調べ，発表しましょう。
3枚の地図をそれぞれ拡大して提示し，グループでも3枚を比較できるようにする。
山のふもとに細かい道ができているよ。
名神高速道路の近くだったところだね。
道路がたくさん作られたからだろう。
どうして道路を作るの？

「名神高速道路や東海道新幹線は，東京オリンピックの頃（1964）に相次いで開通しました。60〜50年前の地図はすぐ後につくられたことがわかりますね。」

・新しい道路が必要？そうか新しい家に行くためだ。
・緑の田畑が減って，住宅地の道ができたんだね。
・国道沿いや府道沿いの工場も増えている。

4 発表してまとめる 交通の変化で，市がどのように変わってきたか考えてまとめよう。

大きな道路や鉄道ができて，市はどのように変わってきたのか考えて話し合いましょう。
一つしかなかった鉄道の駅が今7駅もある！
利用する人が増えたから，駅が必要になったのね。
トラックが走りやすいから，工場が増えたんだね。
国道や府道がまっすぐ通っているから，車は走りやすくなったと思う。

・明治の初め頃，東海道線が開通している。
・京都と大阪のちょうど中間だから通ったのかな。
・昭和の初め頃に道路や私鉄が整備されたんだね。
・住宅地が増えるのに合わせて，駅ができたらしい。

「鉄道や道路ができたことで，人々の生活がどのように変わったのか黒板でまとめましょう。」

第4時 土地の使われ方のうつりかわり

本時のポイント 地図から得る情報はいろいろありますが，本時は土地の使われ方に絞

本時の学習のめあて

市の土地の使われ方のうつりかわりについて調べ，気づいたことや疑問に思ったことなどを話し合い，どのように変わってきたのかを理解する。

準備物

- 130年ほど前の市町村地域地図（復元したもの）
- 60年～50年前の市町村地域土地利用図
- 市町村地域土地利用図（現在）

板書例

土地の使われ方のうつりかわり

	130年ほど前	90～80年前
土地の使われ方	・平地は田や畑ばかり ・ふもとの台地にたくさんのため池がある	・高槻や富田の駅近くに住宅地ができる（1929） ・駅近くに工場ができる（1917）

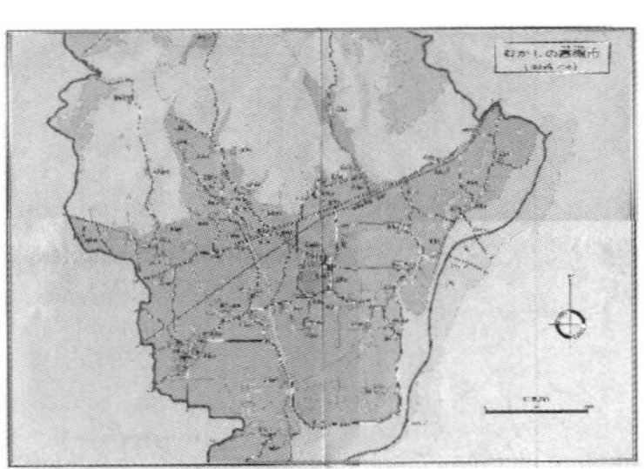

Ⓓ【130年ほど前の地図】

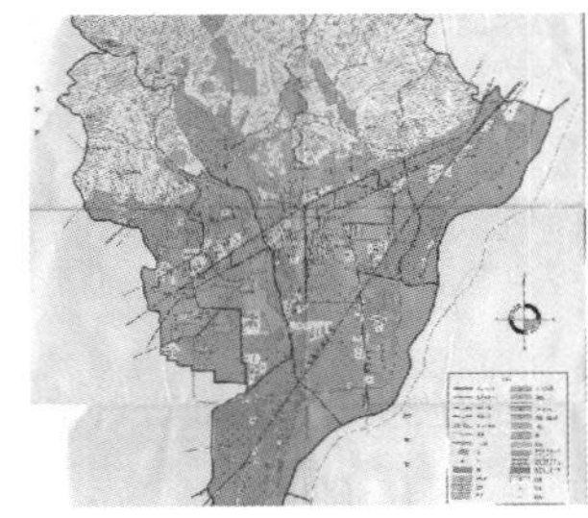

Ⓓ【60～50年前の地図】

1 つかむ　130年ほど前の地図を見て，土地の使われ方の様子はどうなっているのか見つけよう。

おじいさんのおじいさんが子どもの頃は，土地の使われ方はどうだったのかその頃の地図で調べましょう。

明治時代の復元図を提示し，土地の使われ方の様子を調べる。

家の辺りは緑で，田畑の中だ。

山のふもとの台地に，たくさんのため池がある。

私の家の辺りも，田畑のようね。

- 家のある所は，市でなく『村』だよ。
- 家のある所は富田村の方が高槻村より広いね。
- 高槻の城跡がはっきり残っている。
- 今の私たちの家のあたりは田畑の中だ。
- 学校の数を数えたら，10校しかない！
- 今の学校名と違う学校が多いね。

2 調べて話し合う　60～50年前の地図と比較しながら，土地の使われ方のうつりかわりを調べよう。

今度は60～50年前の地図も一緒に見て，土地の使われ方のうつりかわりをグループで調べ，話し合いましょう。

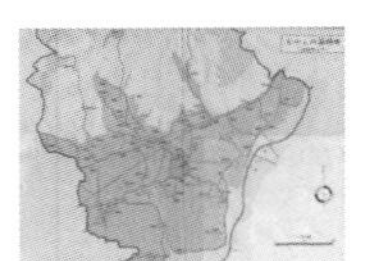

国道沿いは黄色の工場記号ばかりだ。

国道につながる府道沿いもたくさんあるよ。

- わぁ，町が増えている。
- 駅の南の方は田畑がどんどん住宅地になっている。
- 駅の北側から山の方も，住宅地になっている。
- 東の上牧駅の南にも，大きな住宅地ができている。

「大きな団地や工場は，いつ頃できたのか副読本や市の冊子で調べて発表しましょう。」

- 駅近くに湯浅電池（1918）や第一製薬（1930）があります。
- 松下電子や明治製菓・サンスターなどが（1953~60）国道171号線沿いにできました。

り込めるような発問をするようにしましょう。

60〜50年前	今
・山や田畑が開発され，あちこちで団地や住たくができ，新しい町ができる ・国道沿いに工場ができる	・市全体に住たくが広がっている ・田畑が少なくなっている

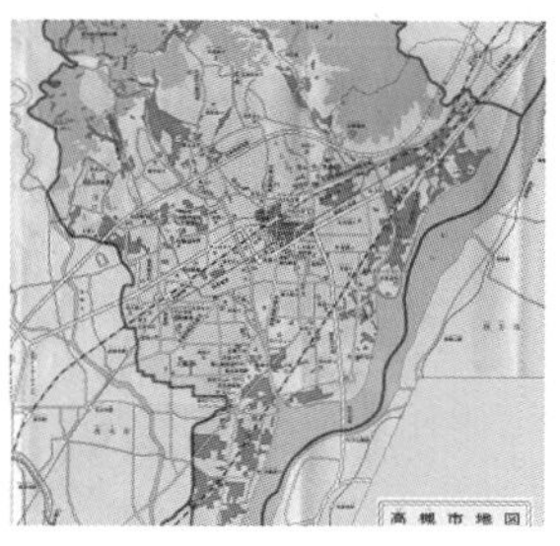
高槻市地図
Ⓓ【今の地図】

変わってきたこと
・70年ぐらい前から田畑がへってきた。
・道路がつくられて住宅ができ，新しい町ができた。
・平地では、国道のまわりの田畑が工場にかわり，そのまわりに住宅もふえてきた。

主体的・対話的で深い学び

市のうつりかわりを調べる学習は，初めての歴史学習として位置づけられる。続いて，市の全体的な土地の使われ方の変化の様子を，それぞれの時代の地図を比較しながら見つけて話し合い，調査項目ごとに時系列に簡単な年表に整理していくことができるようにしたい。

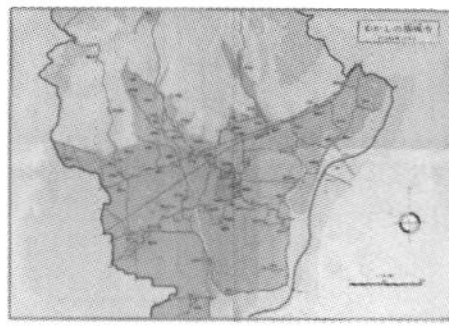

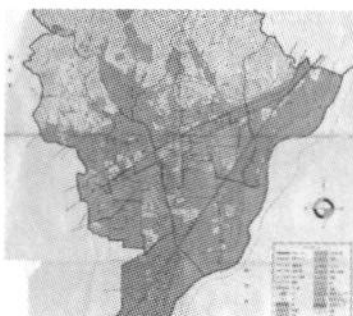

3 調べて話し合う 前の地図と比較しながら，現在までの土地の使われ方のうつりかわりを調べよう。

続いて今の地図を並べて見て，土地の使われ方のうつりかわりを調べ，発表しましょう。
３枚の地図をそれぞれ拡大して提示し，グループでも３枚を比較できるようにする。
山のふもとの台地には工場記号がないね。
森林がなくなってすぐ住宅地になったのかな。
高槻の南の方は田畑が多いね。
東の方も工場と田畑だよ。

「公団や府営などの団地ができ，後に住宅開発が続きました。60〜50年前の地図には，団地の建物が入っています。まだ田畑が多い所も見つけましょう。」

・高槻の城跡から大冠，枚方大橋までが多いね。
・三箇牧から柱本の府道沿いは工場，まわりは田畑だ。
・平地の変わり方は，田畑→工場ができる→住宅地ができるという順番だろうか？

4 発表してまとめる 土地の使われ方の変化で，市がどのように変わってきたか考えてまとめよう。

土地の使われ方のうつりかわりで，市はどのように変わってきたのか考えて話し合いましょう。
住宅ができ，すむ人がどんどん増えるわよ。
田畑がへり，道路がつくられると…？
工場は製品を運ぶから，平地の方がいいと思う。
トラックが運びやすいね。

・130年ぐらい前は，村と田畑，ため池だけだった。
・70年ぐらい前から，道路が通り，住宅ができた。
・山の方の変わり方は，森を開いて住宅になっていったようだ。
・平地の変わり方は，田畑→工場→住宅地というように増えていったんだね。

「土地の使われ方のうつりかわりで，人々の生活がどのように変わったのか黒板でまとめましょう。」

第5時 人口のうつりかわり

教材研究のポイント 人口に関する資料は，市役所のホームページや統計資料を確かめて，

本時の学習のめあて

市の人口のうつりかわりについて調べ，気づいたことや疑問に思ったことなどを話し合い，どのように変わってきたのかを理解する。

準備物

- 市の人口推移のグラフ
- 市の 65 歳以上の人口推移のグラフ
- 市に住む外国人の人口グラフ
- 市町村合併資料（またはホームページ）

板書例

人口のうつりかわり

	90～80年前	70～60年前
人口の うつりかわりの できごと	・町が市になる(1943) ・高槻や富田の駅近くに住宅地ができる(1929)	・阿武野村が加わる(1948) ・五領村が加わる(1950) ・三箇牧村が加わる(1955) ・富田村が加わる(1956) ・樫田村が加わる(1958)

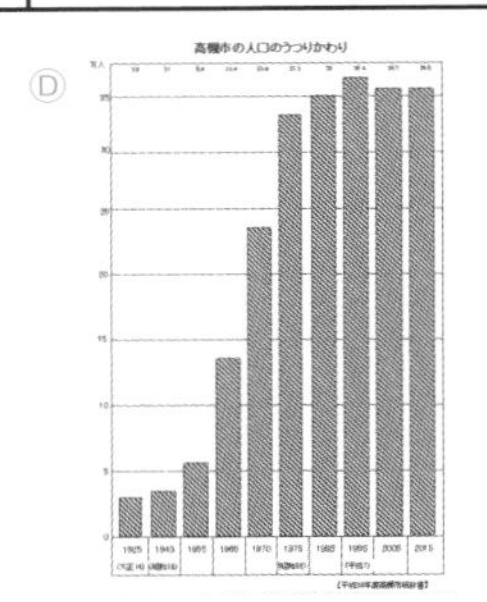

高槻市の人口のうつりかわり

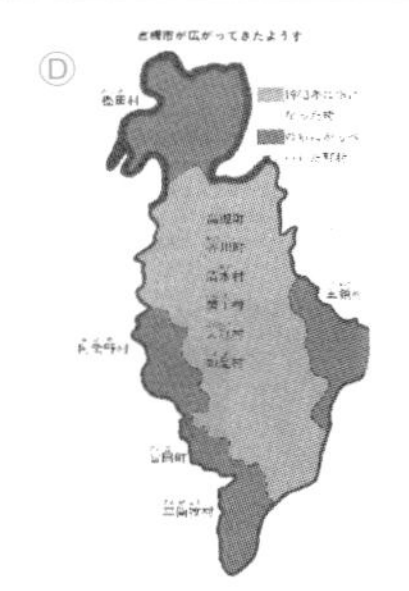

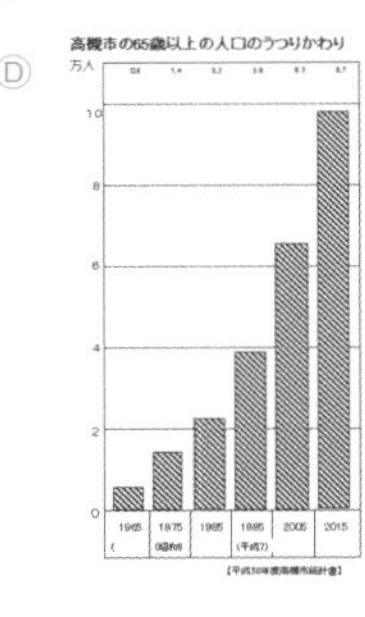

高槻市の65歳以上の人口のうつりかわり

1 つかむ　人口のうつりかわりの様子はどうなっているのか見つけよう。

市の人口のうつりかわりを表したグラフです。どのように変わってきたのか，気づいたことをグループで話し合い発表しましょう。

市の人口推移のグラフを掲示し，変化の様子から気づいたことを話し合う。（プリントも配布）

1943 年に町から市になったそうだ。

その頃は３万人ぐらいだね。

今から 70 年ぐらい前ね。

- 1955 年ごろまでは少しずつ人口が増えている。
- 1965 年に 12 万人に増えた。
- 1970 年には 23 万人になり 10 万人近く増えている。
- 1965 年から 10 年間はすごい増え方だ。
- 1975 年には 33 万人だから，20 万人も増えた。
- 1985 年からだいたい 35 万人で続いている。

2 思い起こし考える　市の土地の広がりの様子を思いだし，人口のうつりかわりとの関係を考えよう。

市役所のホームページなどから，市の土地の広がりの様子を調べ，人口の変化との関係を考え話し合いましょう。

市のホームページや副読本から，市の土地の広がり（合併など）を提示し，調べやすくする。

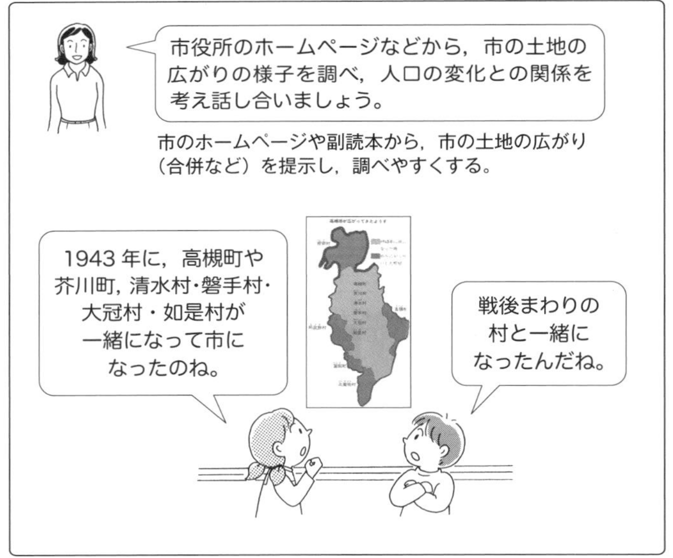

1943 年に，高槻町や芥川町，清水村・磐手村・大冠村・如是村が一緒になって市になったのね。
戦後まわりの村と一緒になったんだね。

- 続いて，1948 年阿武野村，五領村，三箇牧村，富田村，樫田村が加わって，今の市の広さになった。

「土地の広がりと人口のうつりかわりは関係あるのでしょうか。時間を比べて考えてみましょう」

- 年表を見ると，広がったのは 70 ～ 60 年前になるよ。
- 人口の増え方とは少し時間がずれているようだ。

わかりやすい資料にしておきましょう。

60～50年前	今
・人口が20万人をこえる(1970) ・国道沿いに工場ができる ・山や田畑が開発され，あちこちで団地や住たくができ，新しい町ができる・人口30万人ごえ(1975)	・お年よりの数がふえている ・市に住む外国の人もふえている

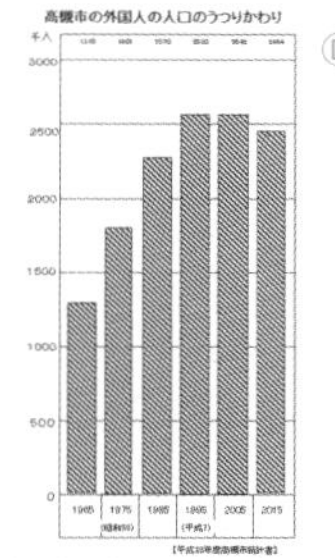

変わってきたこと
・６０年ぐらい前から市の人口がふえた。
・都会で働く人がふえた。
・山や田畑が開発され住宅ができ，人口がふえた。
・今はお年よりの数が増えている。

主体的・対話的で深い学び

市のうつりかわりを調べる学習は，初めての歴史学習として位置づけられる。交通に続いて，市の人口のうつりかわりの様子を何種類かのグラフで調べその特徴をつかみ，時系列に簡単な年表に整理し，現在の人口構成の特徴と課題を理解できるようにしたい。

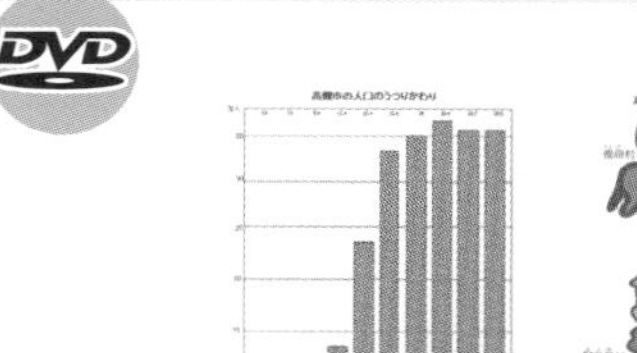

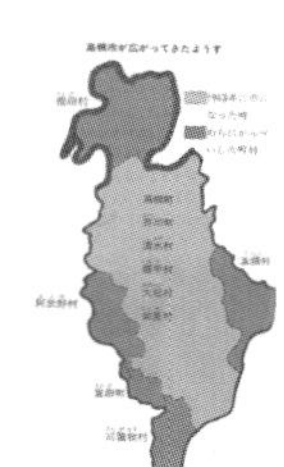

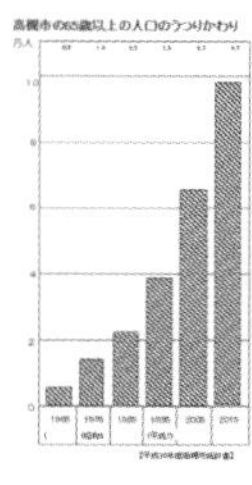

3 見つけて話し合う 土地の使われ方の変化と，人口のうつりかわりの内容を比べて特徴を話し合おう。

それでは増えた人たちはどこに住んだのでしょう。前時に調べた土地の使われ方の変化と，人口のうつりかわりの内容を比べて話し合いましょう。

前時に板書でまとめた年表を拡大掲示し，市の人口推移グラフと比較できるようにする。

開発のはじめは，おじいさんが子どもの頃だわ。
町に子どもがたくさんいたんだろうな。
鉄道の駅近くの住宅地で，少しずつ人口が増えた。
市と村の合併が終わってから人口が増えている。

・60 ～ 50 年前，山や田畑が開発され，あちこちで団地や住宅ができている。
・新しい町に，10 年間で 20 万人もの人が増えたんだ！
・すごい増え方だね。
・新しくできた工場で働く人たちも増えたと思う。

4 発表してまとめる いろいろなグラフから，人口のうつりかわりの理由を考え，特徴をまとめよう。

いろいろなグラフから，人口の中でも特にどんなことが変わってきたのか調べて話し合いましょう。

「市の 65 歳以上の人口のグラフ」と「市に住む外国の人の数グラフ」を提示する。(プリント配布)

35 万人のうち，10 万人がお年寄りだ。
お年寄りの数が増えているんだ。
町で外国の人もよく見るね。
今は 25000人ぐらいの人たちが住んでいるんだね。

・お年寄りは 1975 年には 1.4 万人ぐらいなのが，今は 10 万人！
・市に住む外国の人たちも増えている。

「人口が増えてきた理由を考え，その特徴をまとめましょう。」
・大阪市などで働く人が増え住む家が必要になり，まわりの市の人口がどんどん増えた。
・今はお年寄りの人口が多い。

第6時 公共しせつのうつりかわり

本時の学習のめあて

市の公共施設のうつりかわりについて調べ，気づいたことや疑問に思ったことなどを話し合い，どのように変わってきたのかを理解する。

準備物

- 60 年～ 50 年前の市町村地域土地利用図
- 市町村地域土地利用図（現在）
- 新設学校数のうつりかわりグラフ

教材研究のポイント　公共施設はたくさんありますが，学校や市役所，図書館など児童に関

板書例

公共しせつのうつりかわり

	150～120年ほど前	80～50年前
公共しせつのできごと	・小学校4校ができる（1873） ・続いて30校ほどでき，まと住宅地ができる（1929）まって6校になる（計10校）	・市役所ができる（1943） ・戦後25年で8校ができる（1955） ・市民会館できる（1964） ・市立図書館できる（1968）

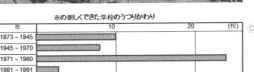

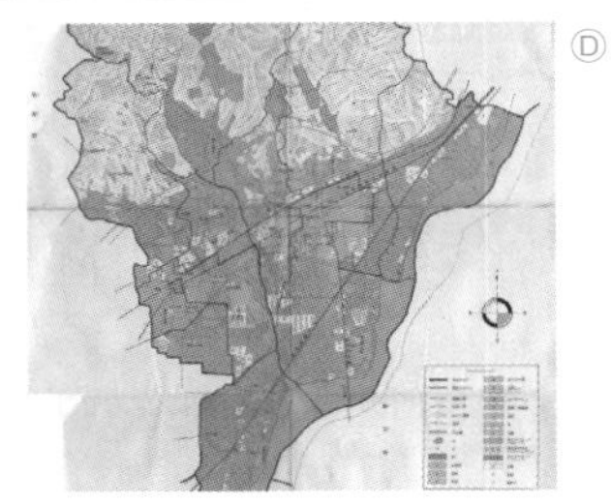
【60～50年前の地図】

市の新しくできた学校のうつりかわり

年	10	20	(校)
1873 ~ 1945			
1945 ~ 1970			
1971 ~ 1980			
1981 ~ 1991			

1 つかむ　公共施設のうつりかわりの様子はどうなっているのか見つけよう。

次の写真はどんな様子を写していると思いますか。気づいたことを発表しましょう。
お母さんたちは着物の人が多いよ。
場所は運動場だけど，何をしているのかな。

昔の学校急増期の象徴的な写真があれば，導入に使いたい。

- 中に一年生が座っているよ。
- 回りにお父さんやお母さんがいる。
- ひょっとして入学式かな？

「この写真は 1971 年に開校した学校の入学式です。小学校は 41 校ですが，この時期次々と学校が生まれたので，体育館などの建設が遅れたりしたのです。」

- ほかのの小学校はいつ頃できたのだろう？

2 調べて話し合う　市の人口のうつりかわりを思いだし，公共施設のうつりかわりとの関係を考えよう。

学校などの主な公共施設はいつ頃できたのか調べて，年表などにまとめていきしょう。
私たちの学校の創立記念日はいつかな？
創立 50 周年だったと思うよ。
古い学校は，明治時代にできたんだね。
明治から続いている学校が 10 校もある。

副読本などの市の学校一覧から開校した年を調べ，年代ごとのわかりやすい表にまとめるようにする。

- 戦後 25 年間で倍近い 18 校になった。
- 戦後だんだん復興してきたんだよ。
- 50 年前からの 10 年間で 24 校できたのはすごい。
- おじいさんおばあさんの子どもの頃だよ。
- 校舎が足らず，プレハブ校舎で勉強したらしい。
- ところが，20 年前から学校がへってきたんだ。

わりのあるものに絞り込んで調べるようにしましょう。

60～50年前	今
・20年で27校できる （1971～80→24校） （1981～90→3校） ・そう合スポーツセンター（1984） ・そう合運動公園（1997）	・学校が統合してへる(3校) （2001～10→3校） ・図書館4館にふえる ・市民プール3カ所にふえる

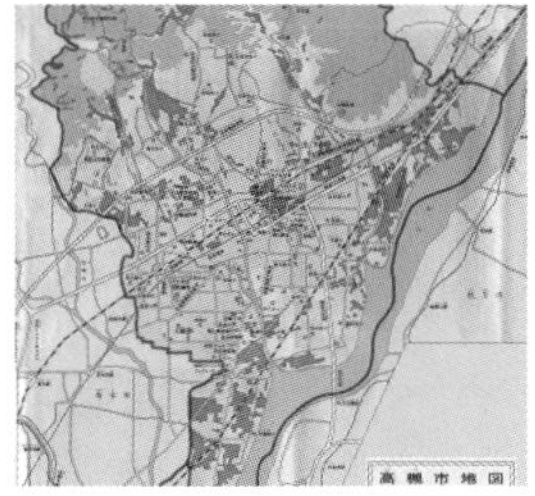

【今の地図】

Ⓓ 変わってきたこと

- 小学校は５０年前の人口がふえたときに，たくさんつくられた。
- 学校がつくられたあとから、いろいろな公共しせつがふえてきた。

主体的・対話的で深い学び

市のうつりかわりを調べる学習は，初めての歴史学習として位置づけられる。人口の変化に続いて，市の公共施設のうつりかわりの様子を学校のうつりかわりを中心に調べ，公共施設ができた時期を時系列に簡単な年表に整理し，施設のでき方がわかるようにしたい。

DVD

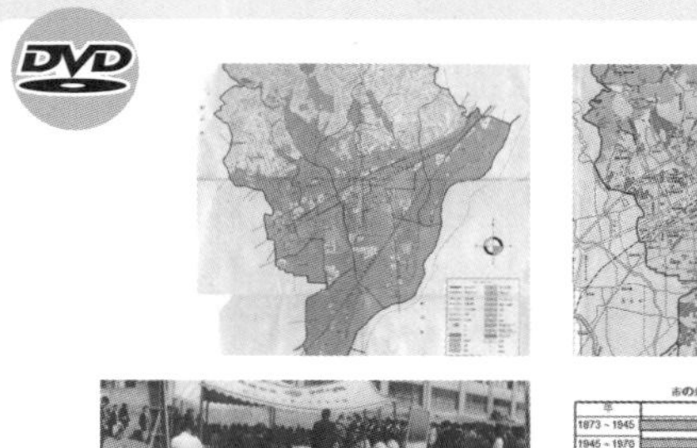

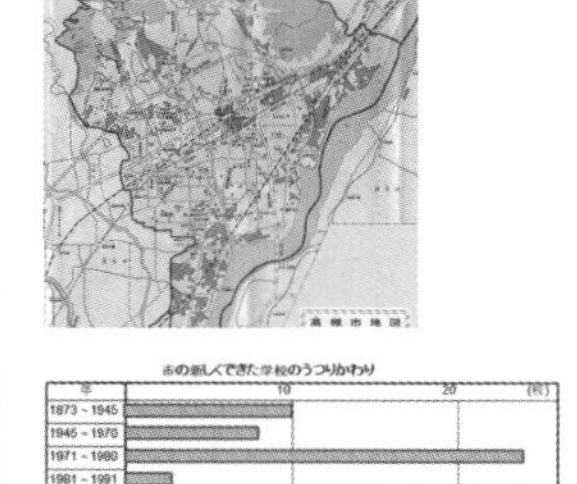

3 関連させて話し合う　市の人口の変化と，公共施設のうつりかわりの様子を関連させて話し合おう。

学校が増えてきた原因はどんなことでしょう。今まで学習してきた市のうつりかわりの様子と関連させながら，気づいたことを話し合いましょう。
人口が急に増えたのは，50 年ぐらい前だわ。
学校が急に増えたのはいつだったかな。
学校が急に増えたのは子どもが増えたんだね。
住宅地が増えて市の人口が急に増えた時と重なる。

- 50 年前の 10 年間は，市内の学校の半分以上が建てられ，開校したんだね。

「前時の地図で調べた市のうつりかわりと，50 年前の新設の学校の場所を確かめてみましょう。」

- 地図でその頃建てられた学校を見ると，山林や田畑が変わっていったところと重なるね。
- ため池が埋め立てられて学校になっている。
- 他の公共施設はどうなっているのだろうか？

4 発表してまとめる　公共施設のうつりかわりの特徴をまとめよう。

学校以外の公共施設の増え方やうつりかわりを調べ，気づいたことを話し合ってまとめましょう。
副読本や市役所のHPで，施設の建設時期を調べる。

	150～120年ほど前	80～50年前	60～50年前	今
公共しせつのできごと	・小学校4校ができる（1873） ・続いて30校ほどでき，まと住宅地ができる（1929） まって6校になる（計10校）	・市役所ができる（1943） ・戦後25年で8校ができる（1955） ・市民会館できる（1964） ・市立図書館できる（1968）	・20年で27校できる （1971～80→24校） （1981～90→3校） ・そう合スポーツセンター（1984） ・そう合運動公園（1997）	・学校が統合してへる(3校) （2001～10→3校） ・図書館4館にふえる ・市民プール3カ所にふえる

年表だとうつりかわりがよくわかるよ。
図書館も 50 年程前だけど，今４館に増えている。

「公共施設はどうやってできると思いますか。」

- 市のお金でできると思う。
- 市のお金はどこからくるの？

教科書で税金の説明を見つけみんなで確かめる。

「学校や図書館などみんなが使う施設は，市民からあつめた税金をもとにしてつくられています。」

第7時
道具とくらしのうつりかわり①
～見学の準備～

本時の学習のめあて

古い道具が昔の生活の中でどのように使われ，くらしがよくなるためにどのように移り変わってきたのか調べる。

準備物

・道具調べ見学カード

教材研究のポイント　博物館や郷土資料館がない場合、料理や洗濯などの道具に絞り込んで

板書例

道具とくらしのうつりかわり①

③ 使われていたころの表し方

1 父母の子どものころ
（20～30年前）

2 おじいさん，おばあさんが子どものころ
（50～60年前）

3 ひいおじいさん，ひいおばあさんが子どものころ
（80～90年前）

調べカード

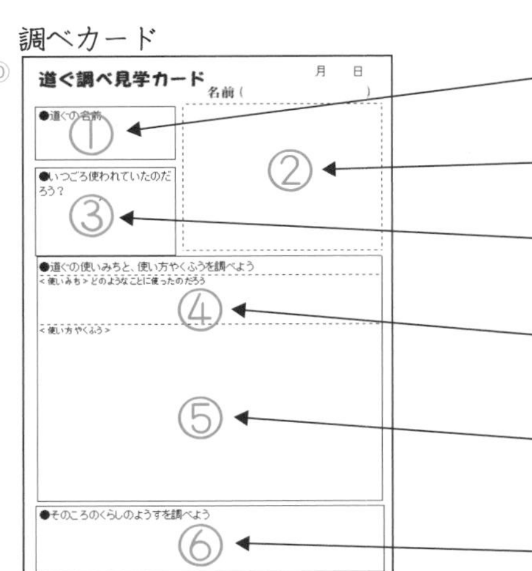

道ぐ調べ見学カード
月　日
名前（　　）
①
②
③
④
⑤
⑥

1 つかむ　古い道具を見学に行く計画を立てよう。

今まで学習してきた古い道具が，昔の生活の中でどのように使われているのか，民俗資料館に見学に行って調べます。その計画を立てましょう。

私は明かりのことを調べたいな。

白黒の写真のような道具があるのかな。

昔の道具ってどんなだろう？

※見学先が見当たらない場合

①親戚や近所のお年寄りなどに協力をお願いして，「古い道具調べ」のインタビューなどから始め，図書館の本などで詳しく調べてまとめる。

②公立図書館にある昔の写真本や，“NHK for schoo l” の動画クリップなどを利用して調べる。

など，いろいろな調べ学習を設定するとよいだろう。

2 見学の仕方を考える　博物館や郷土資料館の見学のしかたを考えよう。

博物館や民俗資料館の見学のしかたを考えましょう。
大きな声を出さない，走らない，です。
係の人の話をしっかり聞きます。
まずしっかりと挨拶がいります。
わからないことは質問します。

・写真を撮ったり触ったりできるか聞きます。

「そうですね。まわりの人に迷惑をかけないように楽しんで見学しましょうね。」

※古い道具は触れない場合があるので，記録用（まとめ歴史マップ用）としてグループ1台ぐらいのデジタルカメラの使用を経験させるのもよいだろう。

うつりかわりを調べていくようにしましょう。

（見学のじゅんび）

① 道具の名前を書く

② 写真をはったり，スケッチをする

③ 使われていたころを調べる

④ どんな仕事に使われていたのか調べる

⑤ 使い方やくふうを調べる

⑥ そのころのくらしの様子を調べる

主体的・対話的で深い学び

この時間は，身の回りにあるいろいろな道具が，くらしをよくするために，どのように移り変わってきたのかを見つける学習である。できるだけ博物館や郷土資料館などを見学して，古い道具について見聞きしながら，使い方や工夫の様子，道具の使用された時代などを調べる計画を立てられるようにしたい。

3 調べる計画を立てる　博物館で興味のある道具を見つけて調べる計画を立てよう。

「教科書の絵にある道具すべてはないかもしれませんが，資料館にはいろいろな道具があります。どんな道具があるか楽しみだね。資料館にある道具で，興味があるものを調べる計画を立てましょう。」

“道具調べ見学カード”（DVD 収録）を２～３枚配布し，まず自分の名前を書かせ，足りないときには見学先で配布することを知らせておく。

いつごろの道具なのか，表し方をみんなで確かめましょう。お父さんやお母さんの子どものころは何年くらい前かな。

20～30 年前だね。
お父さんは 38 才，お母さんは 33 才だから…

お父さんやお母さんの子どものころを，だいたい 20～30 年前と計算する。次いで祖父母の子どものころ，曽祖父母の子どものころと考えさせ，板書して表し方を共有する。

選んだ道具が今はどうなっているか考えながら見てみると面白いですよ。
準備はバッチリだね。
どんな道具があるのか，わくわくするね !!

☆博物館や資料館での調べ方

①興味のある道具を見つけたら道具の名前を書いておき，全体を見てから戻って説明などを読み，細かく調べるようにする。

②写真撮影の許可があれば撮影し，特に興味があるところをスケッチや文で書いておく。

③説明などからいつごろ使われていたのか調べる。

④説明などからどんな仕事に使っていたのか調べる。

⑤説明などから使い方や工夫を調べる。

⑥説明にあればそのころの暮らしの様子を調べる。

※説明がないときには学校で本などを使い，詳しく調べる。

ひろげる

道具とくらしのうつりかわり②
～見学したことをまとめる～

本時の学習のめあて

古い道具が昔の生活の中でどのように使われ，くらしがよくなるためにどのようにうつりかわってきたのか調べてまとめる。

準備物

・見学で記録した道具調べ見学カード
・見学時児童が撮影したプリント画像（２枚ずつ）
・写真掲示用グループボード

教材研究のポイント 見学のまとめには，デジタルカメラの写真を工夫してプリントし，発

板書例

道具とくらしのうつりかわり②

◎ 道具調べカードをかんせいさせよう！

グループボード をはる	グループボード	グループボード

1 つかむ 見学してきたことを思いだそう。

“道具調べ見学カード”を出して，博物館を見学して調べてきたことを思い出しましょう。
指導者は，デジタルカメラなどで撮影した画像をプリントして配布する。
いろいろな道具がたくさんあったね。
道具ってどう使うのか興味が出たわ。

・いろんな道具があったので，名前だけノートに書いてきたよ。
・調べたい道具がなかったので，ほかの道具にした。

グループのカメラで児童が写した画像があれば，見学カードへの添付用に小さいサイズ（サムネイル版など）で２枚ずつプリントしても費用が少なくてすむ。ぜひ工夫して発表用にプリントして添付させたい。

2 調べたことを点検する 道具調べ見学カードを仕上げよう。

「グループで写真をはさみで切って分けましょう。グループボードにも発表する予定の写真をセロハンテープで貼るようにしましょう。」

写真はセロハンテープで貼って，グループボードは黒板に掲示する。

それでは“道具調べカード”に写真を貼ったり，スケッチを仕上げ，まだ書けていないところを完成させましょう。わからないことがあったら，聞いて下さいね。
ぼくはスケッチを完成させよう。
私のだ !!
この写真はだれのかな？

指導者は机間巡視しながら，調べきれていない児童などの相談にのるようにする。また，次の個人発表用に書画カメラなどの投影機とプロジェクターなどを準備する。

表に活用するようにしましょう。

グループボード

グループボード

まとめ
・昔も今も道具をくふうして使っている
・道具はよりべんりに，使いやすくなるようにかわっていく

主体的・対話的で深い学び

この時間は，身の回りにあるいろいろな道具が，くらしをよくするために，どのように移り変わってきたのかを見つける学習である。博物館や郷土資料館などを見学して，古い道具について見聞きし調べた事をグループごとに発表するなど，一人ひとりの活動の場を設定したい。

道ぐ調べ見学カード

3 調べたことを発表する 道具調べ見学カードを使って調べたことを発表しよう。

それでは，みなさんが調べた道具を発表しましょう。道具調べカードを，カメラで写しながら発表しましょう。聞きたいことがあったら，発表のあとに質問して下さい。

グループボードに貼られた画像を黒板に掲示し，どんな道具が発表されるかわかるようにする。

発表
台所の“かまど”を調べました。

・台所の“かまど”を調べました。ひいおばあちゃんの子どものころ，米釜と鍋と湯釜を一度に炊いたそうです。火加減が難しく工夫したそうです。炭が残ると消し炭壺に入れ，次の日また使ったそうです。ガスはまだなく，明かりはランプか電球の光だったそうです。

4 発表してまとめる 道具はくらしの中でどのように使われているのかまとめよう。

みなさんにいろいろな道具を発表してもらい，どんなことがわかったでしょう。

道具によって“くらし”が変わってきたんだね。

昔の人は工夫して道具を使っていたんだね。

そのころの人たちが道具を工夫して使っていることがわかった。

道具は使う人の知恵で進歩して，使いやすくなっていくことがわかった。

大発明でくらしがどんどん変わっているのですごいと思った。

“道具調べ見学カード”は，評価にも使用できるので提出させ，指導者が保管しておくようにする。

第8時 市のうつりかわりをまとめてみよう

本時の学習のめあて

市のうつりかわりについて調べてきた内容を振り返り，それぞれの年表を整理して一つにまとめ，気づいたことを話し合う。

準備物

・「市のうつりかわり」まとめ年表プリント（B4）

教材研究のポイント 年表は時期の区分をしていても、項目によっては時期がずれやすいの

板書例

市のうつりかわりをまとめてみよう

うつりかわりの年表

	130年ほど前	90〜80年前	60〜50年前	今
道路や鉄道のできごと	京都⇔高槻⇔大阪間 (国鉄)鉄道開通(1877) 淀川に外輪船	新京阪電鉄(阪急)(1928) 国道171号(1928) 日の出バス(1928)	市バス始まる(1954) 国道170号(1963) 名神高速道路(1963) 東海道新かん線(1964)	高槻インターチェンジできる(2017)

	130年ほど前	90〜80年前	60〜50年前	今
土地の使われ方	・平地は田や畑ばかり ・ふもとの台地にたくさんのため池がある	・高槻や富田の駅近くに住宅地ができる(1929) ・駅近くに工場ができる(1917)	・山や田畑が開発され，あちこちで団地や住たくができ，新しい町ができる ・国道沿いに工場ができる	・市全体に住たくが広がっている ・田畑が少なくなっている

	90〜80年前	70〜60年前	60〜50年前	今
人口のできごと	・町が市になる(1943) ・高槻や富田の駅近くに住宅地ができる(1929)	・阿武野村が加わる(1948) ・五領村が加わる(1950) ・三箇牧村が加わる(1955) ・富田村が加わる(1956) ・樫田村が加わる(1958)	・人口が20万人をこえる(1970) ・国道沿いに工場ができる ・山や田畑が開発され，あちこちで団地や住たくができ，新しい町ができる	・お年よりの数がふえている ・市に住む外国の人もふえている

	150〜120年ほど前	80〜50年前	60〜50年前	今
公共しせつのできごと	・小学校4校ができる(1873) ・続いて30校ほどでき，まと住宅地ができる(1929)まって6校になる(計10校)	・市役所ができる(1943) ・戦後25年で8校ができる(1955) ・市民会館できる(1964) ・市立図書館できる(1968)	・20年で27校できる (1971〜80→24校) (1981〜90→3校) ・そう合スポーツセンター(1984) ・そう合運動公園(1997)	・学校が統合してへる(3校) (2001〜10→3校) ・図書館4館にふえる ・市民プール3カ所にふえる

1 振り返る 今まで学習してきたことを振り返ろう。

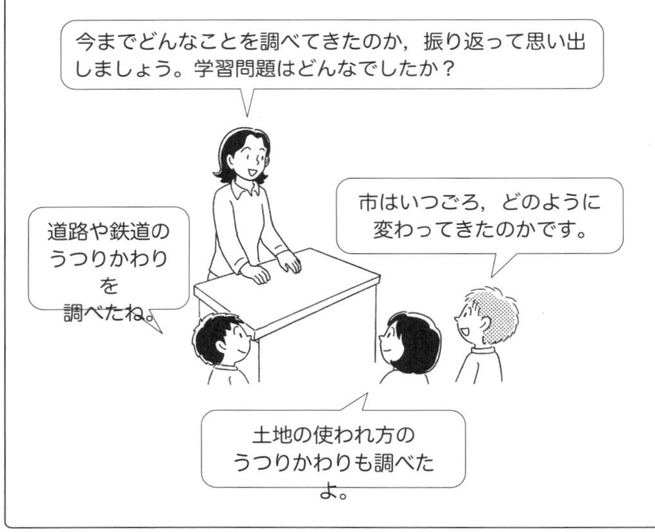
今までどんなことを調べてきたのか，振り返って思い出しましょう。学習問題はどんなでしたか？
道路や鉄道のうつりかわりを調べたね。
市はいつごろ，どのように変わってきたのかです。
土地の使われ方のうつりかわりも調べたよ。

・駅前の変わり方を写真で調べたね。
・人口の変わり方もグラフで調べたね。
・学校などの公共施設の変わり方もあるよ。
・道具とくらしはいろいろなものがあった。
・郷土資料館に見学に行ったね。
・市役所の人にも，親切に教えていただきました。
・年表に整理してまとめました。

2 振り返り 確かめる それぞれの項目で調べた年表を確かめて整理しよう。

それぞれの項目で調べた年表をみて，どのように変わってきたのか，一つに整理していきましょう。

整理する「市のうつりかわり」年表の用紙を配布する。項目ごとの年表を見ながら，グループで特徴的な変化を話し合って見つけて書き込んでいくようにする。机間巡視して，話し合いが滞り気味なグループには個別指導する。

100年前には駅近くにいくつも工場ができている。
150年も前に鉄道が通ったのはびっくりだね。
昔はあまり高い建物はなかったよ。
今は高い建物ばかりだ。

・新幹線や高速道路は50年前だった。
・同じ頃，国道の両側に工場が増えてきた。
・住宅地の道路も増えているね。

で，大まかな区分で集約するようにしましょう。

市のうつりかわり年表

こうもく	70年から60年ほど前	50年から40年ほど前	今
駅のようす			
交通			
土地の使われ方			
人口			
公共しせつ			
くらしの道具			
わかったこと気づいたこと			

わかったこと

- 山や田畑が住たく地や工場にかわり，人口がふえて市ははってんした。
- 人口と学校のふえ方などそれぞれにつながりがある
- 新しい生活の道ぐも使われるようになり，くらしがべんりになった。

主体的・対話的で深い学び

市のうつりかわりについて，いろいろな項目の観点から調べた年表を一つに整理する学習を通して、歴史的変化を時系列にまとめる方法を学び取りたい。さらに考えたことやわかったことを話し合い，いろいろな項目のつながりに気づくようにしていきたい。

市のうつりかわり年表

こうもく	70年から60年ほど前	50年から40年ほど前	今
駅のようす			
交通			
土地の使われ方			
人口			
公共しせつ			
くらしの道具			
わかったこと気づいたこと			

3 整理して考える まとめた年表の時期の区分から，わかったことや気づいたことを話し合おう。

それぞれの項目を，“70 年から 60 年前 ” というように時期の区分でまとめて見比べ，わかったことや気づいたことを話し合って書き込みましょう。
時期の区分は年表の区分を３～４にして，まとめやすいようにしておく。
明治の初めに鉄道が通ったわね。
昭和になると鉄道もバスも増えた。
まわりの町や村が一緒になって今の市の形になった。
昭和に阪急が通り，国道やバスも整備された。

・田や畑が多く，道具も手で扱える簡単なものが多い。

「“70 年から 60 年前 ” をまとめたら，発表してみんなで確かめましょう。」

時期の区分ごとに発表させて，全体で確かめながら進めるようにする。

4 まとめて話し合う 整理した年表の項目に，つながりがないか考えよう。

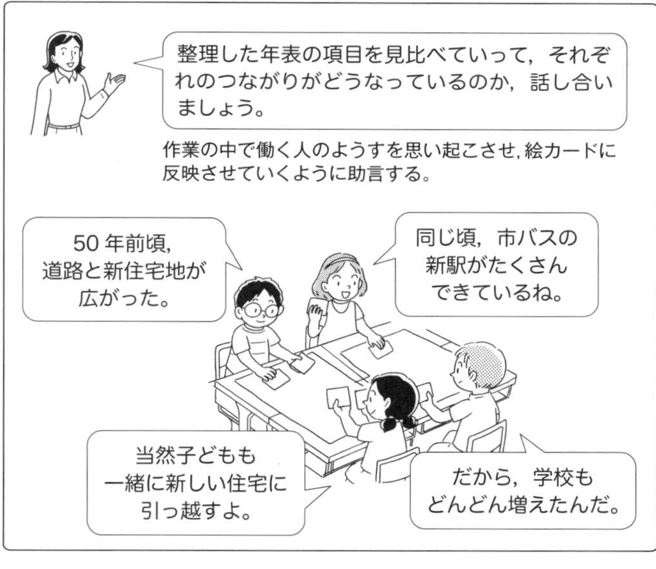

整理した年表の項目を見比べていって，それぞれのつながりがどうなっているのか，話し合いましょう。
作業の中で働く人のようすを思い起こさせ，絵カードに反映させていくように助言する。
50 年前頃，道路と新住宅地が広がった。
同じ頃，市バスの新駅がたくさんできているね。
当然子どもも一緒に新しい住宅に引っ越すよ。
だから，学校もどんどん増えたんだ。

- 今から 50 年前，人口が急に増えたことで学校も急に増えたことになる。
- 駅のまわりが賑やかになり，市バスが広がった。
- これからの市はどのようになっていくのかな。

見つけられたつながりは，プリントに書いておくように指示する。

第 9 時 市の発展のために

本時の学習のめあて

市のこれからのためにどのような取り組みが行われているのか調べて話し合い，みんなに伝えるためにポスターを作成して発表する。

準備物

・A4 画用紙
・A4 下書き紙

教材研究のポイント 市の広報誌などの資料は市のホームページに収録されているので，学

板書例

市のはってんのために

【これからの市の取り組み】

・移動に便利なサービスを！
・市の中心にセントラルパークを！
・子育て・教育保育かんきょうを豊かに！
・高槻子どもみらい館（子育て支えんセンター）の発展
・健康・ふくしを豊かに！
『高槻ますます元気体そう』を！

1 つかむ　これからの市は，どのように変わっていくのか調べる方法を見つけよう。

年表にまとめたような市のうつりかわりの様子は，どのように調べてきたか思い出しましょう。
バスターミナルの場所が違った。
昔の写真と今とを比べたね。
昔の地図を比べて土地の使われ方を調べた。
人口の変わり方から，学校や公共施設がいることに気づいた。

・鉄道の駅や道路が増えて，工場なども増えてきたね。計画的に変わってきたのかもしれない。
・これからの市の変わり方に計画があるのかな。

「それでは，市のホームページや広報誌，記念誌などで調べてみましょう。」

最近，行政では広報誌や○○周年記念誌などで「市の平成時代を振り返る」「令和の時代に向けて」などの特集を組んでいるので，活用したい。

2 見つけて話し合う　市が出している取り組みを見つけ，どんな内容か話し合う。

市がどんな取り組みを進めているのか調べて，今までの計画と比べて話し合いましょう。
どんな取り組みをするのだろうな。
交通は特に便利になっている。
昔からの遺跡が博物館や公園として次々と開かれている。
みんなが住みやすい町を目指しているそうだよ。

・「安心安全，子育て，教育，福祉，健康」にもっと力を入れていくそうだ。
・まず，大阪北部地震などの自然災害から市民を守る町作りを進めていくとある。
・今城塚や安満遺跡公園，城跡公園など高槻の歴史を受け継ぐまちづくりを進めるそうだ。
・市の「宝物」を生かした取り組みをしていくんだね。

順次他の項についてもどんな取り組みをするのか調べて，話し合っていくようにする。

年会などで点検して適当な物をプリントしましょう。

【これからの市の取り組み】

・交通がべんりな町

・人がくる町

・いっしょにくらしやすい町

ポスター作り

主体的・対話的で深い学び

市のこれからのためにどのような取り組みが行われているのかを，市のホームペ ージや広報誌，記念誌などで調べて話し合い，市のこれからについて伝えたいことをポスターに表現して，発表活動をする。

3 考える　書いてみようと思うポスターの内容を考えよう。

市がこれからどのようになってほしいか話し合い，どんなポスターにするのか考えましょう。

話し合いがある程度進んだところで，ポスターの下書き用紙を配布する。グループで話し合った事から，自分がポスターに書こうと思うテーマを下書き用紙に書いていく。

道路も計画的に広げていくそうだ。
市のよいところを紹介したい。
子どもやお年寄り，体の不自由な人も一緒に楽しいくらしやすい町にしたいね。
史跡や博物館，文化やグルメなどを紹介してたくさんのひとたちが来る町にしたい。

4 作製して発表する　『未来の高槻市』ポスターを発表しよう。

下書き用紙に書き込んだ内容から，短いポスターの言葉をつくって書きましょう。

A4画用紙を配布し，下書きに書き込んだ内容をポスターにデザインしていく。

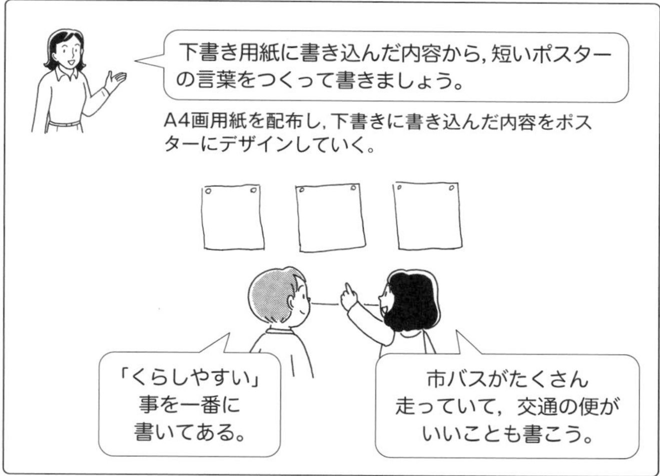
「くらしやすい」事を一番に書いてある。
市バスがたくさん走っていて，交通の便がいいことも書こう。

・スポーツ公園やプールなど公共施設がもっと便利になるように書いてあるよ。

「できあがったポスターを掲示して，ポスターの発表会をしましょう。」

ひろげる

道具とくらしのうつりかわりをまとめる①

本時の学習のめあて

いろいろな道具のうつりかわりから，生活が変化してきたことを考え，調べた古い道具を時代ごとにまとめる。

準備物

・道具のうつりかわりプリント（A4）
・道具のうつりかわり年表（A3-3枚）

本時のポイント 家庭学習を設定するときには，保護者への趣旨説明などを付け加える

板書例

道具とくらしのうつりかわりをまとめる①

◎ 道具のうつりかわりプリントをしあげよう!!

道具のうつりかわり 名前（　　　　　　）　月　日

●道具のうつりかわりをくらべよう

Ⓓ

	おじいさん，おばあさんが生まれる前（←70年より前）	おじいさん，おばあさんの子どものころ（70年～50年前）	おとうさん，おかあさんのこどものころ（50年～30年前）	わたしたちが生まれ育ったころ（9年前～今）
（せんたく）	せんたく板とたらい <道具の工夫> 板のみぞでこする	ロール式せんたく機 <道具の工夫> 自動で水を動かしてあらう，ローラーでしぼる	二そう式せんたく機 <道具の工夫> 洗いとだっ水の二そうがある	全自動せんたく機 <道具の工夫> 自動であらってだっ水する
（　）	<道具の工夫>	<道具の工夫>	<道具の工夫>	<道具の工夫>
（　）	<道具の工夫>	<道具の工夫>	<道具の工夫>	<道具の工夫>
（　）	<道具の工夫>	<道具の工夫>	<道具の工夫>	<道具の工夫>

グループで交りゅうして，あいているらんにほかの人たちが調べたことを書き込む

1 家庭学習 資料館で調べた道具の“うつりかわり”を，お家の人に聞いたりして調べよう。

みなさんが調べた道具が，今やもっと昔はどうなっているのかなど，お家の人に聞いて調べてきて下さい。

【事前学習】
“道具のうつりかわり”プリントを配布する。
「調べた道具をお家の人に説明をして，
○今はどんな道具に変化したか
○お父さん，お母さんの子どものころの時代
○おじいさん，おばあさんが子どものころの時代
○ひいおじいさん，ひいおばあさんが子どものころの時代
それぞれ調べて，プリントに記入してきて下さい。」

おじいちゃんが
子供の頃，この道具は
どんな形だったの？
どれどれ
これはね…

・そんなに変化しているのかな。
・近所のおじいさんに聞いてみよう。

2 話し合う 家庭学習で調べた道具のうつりかわりプリントを，グループで交流しよう。

お家で調べてきた道具のうつりかわりプリントを出し，グループで，調べてきたことを交流します。下の空いている欄のところに，グループのほかの人たちが調べてきたことを書き込んで埋めましょう。

具体例
・五つ玉そろばん → 四つ玉そろばん → 電卓
・はたき・ほうき・ちりとり → 電気掃除機 → 自動ロボット掃除機
・肥後守 → カッターナイフ → 鉛筆削り → 電動鉛筆削り
・ハンディーホン 1985 → 携帯電話 2000 → お財布携帯 2004 →スマートフォン 2007

みんなが
調べたものも
おもしろいね!!
へぇー，昔は
こんな形
だったんだね。

とより丁寧な聞き取り活動になります。

道具年表をつくる

① 白年表をつくる。

② れいのせんたくきを
年表にはりつける。

—— 今日はここまで ——

主体的・対話的で深い学び

グループでいろいろな道具のうつりかわりのようすを共有し，くらしが変化してきたことを話し合って考えるようにする。さらに，調べた古い道具を時代ごとにまとめわかりやすくするために，道具とくらしのうつりかわりを表す年表をつくる準備をする。

3 作製する グループで，年表の土台をつくろう。

これから道具のうつりかわりを表す年表をグループでつくっていきます。

「①まず 3 枚の切り取り線のところを切りましょう。」
A3 縦用紙に拡大コピー印刷した白年表パーツ 3 枚を，それぞれのグループに配布して，糊づけしてつなぎ合わせると白年表になる。（DVD 収録）貼り合わせてから，あとで画用紙をつけると丈夫になる。
「②左側から 1940 年→ 2010 年になっていくように並べて下さい。③糊しろに糊をつけて貼り合わせます。④裏に画用紙を両面テープで貼って完成です。」
・結構大きな白年表ができたよ。

年表の土台
作りね！
これをここに
貼って…

4 整理する 調べた道具の写真を，年表の“暮らしで使った道具欄”のところに貼っていこう。

白年表ができましたか。ではこれから年表を埋めていきます。まず道具のうつりかわりプリントの例にでている，洗濯の道具①たらいと洗濯板，②ロール式洗濯機，③二槽式洗濯機，④全自動洗濯機の写真を貼っていきます。

サムネイル版の写真を用意して配布する。

ここだよ！
これは
どこかな？

「次に，前の授業のときに，グループボードに貼りつけたみなさんの道具写真（なければスケッチ）を，今度は白年表のどこに貼ったらよいか，みんなで相談して貼ってみましょう。」

DVD 内の白年表は“くらしで使った道具”と“くらしの様子”に分けているが，写真や説明を貼るところがなくなったら，ラインを気にせず使うように指示する。

ひろげる

道具とくらしのうつりかわりをまとめる②

本時の学習のめあて

いろいろな道具のうつりかわりから，生活が変化してきたことを考え，調べた古い道具を時代ごとに年表にまとめる。

準備物

・道具のうつりかわりプリント（A4）
・道具のうつりかわり年表（A3-3 枚）

本時のポイント 年表のグループ作品の掲示の場所が足りないときには，廊下や階段の

板書例

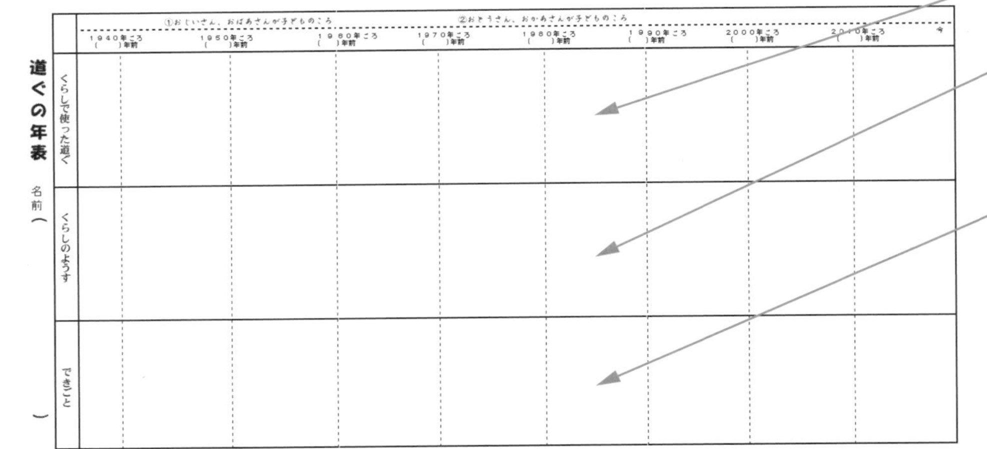

道具とくらしのうつりかわりをまとめる②
年表をつくろう！
道ぐの年表
名前（　　）
くらしで使った道ぐ
くらしのようす
できごと

1 つかむ 年表の進み具合を確かめよう。

年表を出して，みなさんが調べた道具の写真やスケッチづけはどこまで進んでいるか確かめてから，年表作りを続けましょう。

残っている写真やスケッチの量を確かめ，作業が遅れているグループへの支援の見通しを立て，机間巡視する。

写真やスケッチが貼れたら，次は道具の説明を作ります。
ワイ
ワイ

“道具調べカード”を出させ, 発表をまとめるときに使うメモ用紙（付箋）をグループに配布する。

2 作製する 調べた道具の工夫や，便利なところをメモに書いて年表に貼りつけよう。

道具調べカードを見ながら，調べた道具の名前と工夫，道具の便利なところをメモ用紙（付箋）に書き出しましょう。

昔の道具でも現在も使用されているものもあり，使い方の工夫や特徴に目を向け，紹介できるようにさせたい。グループ内で同じ道具を調べたときなどは，相談しながら説明文を考えさせるようにする。

“そろばん”は計算が簡単にできるところだね。

“道具しらべカード”を見ながら書くのね。

掃除の道具は変わり方がすごいね。

はたき・ほうき・ちりとりが電気掃除機になって，今は自動ロボット掃除機だ。

「できたら，年表の写真やスケッチの説明として，写真のそばに貼っていきましょう。」

踊り場など工夫して掲示場所を設定しましょう。

① 道具の写真やスケッチをはる

② 道具のせつめいをつける

・道具調べカードを見て
（名前・くふう・べんりなところ）

③ くらしの様子や出来事を書く

・プリントやカードを見て

まとめ
・古い道具には，昔のくらしのちえとくふうがある
・道具のへんか→よりよいくらしへのへんか

主体的・対話的で深い学び

グループでいろいろな道具のうつりかわりのようすを共有し，くらしが変化してきたことを話し合って考えるようにする。さらに，調べた古い道具を時代ごとにまとめわかりやすくするために，道具とくらしのうつりかわりを表す年表を作成する。

3 整理して仕上げる　年表『くらしのようす』や『できごと』欄を埋めていこう。

次に，年表の“暮らしの様子”や“出来事”を書いていきます。“道具調べカード”と家の人にインタビューした“古い道具調べ”プリントを出して，グループの人と相談しながらメモ用紙（大付箋）に書いて貼っていきましょう。

“古い道具調べ”プリントには，父母，祖父母などに聞いた道具の使われたころの様子や特に覚えている出来事があるので，内容を友だちと話し合って要約して書くようにさせる。

※同じ時代に集中すると考えられるが，児童の年表なので聞いたことを中心に，並列で貼らせていくようにする。

もう少しだね！
ここだね！

4 発表して話し合う　年表を見て，わかったことや考えたことを話し合おう。

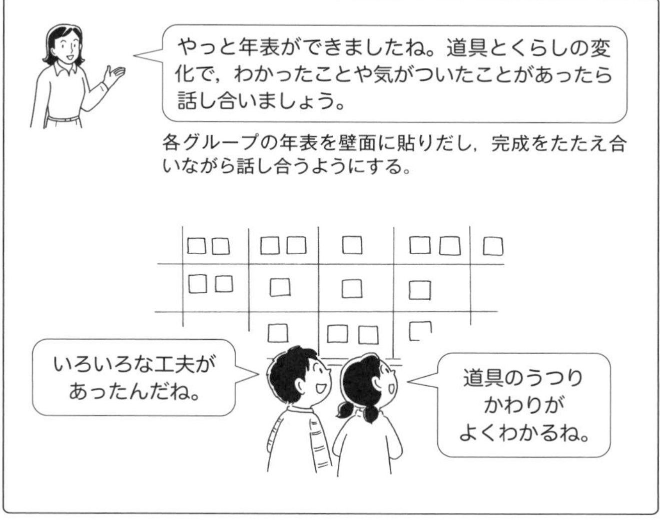
やっと年表ができましたね。道具とくらしの変化で，わかったことや気がついたことがあったら話し合いましょう。
いろいろな工夫があったんだね。
道具のうつりかわりがよくわかるね。

各グループの年表を壁面に貼りだし，完成をたたえ合いながら話し合うようにする。

・年表は，道具の変わることでくらしも変わってきたことがよくわかるね。
・「もっとくらしがよくなるように」って考えながら道具を変えてきたんだろうな。
・昔の人の工夫のおかげで，私たちのくらしがあるんだな。

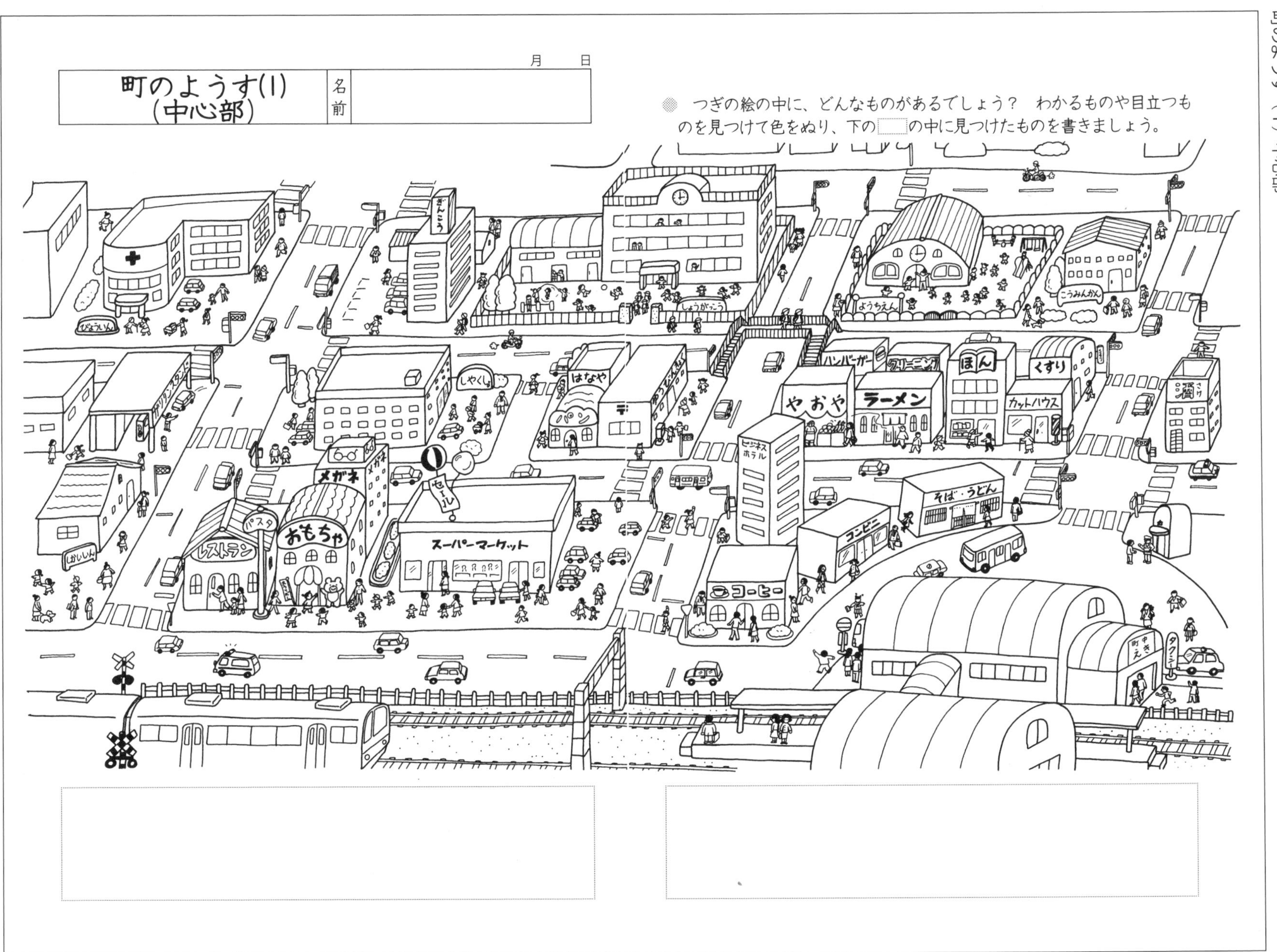

町のようす(1)
(中心部)
名前
月　日
つぎの絵の中に、どんなものがあるでしょう？ わかるものや目立つものを見つけて色をぬり、下の□の中に見つけたものを書きましょう。
びょういん
ぎんこう
しょうがっこう
ようちえん
こうみんかん
しやくしょ
はなや
ハンバーガー
クリーニング
ほん
くすり
やおや
ラーメン
カットハウス
ビジネスホテル
メガネ
セール
そば・うどん
パスタ
レストラン
おもちゃ
スーパーマーケット
コンビニ
コーヒー
町中えき
タクシー

町のようす(2)（全体図）

名前

月　日

つぎの絵の中に、どんなものがあるでしょう？　わかるものや目立つものを見つけて色をぬり、下の□の中に見つけたものを書きましょう。

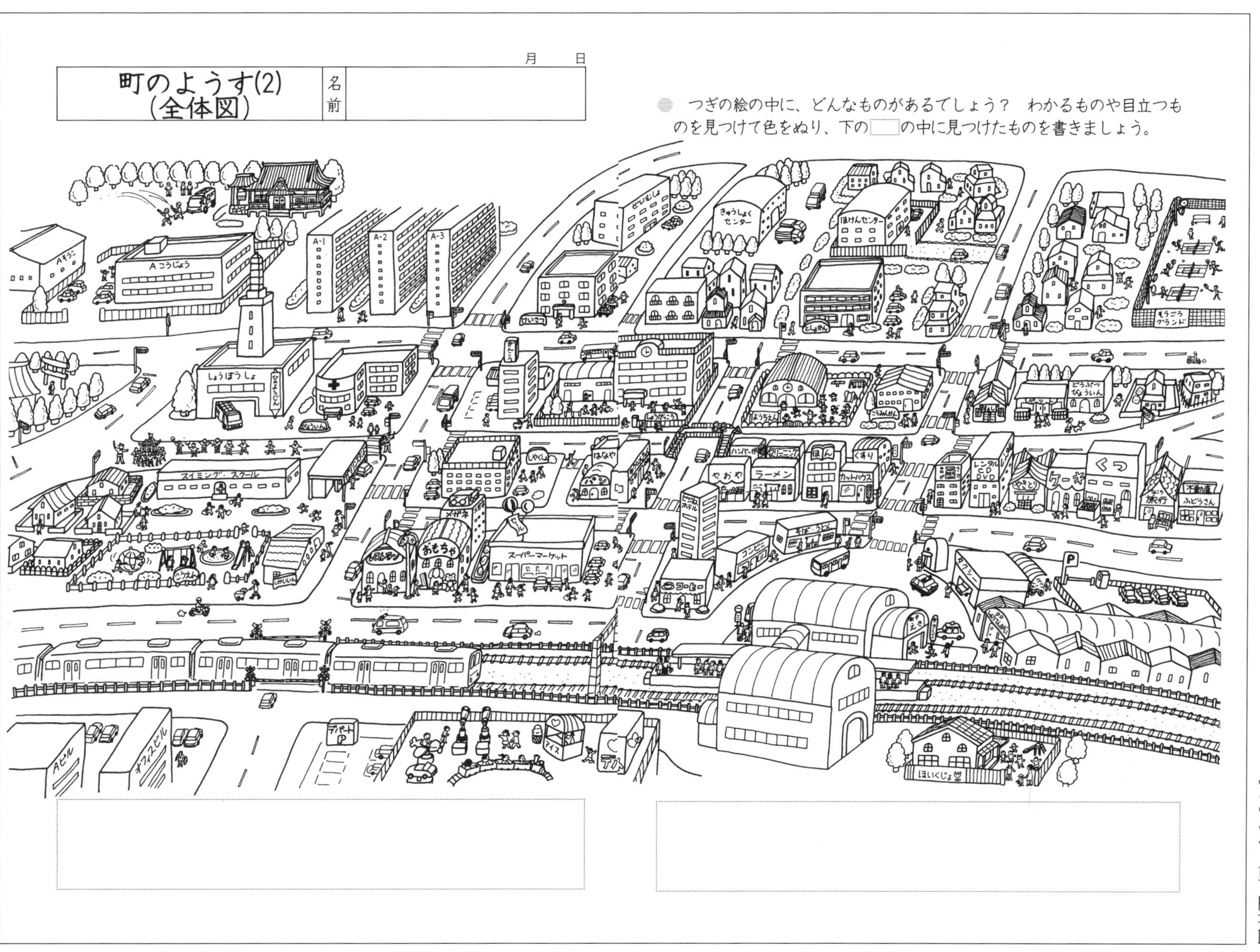
Aこうじょう
しょうぼうしょ
スイミング　スクール
ほけんセンター
きゅうしょくセンター
スーパーマーケット
おもちゃ
ラーメン
やおや
くすり
コンビニ
ほいくじょ
Aビル
オフィスビル
デパート

月　日

地図の中の記号①

名前

◎ つぎの絵は、何をあらわしているかな？　名前を書きましょう。どのように地図の中に書いたらいいか、下から地図の記号をえらび、書きましょう。

①

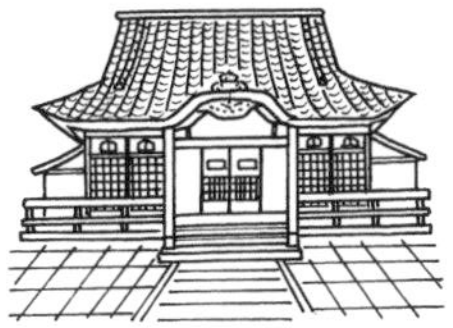

①地図の記号

②

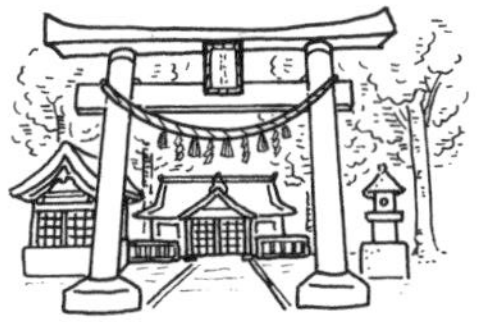

②地図の記号

③

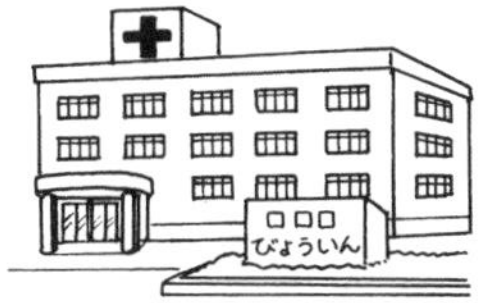

③地図の記号

④

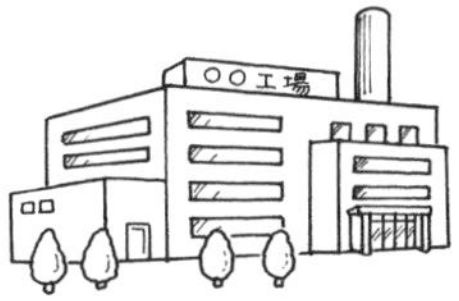

④地図の記号

⛩ 神社　病院　卍 寺　工場

月　日

地図の中の記号②

名前

◎ つぎの絵は、何をあらわしているかな？　名前を書きましょう。どのように地図の中に書いたらいいか、下から地図の記号をえらび、書きましょう。

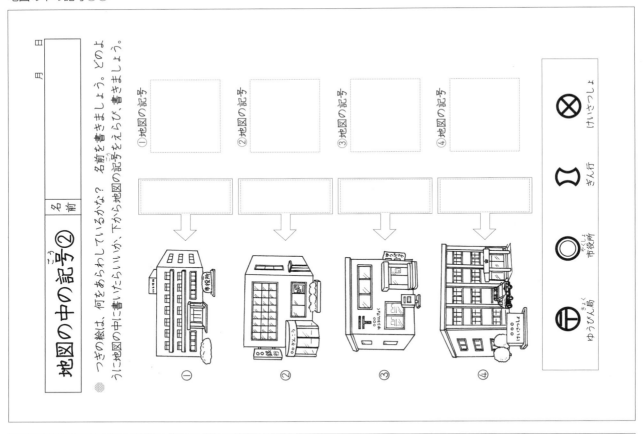

①

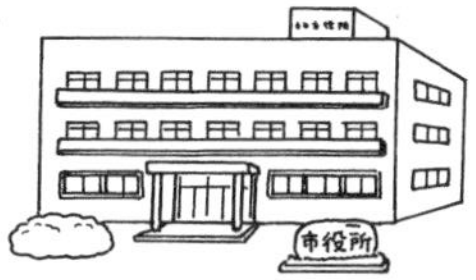

①地図の記号

②

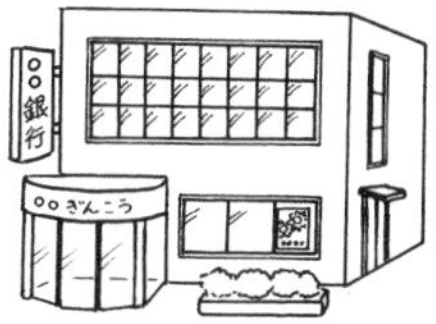

②地図の記号

③

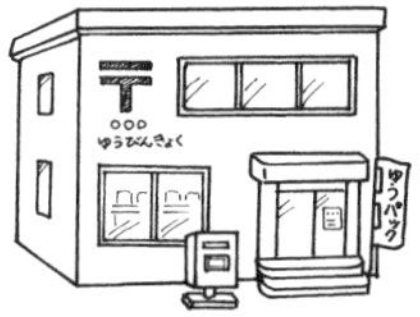

③地図の記号

④

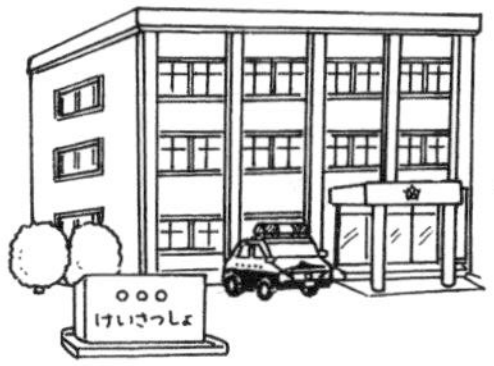

④地図の記号

ゆうびん局　市役所　ぎん行　⊗ けいさつしょ

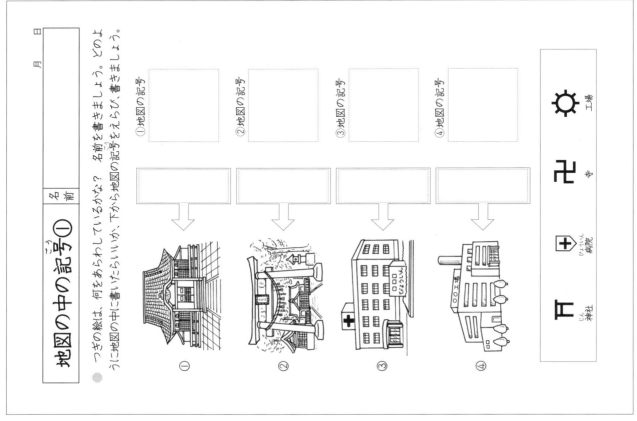

月　　日

地図の中の記号③

名前

つぎの絵は、何をあらわしているかな？　名前を書きましょう。どのように地図の中に書いたらいいか、下から地図の記号をえらび、書きましょう。

① 　①地図の記号

② 　②地図の記号

③ 　③地図の記号

④ 　④地図の記号

交番　港　消ぼうしょ　てつ道（えき）

月　　日

地図の中の記号④

名前

つぎの絵は、何をあらわしているかな？　名前を書きましょう。どのように地図の中に書いたらいいか、下から地図の記号をえらび、書きましょう。

① 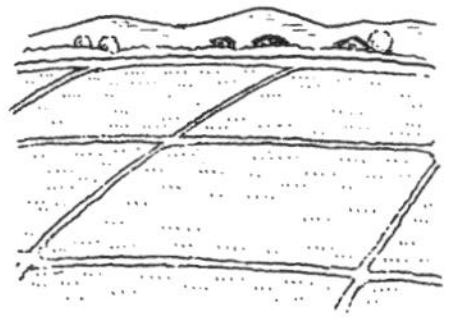　①地図の記号

② 　②地図の記号

③ 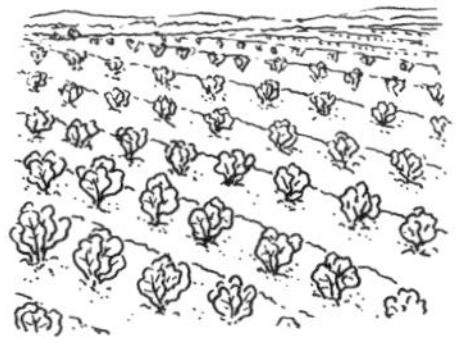　③地図の記号

④ 　④地図の記号

あれ地　田　かじゅえん　畑

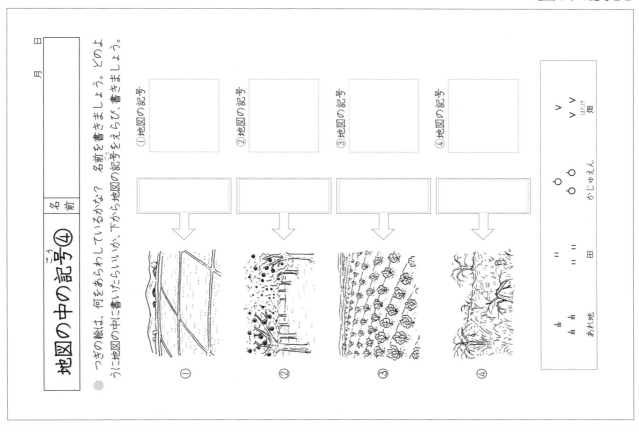

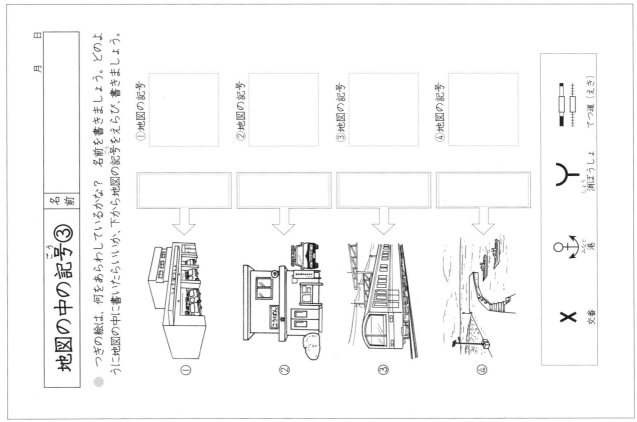

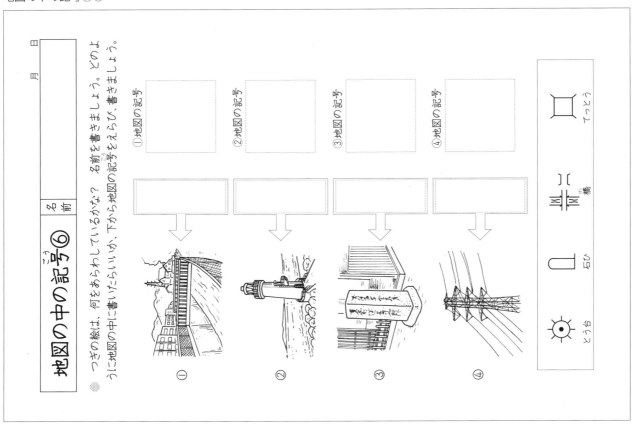

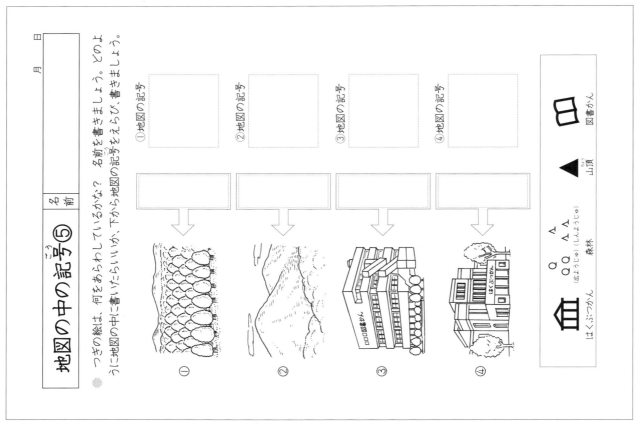

地図の中の記号⑤

月　日　名前

つぎの絵は、何をあらわしているかな？　名前を書きましょう。どのように地図の中に書いたらいいか、下から地図の記号をえらび、書きましょう。

①　①地図の記号

②　②地図の記号

③　③地図の記号

④　④地図の記号

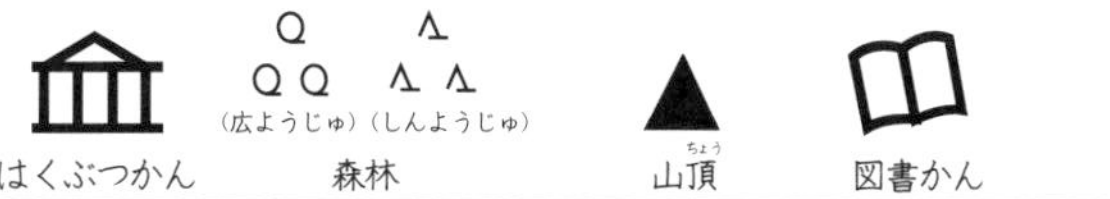

はくぶつかん　（広ようじゅ）（しんようじゅ）森林　山頂　図書かん

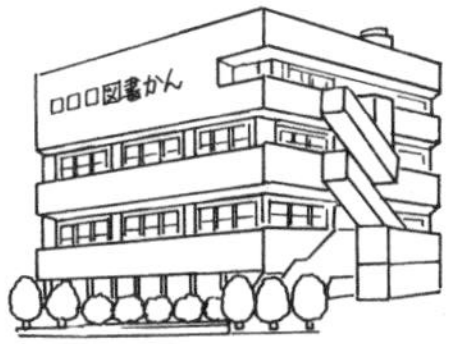

地図の中の記号⑥

月　日　名前

つぎの絵は、何をあらわしているかな？　名前を書きましょう。どのように地図の中に書いたらいいか、下から地図の記号をえらび、書きましょう。

①　①地図の記号

②　②地図の記号

③　③地図の記号

④　④地図の記号

とう台　石ひ　橋　てっとう

スーパーマーケットのようす①
名前
月
日
さかな
にく
ハム・ソーセージ
やさい
くだもの
はなや
リサイクルボックス
かし
米
本・ざっし
デザート
つけもの
パン
サービスカウンター
ATM
W.C.

スーパーマーケットのようす②

名前

月　日

● スーパーマーケットの絵を見て書きましょう。

1 どんな品物（しなもの）を売っていますか。

2 買いものをしやすくするために、どのようなくふうをしていますか。

3 売り場のほかには、何がありますか。

月　日

スーパーマーケットの仕事　名前

◎ スーパーマーケットの人はどんな仕事をしていますか。(　)に下からえらんで書きましょう。また、その仕事で気をつけていることや、くふうしていることを線でつなぎましょう。

Ⓐ (　　　　) ・　　・たりなくなった品物をなるべくはやく運んでくる。

Ⓘ (　　　　) ・　　・よく売れるものをしらべたり、品切れにならないように気をつける。

Ⓤ (　　　　) ・　　・味をたしかめて、なっとくして買ってもらう。

Ⓔ (　　　　) ・　　・買い物がしやすいように見やすくならべる。

Ⓞ (　　　　) ・　　・お客さんを待たせないように早く正かくにする。品物は丁ねいにあつかう。

〔レジ　品物を運ぶ　品物をならべる　品物をしらべる　試食してもらう〕

Ⓚ (　　　　) ・　　・品物をチェックしたり、売れぐあいをしらべて注文する数をきめる。

Ⓚ (　　　　) ・　　・自転車のせいりをする。お客さんやお店のあんぜんに気をつける。

Ⓚ (　　　　) ・　　・いろいろな大きさに切り分けたり、さしみをつくったりする。

Ⓚ (　　　　) ・　　・おいしいものをつくる。えいせいに気をつけて、もりつける。

Ⓚ (　　　　) ・　　・安全に気をつけてはやく運ぶ。品物をていねいにおろす。

〔魚を切る　仕入をする　そうざいをつくる　仕入た品物を運ぶ　自転車のせいり、けいび〕

著者紹介

中楯　洋

元大阪府公立小学校　教諭
元大阪府公立中学校　非常勤講師

主な著書
「新版まるごと授業　社会　3年　4年　6年」(喜楽研)
「楽しい社会科の授業づくり　6年①，6年②」(喜楽研)

参考文献一覧（順不同）

「新しい社会３年」 東京書籍　令和２年度
「小学社会３年」 日本文教出版　令和２年度
「小学社会３年」 教育出版　令和２年度
「楽しく学ぶ小学校の地図帳　４・５・６年」 帝国書院
「新編　新しい地図帳」 東京書籍
「私たちの町　高槻・大阪　３・４年生の社会」 高槻市教育委員会発行
「小学校社会科副読本　新編　わたしたちの乙訓」 向日市・長岡京市・大山崎町各教育委員会発行
政府関係統計・資料（順不同）
（外務省　総務省　農林水産省　経済産業省　厚生労働省　気象庁　警察庁）
地方自治体関係統計・資料
（高槻市、長岡京市）
「高槻市統計書」 高槻市発行
「長岡京市統計書」 長岡京市発行
「まるごと社会科３・４年　上下」 喜楽研

参考ＷＥＢページ一覧（順不同）

Google earth
高槻市 Takatsuki City ホームページ
長岡京市 -Nagaoka City- ホームページ
東京都中央卸売市場－ for kids －＞おいしいやさい・くだものが家庭に届くまで
パンのはなし　パン食普及協議会
帝国書院：統計資料　世界の小麦生産量と日本の小麦輸入先
京都府立山城郷土資料館　昔の道具今昔
高槻市インターネット歴史館　施設紹介　高槻市立歴史民俗資料館

資料等協力頂いた団体・企業（順不同）

高槻市
大川碾茶工房
Google Map（地図引用）

喜楽研の DVD つき授業シリーズ

新版

全授業の 板書例と展開がわかる　DVD からすぐ使える　映像で見せられる

まるごと授業 社会　3年

2016年 4月10日　初版（3・4年上）第1刷発行　2016年 10月10日　初版（3・4年下）第1刷発行
2017年 4月10日　第2刷発行

2020年 4月10日　新版　第1刷発行

著　　　者：中楯 洋
イ ラ ス ト：日向 博子・山口 亜耶
企 画・編 集：原田 善造（他８名）
編集協力者：中楯 洋

発　行　者：岸本 なおこ
発　行　所：喜楽研（わかる喜び学ぶ楽しさを創造する教育研究所）
〒604-0827 京都府京都市中京区高倉通二条下ル瓦町 543-1
TEL　075-213-7701　FAX　075-213-7706
http://www.kirakuken.jp/
印　　　刷：創栄図書印刷株式会社

ISBN 978-4-86277-287-9　Printed in Japan